BUR

Biblioteca Universale Rizzoli

30 Jul 2006

Ex Libris

Firenze

Beppe Severgnini in BUR

Beppe Severgnini

L'INGLESE
Nuove lezioni semiserie

SAGGI

ISBN 88-17-11871-0

Prima edizione BUR Supersaggi: luglio 1994
Diciottesima edizione BUR Saggi: gennaio 2005

A mamma Carla e ai suoi corsi d'inglese

PREFAZIONE ALLA NUOVA EDIZIONE

Tra i libri che ho scritto, *L'inglese, lezioni semiserie* è quello che ha mostrato più spirito di indipendenza. In cinque anni – uscì nel febbraio '92 – mi è completamente sfuggito di mano. I lettori ne hanno fatto ciò che hanno voluto: un pamphlet sulla lingua del mondo, un gioco, una provocazione, un saggio di antropologia linguistica, un testo scolastico, un divertimento per quelli che l'inglese lo sapevano già, una speranza per quanti volevano impararlo.

Questa vitalità mi ha convinto che occorreva un aggiornamento. L'inglese – è la sùa forza e la sua fortuna – cambia in fretta; e la gioiosa manomissione degli italiani tiene il passo. Pensate al linguaggio e alle abbreviazioni imposti da Internet; o alle semplificazioni dell'inglese d'America (a questo proposito, pensando di far cosa utile, ho riportato in questa nuova edizione anche alcune pagine da *Italiani con valigia* e da *Un italiano in America*).

Le novità principali, tuttavia, sono altre. Cambiano tutte le «letture» al termine dei capitoli: al posto dell'«inglese nel mondo», racconto «l'inglese in Italia» (non meno fantasioso e sorprendente). Con il professor George Giles Watson – che mi fece da angelo custode anche in occasione delle prime *Lezioni* – ho poi preparato una serie di esercizi. Questo non fa del libro un manuale scolastico, ma lo rende più utile agli studenti.

Si tratta, naturalmente, di esercizi intonati al carattere – semiserio – di questo libro. Troverete cacce all'errore, indovinelli (cosa vende un negozio che si chiama «Quick Sec»?), traduzioni di testi «italiesi», giochi con i *phrasal verbs*, analisi di opuscoli surreali, valutazioni di follie idiomatiche al limite del virtuosismo.

Se questi racconti e questi esercizi vi divertiranno – sono convinto – imparerete qualcosa. E se imparerete qualcosa, io sarò felice di prendermi (immodestamente) il merito, dandone poi una parte all'ottimo (e non elementare) Watson.

Buono studio. Anzi: buon divertimento.

Crema, aprile 1997

AVVERTENZA

«(Chiedo) una legge che consideri colpevoli di "truffa continuata" tutti quelli che pubblicano avvisi su periodici o attaccano sui muri manifesti che promettono di far parlare l'inglese, il francese, il tedesco o qualsiasi altra lingua entro una giornata.»

Giuseppe Prezzolini, *Modeste proposte*, 1975

Meglio dirlo subito. Questo non è un manuale, un nuovo tipo di corso, un metodo rivoluzionario. Prezzolini aveva ragione: chi promette miracoli, quando si tratta di lingue straniere, imbroglia. Questo è soltanto un esperimento: raccontare dell'inglese – com'è fatto, perché è semplice, quanto è geniale – sperando far cosa utile, e cercando di non annoiare.

Qualcuno dirà che è la solita pretesa assurda del solito giornalista presuntuoso. Forse è così. Anche se ho vissuto in Gran Bretagna e in America, e continuo ad usare l'inglese per lavoro, non ho probabilmente alcun diritto di rubare il mestiere ai professori e ai madrelingua. Ma ho ceduto alla tentazione: credo che l'inglese, oltre ad essere indispensabile, sia un argomento sempre appassionante, spesso divertente e qualche volta comico, specialmente quando ci siamo di mezzo noi italiani.

Non studieremo l'inglese. *Parleremo* dell'inglese: le ragioni per cui si è imposto; i cambiamenti che ha subìto; l'«inglese della sopravvivenza»; gli errori classici degli italiani; le forme idiomatiche da usare, e quelle da lasciar perdere; i trucchi per capire più in fretta, e qualche scorciatoia per far bella figura. Al termine di ogni capitolo cercherò di spiegare come l'inglese viene parlato – meglio: martirizzato – in Italia, attraverso pezzi scritti negli ultimi cinque anni. Anche dagli strepitosi errori dei negozianti e dalla ammirevole protervia dei turisti, sono convinto, è possibile imparare qualcosa.

Questo è tutto. Se alla fine di queste «lezioni semiserie» cento persone avranno superato il blocco che impediva loro di avvicinarsi all'inglese, e altre cento che già lo parlano avranno imparato qualcosa di nuovo, mi dichiaro fin d'ora soddisfatto.

1

LUCERTOLE PER COMINCIARE

«L'inglese è una lingua che non si ama. Si usa.»
Stuart B. Flexner, filologo americano, 1987

È certamente vero che i «nuovi analfabeti» sono coloro che non conoscono l'inglese. È altrettanto vero, però, che molti di costoro sono perfettamente felici: non sanno l'inglese, non vogliono impararlo, e quando vanno all'estero trovano divertente sbracciarsi negli aeroporti, rischiare il fegato nei ristoranti, parlare alle ragazze con lo sguardo e al resto del mondo con le mani. Questo libro non è per loro. È per quanti sono meno felici, e all'estero vorrebbero parlare invece di mugolare, e capire invece di indovinare.

So bene che in Italia i «delusi dall'inglese» sono almeno quanti i delusi d'amore, e come questi non tollerano che si rida dell'amore, quelli non vogliono che si scherzi sull'inglese. Cercherò perciò di esser chiaro. Queste «lezioni semiserie» non sono un'alternativa al corso serale, al metodo con le cassette o al viaggio-studio. Sono soltanto il tentativo di far ritrovare la «voglia di inglese» a chi l'ha persa, o non l'ha mai trovata.

Una cosa è importante dire subito: se parlare inglese bene è difficile, e parlarlo come un inglese praticamente impossibile, farsi capire è uno scherzo. Ad una condizione (e siamo già alla prima lezione): non bisogna avere rispetto per la lingua che studiamo, almeno all'inizio. Rispetto e amore verranno dopo, quando si comincerà a conoscere i meccanismi e ad apprezzare le sfumature. All'inizio bisogna provare. Se gli inglesi inorridiscono, peggio per loro Gli americani, di sicuro, sorrideranno.

Certo: se esistesse un sistema capace di farci parlare subito con la proprietà di un banchiere di Londra, o di sputare insulti con l'efficacia di un camionista di New Orleans, tutti lo avremmo adottato. Io per primo, iscritto all'età di sei anni a un corso collettivo d'inglese, dove – ricordo – il maestro sceglieva, per gli esempi, parole stranissime come lucertola (*lizard*), coniglio (*rabbit*) e brocca (*jug*). Noi bambini non imparavamo niente, ma ci convincevamo ogni giorno di più che l'Inghilterra era un posto interessante, se lucertole e conigli continuavano ad entrare e uscire dalle brocche, e nessuno parlava d'altro.

Se ho pensato di scrivere un libro sull'inglese, dopo averne scritto un altro sugli inglesi, è anche perché il bambino uscito indenne dallo zoo dei primi corsi – ho ancora i diplomi scritti in corsivo, pieni di svolazzi – ha continuato a divertirsi lottando con una lingua che allora – parlo degli anni Sessanta – era importante, ed oggi è indispensabile.

Come la maggioranza dei ragazzi italiani ho studiato inglese (si fa per dire) alle scuole medie, e come molti, durante le superiori, sono stato spedito dai genitori sulla costa della Manica per i classici «corsi estivi». Ho sempre ritenuto l'idea eccellente. All'inizio degli anni Settanta in posti come Brighton, Eastbourne e Bournemouth c'erano – ci sono ancora – deliziose teenager scandinave, e per un sedicenne italiano questo era più che sufficiente. Per quanto riguarda la lingua inglese, ricordo corsi sonnolenti, durante i quali professori improvvisati si sforzavano di rimanere seri, e noi lottavamo per restare svegli. Qualche volta, ricordo, ci riuscivamo.

Gli anni successivi sono stati quelli dei viaggi, dei soggiorni all'estero e dei «corsi intensivi», utili per una tesi di laurea preparata tra il 1979 e il 1980 a Bruxelles, dove l'inglese lo parlano tutti: fiamminghi e valloni, per farsi dispetto a vicenda, e le migliaia di persone che lavorano, o fingono di lavorare, presso le istituzioni della Comunità Europea. Da allora l'inglese l'ho esercitato sul campo: prima viaggiando; dal 1984 al 1988 come corrispondente da Londra; poi come inviato speciale, quasi sempre all'estero; quindi a Washington, tra il 1994 e il 1995; oggi scrivendo per «The Economist».

Credo per questo di conoscere ormai non soltanto l'inglese degli inglesi, degli americani o degli australiani, ma anche quello di cinesi, ungheresi e russi, che per un verso è più istruttivo. I pestiferi taxisti di Mosca, infatti, non hanno idea di cosa stiano dicendo, ma lo dicono lo stesso, e – cosa stupefacente – riescono a comunicare con il prossimo. Nel 1989 gli studenti di piazza Tienanmen non parlavano come laureandi di Oxford, ma si facevano capire perfettamente. In inglese protestavano, tenevano conferenze stampa, rilasciavano interviste. Ventenni di Wuhan e ragazzine di Chongqing sapevano perfettamente che era inutile parlare con un italiano o un francese in mandarino: parlavano nel loro inglese commovente, musicale e scorretto, imparato da un giornale o alla radio. Ma parlavano, e ci capivamo, e questo era straordinario.

Lo ammetto. Un libro che esordisce invitando gli italiani ad imparare l'inglese facendo come i cinesi, può destare qualche perplessità. Eppure sono convinto che proprio da qui occorre cominciare. A Pechino o a Shanghai non sono troppo preoccupati della sottile differenza tra *I will go*, *I will be going* e *I am going*. Dicono *Tomorrow I go*, e guai a chi non capisce. In tutto il mondo – con grande costernazione degli inglesi, che da un lato sono felici del successo della propria lingua, dall'altro sono orripilati dalle violenze che subisce – la gente ha capito che la lingua-base è facilissima: *walk* vuol dire camminare, io cammino, cammina!, passeggiata, percorso, andatura, sentiero e «avanti» (sui semafori). *Bye-bye* lo capiscono in Alsazia, in Albania e in Argentina e, come ha giustamente osservato il cantante di Varsavia Michael Luszczynski, «ci sono poche traduzioni in polacco di *baby-baby* e *yeah-yeah*».

Se a Seul, a Siviglia e a San Paolo non si fanno scrupoli, in sostanza, non credo dobbiamo farcene noi. Con poche regole grammaticali e un vocabolario minimo (il Basic English consta di sole 800 parole) è possibile tenere una conversazione. A patto, naturalmente, di superare quel blocco psicologico che ha convinto molti che è inutile riempirsi la casa di dispense e cassette, ed è ancora più inutile spender denaro per viaggi e corsi. L'inglese, ragionano, è un sentiero in salita, e la fatica è meglio lasciarla fare a qualcun altro.

Queste «lezioni semiserie» sono state scritte per spingere queste persone a fare un ultimo sforzo. Non pretendono di essere miracolose. Vogliono solo dimostrare che l'inglese è un argomento affascinante, e la «lingua di base» – quella che permette di comunicare con un quarto dell'umanità – è di una semplicità quasi comica.

Ai non-principianti, e in genere a chi l'inglese lo conosce, le prossime trecentoventi pagine intendono raccontare le molte avventure e le trasformazioni di questa «lingua del mondo». E, magari, offrire qualche aggiornamento e un ripasso. Assicuro quanti si accingono alla lettura che rischiano poco. Ripetiamolo un'ultima volta: questo non è un manuale né un libro di grammatica, ma soltanto una lunga chiacchierata sull'inglese, speriamo divertente. Chi ormai diffida di corsi, nastri e professori faccia una cosa che in Italia, ormai, si sentono di fare in pochi: dia retta a un giornalista.

2

INCORAGGIAMENTO

«Spesso l'uso corretto della lingua inglese è più che una questione di gusto, giudizio ed istruzione – è pura fortuna, come riuscire ad attraversare la strada.»

E.B. White, *The Second Tree from the Corner*, 1954

I falsi principianti

Il cameraman uscì dal camper malvolentieri. Sapeva che la giornata era di quelle che rischiano di non finire più. Ore di riprese nel campus dell'Università, con quei ragazzetti che sembravano tanti Charlie Brown usciti da un cartoon americano. Meglio rimanere tutto il giorno in un angolo tranquillo del camping, un cardigan sulle spalle, e in mano una di quelle riviste dove le cover girl non assomigliano mai alle mogli.

Ma doveva andare, e andò. La città d'estate aveva strade che sembravano canyon, e si vedevano in giro solo turisti con le facce imbambolate: gente da volo charter, clown involontari, pensò. Per arrivare al campus bisognava attraversare otto isolati, e poi prendere l'autostrada: vicino al cash and carry c'era un ingorgo, al casello gli toccò aspettare perché un prete in clergyman non trovava il portafoglio. Pensò che la giornata prometteva male: meglio il comfort del caravan, dove poteva stare solo come un cow-boy.

Arrivato all'Università, parlò con il rettore, che disse di non capire nulla di cinema, ma di sapere tutto di cricket. Dan pensò che andava sempre peggio: altre volte si era salvato in corner, ma questa volta non c'era speranza. In attesa che arrivasse il resto del cast, andò a vedere gli studenti che dovevano fare da comparse: ventenni smunti come vecchi chewing gum, ragazzi che magari sapevano tutto di chip e computer, ma che al primo close-up avrebbero rivelato le loro facce tristi da cocker. Solo una ragazza gli sembrò meritevole di un secondo sguardo: aveva capelli color del curry, e una strana gonna che ricordava una ballerina di charleston. Pensò che alla fine delle riprese avrebbero potuto bere qualcosa insieme: un cocktail in un club giù in città, magari. La ragazza, lo sapeva, non avrebbe accettato. Ma gli piaceva illudersi, tanto per avere un pensiero che gli tenesse compagnia.

Quest'«inizio di racconto» è stato scritto con un solo scopo. Convincervi che tutti parliamo inglese. La mattinata del cameraman triste è stata descritta infatti utilizzando *ventisette* diversi termini inglesi, tutti perfettamente comprensibili in Italia, ognuno dei quali inizia con la lettera «c». Se avessimo utilizzato vocaboli che iniziavano con altre lettere dell'alfabeto, le parole inglesi sarebbero state forse più numerose di quelle italiane.

Il principiante, in sostanza, non esiste. Nessuno parte da zero. Milioni di italiani conoscono già un po' di inglese prima di cominciare a studiarlo, senza rendersene conto. Nessuno ignora cosa sia il *chewing gum* e pochi, in vita loro, non hanno mai bevuto un *cocktail*. Anni fa, prima dell'irruzione di Tangentopoli, i giornali parlarono a lungo di *Irpiniagate* e *Duomo Connection*, e si suppone che la maggioranza dei lettori sapesse almeno che queste espressioni non erano lusinghiere per la nostra classe politica. Anche oggi, quando un parlamentare chiede l'*impeachment* del presidente della Repubblica, si spera – ma non è certo – che sappia quello che vuole.

Siamo tutti «falsi principianti», in altre parole, capaci di tenere minuscoli discorsi. Le due lettere OK, se ci pensiamo, costituiscono una frase completa, come il leggendario *No problem!*, che in ogni lingua vuol dire che i vostri problemi sono appena cominciati. Una volta imparato che «dammi» si dice *give me*, possiamo chiedere un *computer*, un *cardigan* o un *cocktail* (*Give me a cocktail*. Non molto gentile: meglio aggiungere *please*, per favore). Dopo aver appreso che «dov'è?» si traduce con *where is?*, non è difficile chiedere l'indicazione per il *cash and carry* (*where is the cash and carry?*). Il problema, a quel punto, diventa la risposta.

Le centinaia di parole che conosciamo già costituiscono un serbatoio di sostantivi, aggettivi, avverbi. Qualche volta occorre smontarle: *duty free shop*, ad esempio, è formato da *duty* (imposta), *free* (libero) e *shop* (negozio); *by-pass* da una preposizione (*by*, vicino) e da un verbo (*to pass*, passare). «*No comment* è una frase completa, nonché estremamente utile», come disse Václav Havel quando noi giornalisti insistevamo per sapere se volesse diventare presidente della Cecoslovacchia (voleva).

Conoscere queste espressioni vuol dire aver penetrato almeno i primi misteri della pronuncia. Quasi tutti, di fronte ad uno *yacht*, pronunciamo *iòt*, non *iàct*; quasi nessuno dice *iceberg*, leggendo la parola come è scritta: la grande maggioranza pronuncia correttamente: *ais-berg*. Porgendo la cinepresa all'amico, diciamo «usa lo *zum*», mostrando di sapere che in inglese (di solito) la doppia «o» si pronuncia «u». La regola vale anche per *room*, stanza, e *hooligan*, teppista. Soltanto il commentatore (italiano) di Inghilterra-Camerun, durante i campionati mondiali di calcio del '90, continuava a ricordare, durante la telecronaca Rai da Napoli, la grave minaccia dei terribili *òligan*.

Ma torniamo ai «falsi principianti», ovvero all'inglese che non sapevamo di sapere. Almeno seicento parole ed espressioni inglesi fanno ormai parte del linguaggio degli italiani. Alcuni dei vocaboli sono di altra origine (tedesca, francese, giapponese), ma sono entrati – o rientrati – nella nostra lingua attraverso la Gran Bretagna o gli Stati Uniti d'America nella loro forma inglesizzata, e vanno perciò considerati anglicismi a tutti gli effetti. Prendiamo *tycoon*, magnate. Viene dal giapponese («gran signore») ed entrò nella lingua italiana al tempo dell'abolizione dello shogunato (1868); Giosuè Carducci usa il vocabolo in un «Giambo» del 1871 («Voglio soffrire i Taicun e i Lami»). Il dizionario Zingarelli lo registrava nella prima edizione, non nelle successive; ma lo riprende nella dodicesima edizione del 1997. Nel Devoto-Oli del 1971 non compare; nell'edizione del 1990 ritorna, ma nella forma inglesizzata: *tycoon*, «magnate dell'industria, personaggio potente e autoritario».

Molte delle parole elencate di seguito – da *sport* a *killer*, da *flash* a *no comment* – fanno parte ormai di tutte le lingue del mondo. Mai per decreto, quasi sempre grazie alla loro efficacia e concisione: *corner* è molto più breve di «calcio d'angolo», e «mezzi di comunicazione di massa» è tre volte più lungo di *mass media*. I *films* di *cow-boys*, senza dubbio, sembreranno sempre più interessanti dei «lungometraggi dei ragazzi delle mucche». E tutti continueranno a dire *jet lag*, anche perché l'equivalente italiano è «malessere che segue i lunghi viaggi aerei, dovuto principalmente al cambiamento di fuso orario».

Il dizionarietto che segue è certamente – e volontariamente – incompleto. Sono stati esclusi, ad esempio, termini che gloriosi vocabolari italiani hanno recentemente incluso, ma soltanto qualche fanatico può capire (ad esempio *rolfing*, che dovrebbe essere un tipo di massaggio). Sono stati esclusi anche centinaia di termini economici e finanziari (da *auditor* a *cash flow* a *product manager*). Sono stati invece inclusi altri termini «tecnici» generalmente noti (*art director*, *anti-doping*, *budget* e *briefing*...), nonché alcuni vocaboli finto-inglesi (*footing*, *lunapark*, *k-way*...) e misto-inglesi (*autogrill*, *autostop*...).

A. *After-shave, air mail, all right, anchorman, anchorwoman, anti-doping, anti-trust, apartheid, árt director, audience, autogrill, autostop.*

B. *Baby, baby-doll, baby-sitter, background, bag, band, bang, bank, bar, barbeque, barbour, barman, baseball, basket, bazooka, beat, beauty-*

case, beach-ball, beach-volley, beautiful, beeper, big, big bang, bikini, bisex, bit, bitter, black, black-out, block-notes, blue-jeans, blues, bluff, bob, body, body-building, boiler, bookmaker, boom, boomerang, boss, bourbon, bowling, box, boxer, boy, boyfriend, boy-scout, brains trust, brandy, break, breakfast, bridge, briefing, broker, budget, bulldog, bulldozer, bungalow, bunker, bus, business, bye-bye, by night, by-pass.

C. *Cameraman, camper, camping, campus, candid camera, canyon, caravan, cardigan, cargo, carter, cartoon, cash and carry, cast, catch, catering, challenger, change, charleston, charter, check in, check up, cherry, chewing gum, chip, chopper, chow chow, city, class, clergyman, clip, close up, clown, club, club class, cocker, cocktail, coke, columnist, comfort, commando, compact disc, compound, computer, condor, connection, container, copyright, corner, count down, country, cover girl, cow-boy, crack, crawl, credit card, cricket, cruise, curry.*

D. *Dancing, dandy, day, derby, deregulation, design, detective, detector, dinner, disc-jockey, discount, display, doping, dribbling, drink, drive-in, driver, drop, drugstore, dry, dumping, duty-free shop.*

E. *End, energy saving, engineering, eskimo, establishment, exchange, executive, exit, export, express.*

F. *Fair play, fall-out, fan, far west, fashion, fast food, fax, feedback, ferry-boat, fibreglass, fiction, fifty-fifty, fighter, film, fire, first lady, fiscal drag, fixing, flap, flash, flashing, flight recorder, flipper, flirt, floppy disk, folk, folklore, follow up, football, footing, for men, fox terrier, free climbing, freelance, free style, freezer, fringe benefit, frisbee, full, full immersion, full-time.*

G. *Gag, game, gang, gangster, gap, garden, gay, gentleman, gentlemen's agreement, geyser, ghost, ginger, gin and tonic, gin-fizz, girl, globe trotter, goal, go-kart, golden, golf, goodbye, grill, guardrail, gulp.*

H. *Hair stylist, hall, hallo, hamburger, handicap, hangar, happening, hard core, hardware, hi-fi (high fidelity), high society, hippy, hit-parade, hobby, hockey, holding, holiday, hooligan, horror, hostess, hotel, hot dog, hot pants, house, houseboat, hovercraft, humour.*

I. *Iceberg, ice-cream, identikit, igloo, impeachment, import, inclusive tour, indoor, input, intercity, internal, international.*

J. *Jack, jazz, jazz band, jeans, jeep, jelly, jet, jet lag, jet-set, jogging, joint venture, jolly, juke-box, jumbojet, jumbo-tram.*

K. *Ketchup, killer, kilt, king, kit, knock down, KO (knock out), know-how, k-way.*

L. *Lady, laser, latin lover, lay out, leader, leadership, leasing, lift, lifting, light, line, linotype, live, living, living theatre, lobby, long drink, look, LP (long playing), lord, love story, lunapark, lunch.*

M. *Made in Italy, magazine, majorette, make-up, management, manager, market, marketing, mass media, master, mastermind, match, meeting, metal detector, milk-shake, mini, minigolf, miss, mister, mixer, money, monitor, montgomery, moon boot, motel, motocross, musical, music-hall.*

N. *Network, new look, news, new wave, night club, no comment, no stop, notes, nude look, nursery, nylon.*

O. *Off, office, off limits, offset, offshore, offside, oil, OK (okay), on, only for men, on the rocks, open, optional, out, outdoor, output, outsider, overdose, oversize.*

P. *Pacemaker, pack, package, panel, pap-test, parking, partner, partnership, part-time, party, pass, patriot, peace, pedigree, penalty, penny, people, performance, personal computer, petting, photofinish, pick-up, picnic, ping-pong, plaid, playback, playboy, playmaker, play-off, plot, plum cake, pocket book, pointer, poker, pole position, policeman, pollution, pony, pool, pop, popcorn, poster, premier, press agent, prime rate, privacy, pub, public relations, pullman, pullover, punch, punk, puzzle.*

Q. *Quality, quark, quiz.*

R. *Racing team, racket, radar, raid, rally, record, refill, reflex, relax, replay, reporter, reprint, residence, restyling, revival, revolver, ring, roast beef, rock, rock and roll, round, rover, royalty, rugby, rum.*

S. *Sandwich, scoop, scooter, scotch, screening, self control, self-made man, self-service, set, sex appeal, sex symbol, sexy, shake, shaker, shampoo, shock, shocking, shopping, shorts, show, show down, showgirl, showman, show room, shuttle, single, sir, sit-in, skateboard, sketch, skilift, skipass, skipper, slam, slang, sleeping car, slip, slogan, slot machine, slow, slang, slurp, smack, smog, smoking, snack bar, sniff(are), snob, software, speaker, special, spelling, spider, spinnaker, spiritual, splashdown, spoiler, sponsor, sport, spot, spray, sprint, sprinter, squash, staff, stage, stand, stand-by, standard, star, starlet, starter, station wagon, status symbol, steak-house, step, steward, stick, stock, stop, story, stress, strike, strip-tease, stuntman, sulky, summit, supermarket, superstar, supporter, surf, suspense.*

T. *Tabloid, take away, talent-scout, tandem, tank, tape, target, task-force, teaching, team, tea-room, teddy boy, teen-ager, telex, tender, tennis, terminal, terminator, test, think tank, thriller, thrilling, ticket, tight, tilt, timer, time-sharing, toast, top, topless, top secret, trade mark, trailer, trainer, training, tram, transfert, transistor, traveller's cheque, trekking, trench, trend, trial, trolley, trust, T-shirt, tubeless, tunnel, turnover, twist, tycoon.*

U. *UFO, under, underground.*

V. *Vamp, videocamera, videoclip, videogame, videotape, vip.*

W. *Wafer, walkie-talkie, walkman, war-game, water, WC (water-closet), waterproof, weekend, welcome, welter, western, whisky, wind-surf.*

Y. *Yacht, yankee, yeti, yo-yo, young, yuppie.*

Z. *Zombie, zoom.*

L'uso di questi termini è tanto diffuso che il dizionario della lingua italiana Devoto-Oli – ripubblicato nel 1990, vent'anni dopo la prima edizione – li contiene probabilmente tutti, insieme a molti altri. Gian Carlo Oli ha spiegato di aver adottato «il criterio della massima, indiscriminata apertura»: se metà degli italiani dicono *make-up*, ragiona l'autore, bisogna pure spiegare all'altra metà – ancora ferma a «trucco» – con cosa giocano al mattino le signore. Così, potremmo aggiungere, è umano e comprensibile che gli italiani dicano *fast food*; un po' meno comprensibile, e certamente poco umano, è che lo ingurgitino per mesi di fila. È naturale che tutti parliamo di *guard-*

rail: sarebbe sorprendente se, durante un sorpasso sulla Milano-Venezia, la moglie gridasse al marito imprudente: «Caro, attento alla ringhiera elastica in materiale metallico, installata lungo strade e autostrade nei punti più pericolosi, e lungo la banchina spartitraffico, allo scopo di impedire l'uscita di strada o di corsia dei veicoli o minimizzarne le conseguenze!» (Devoto-Oli, p. 866).

La decisione di aprire i vocabolari ai «forestierismi» è perciò da condividere – anche perché, qualunque cosa decidano gli autori, la gente li usa comunque. Il guaio è un altro: gli inglesi, quando vogliono parlare inglese, ci riescono ancora; i francesi, come vedremo, si difendono in maniera commovente, cercando sempre gli equivalenti nazionali delle parole d'importazione (*boutique franche* al posto di *duty-free*). Noi italiani – sempre ossequiosi verso gli invasori – abbiamo invece ceduto su tutto il fronte.

Può sembrare una contraddizione: un libro che esordisce rallegrandosi per «l'inglese che sappiamo già» denuncia l'uso indiscriminato di vocaboli stranieri nella lingua italiana. Tuttavia non c'è contraddizione. È buona cosa conoscere tante parole inglesi: alcune sono ormai inevitabili, le altre servono per parlare *inglese*. È imbarazzante, invece, che in questo paese esista gente capace di dire *speaker* quando potrebbe dire annunciatore, e mamme che non iscriverebbero i figli all'asilo nido, ma li mandano alla *nursery*. Così, è straordinario che onesti negozianti abbiano riempito l'Italia di insegne come *Skinny House* (negozio di pelletteria nei pressi di Cagliari: il proprietario ignora, probabilmente, che significa «casa macilenta»); *Fleshes' King* (una macelleria, sempre in Sardegna: forse per i cannibali di passaggio, perché *flesh* è carne viva, mentre la carne animale è *meat*); *Nonsolopere's* (fruttivendolo in provincia di Udine, dove impazza il genitivo sassone); *Occhial House* (ottico di Milano con il senso dell'umorismo, perché occhiali si dice *glasses*). Sempre a

Milano ha sede la «Quo Vadis Italia s.r.l.», che ha lanciato un'agenda per ufficio chiamata *Planing*, senza pensare che vuol dire «piallatura»; «pianificazione» si scrive *planning*, con due «n». Ha ceduto perfino l'inventore dell'orologio con «l'ura lumbarda», caro alla Lega di Umberto Bossi: la sua ditta di Brivio (Como) si chiama *Top Fashion Watches*.

È questa voluttà di mescolare le lingue ad essere, francamente, un po' ridicola. Nel 1970 Paolo Monelli si lamentava dell'«imbastardimento dell'idioma», e si chiedeva per quale motivo gli italiani non potessero dire «recipiente» invece di *container* e «sistema» invece di *establishment*. Aveva ragione: oggi, ventun anni dopo, per leggere un giornale non basta il Devoto-Oli. Occorre l'Hazon Garzanti. Nei soli testi pubblicitari comparsi sul settimanale «Panorama» del 16 gennaio 1997, ad esempio, le parole inglesi erano 290 (contate). Su 43 inserzioni, solo 15 non contenevano parole inglesi (in cinque casi perché – a eccezione del nome dell'inserzionista – non contenevano parole affatto). Quindici slogan (*slogan*: dal gaelico, «grido di guerra») erano addirittura in inglese, come «*Advanced thinking on your feet*», utilizzato per descrivere le virtù di uno scarpone da sci. Riteniamo improbabile, tutto sommato, che l'intera popolazione di Eboli o Schilpario sia in grado di apprezzare il sottile gioco di parole («calzare il pensiero avanzato» e «ragionare su due piedi in modo avanzato»).

Mescolare inglese e italiano è anche pericoloso. I nuovi dizionari, giustamente, spiegano che *flipper* vuol dire «biliardino elettro-automatico»; ma non dicono che nei paesi anglosassoni *flipper* non esiste (vuol dire «pinna»), e c'è invece il *pinball*. Così

autogrill	si dice	*motorway service station*
autostop	si dice	*hitch-hiking*
box	si dice	*lock-up garage*

camping	si dice	*campsite*
dancing	si dice	*dance-hall*
eskimo	si dice	*parka*
footing	si dice	*jogging*
golf (maglione)	si dice	*jumper, jersey*
notes	si dice	*notebook*
parking	si dice	*car-park*
plaid	si dice	*travelling rug*
scotch (nastro adesivo)	si dice	*Sellotape*
slip	si dice	*underpants* (uomini), *knickers* (donne)
slow (ballo)		nessun sostantivo equivalente
smoking	si dice	*dinner jacket* (inglese), *tuxedo* (americano)
spider (automobile)	si dice	*convertible*
spot	si dice	*commercial*
stage	si dice	*training course*
starter (nell'auto)	si dice	*choke*
tight	si dice	*morning suit*
tilt		nessun sostantivo equivalente
toast	si dice	*toasted sandwich*
whisky baby	si dice	*short*

Ci sono tuttavia casi – rari – in cui le nostre forzature sfondano perfino tra i madrelingua. Un esempio? Cinque anni fa, nelle prime *Lezioni*, scrivevo: «Se una signorina italiana, entrando in un negozio di biancheria a Londra, chiedesse un *body*, le commesse penserebbero che ha bevuto. Nessuno, in Gran Bretagna, entra infatti nei negozi per comprare un corpo o un cadavere (questo vuol dire *body*. L'indumento femminile si chiama *leotard* o *catsuit*)». Numerose lettere – e un paio di ispezioni personali – mi hanno convinto che sbagliavo. Cos'è accaduto? Questi indumenti, oggi, vengono prodotti per la maggior parte in Italia, ed esportati come «body» (forse una semplificazione dell'americano *body-suit*). Di conseguenza, il termine viene ormai compreso dovunque – anche nei negozi di Londra. Questo prova che noi italiani siamo straordinari. Se ci mettiamo d'impegno, riusciamo ad insegnare l'inglese agli inglesi.

Ci sono poi curiose variazioni semantiche e invenzioni belle e buone, segnalateci da William Ward, autore di *Getting it Right in Italy*, una guida per gli inglesi attraverso il labirinto italiano. *Jean's West* vuole dire forse «l'ovest di Gianna»? Perché in Italia – chiede Ward – parlate di «prodotto leader», quando si dice invece *leading product*? Perché ad alcune parole date un significato nobile e fascinoso che non hanno? *Manager* non vuol dire «alto dirigente» (che si dice *executive*); in Inghilterra si può essere *manager* di un negozio di bottoni. Così *shopping*: in inglese è più vicino a «far la spesa» che ad «andare per acquisti». Quindi, par di capire, «la Repubblica» non doveva scrivere «prima della cena al Quirinale, la Regina Elisabetta farà un po' di shopping in via Condotti». A meno che non cucinasse lei.

Non è finita. L'uso indiscriminato dei vocaboli stranieri è insidioso perché questi hanno il brutto vizio di essere scritti diversamente da come si pronunciano. Lo ha scoperto – o forse non lo ha mai scoperto – il «Corriere della Sera», che proprio nel sottotitolo del pezzo di presentazione del più volte citato Devoto-Oli scrive «*jet leg*» (gamba dell'aereo?) invece di «*jet lag*» (che, come abbiamo visto, è il «malessere da aereo»). La stessa casa editrice Le Monnier, nella «nota dell'autore» destinata alla stampa, scrive «Regan-pensiero» e non «Reagan-pensiero». Chi vorrebbe semplificare tutto scrivendo le parole «all'italiana», si rassegni: il giorno in cui i *cocktail* si scrivessero *còctel*, non li berrebbe più nessuno.

Infine, ripetiamo, anche quando non è pericoloso, l'abuso dei «forestierismi» rischia di essere grottesco. Dopo anni trascorsi in Inghilterra e negli Stati Uniti, non sappiamo cosa sia l'*aston* (vocabolo compreso nel dizionario della lingua italiana), e ci rifiutiamo di impararlo. Non vogliamo credere, infine, che esistano italiani capaci di usare «vipperìa» e «quizzare» senza ridere. Il Devoto-Oli, diligentemente, riporta anche queste parole. Ma dovrebbe, a nostro giudizio, introdurre due nuove abbreviazioni: *mostr.* per «mostruoso» e *verg.* per «vergognoso». Così vipperìa (pagina 2112) diventerebbe: «s.f., *verg.* Prestigio, eccellenza». E quizzare (pagina 1531): «v. tr. e intr. (aus. avere), *mostr.* Prendere parte ad una trasmissione radiofonica o televisiva di quiz».

Un mondo in inglese

Il successo della lingua inglese riempie di stupore. Quando Giulio Cesare sbarcò in Britannia circa duemila anni fa, l'inglese non esisteva. Mezzo millennio più tardi, una lingua semi-incomprensibile chiamata «Englisc» era parlata dallo stesso numero di persone che oggi parlano il dialetto lodigiano. Mille anni dopo, al tempo di Shakespeare, l'inglese era solo l'idioma di sette milioni di indigeni confinati su un'isola, nemmeno tanto grande, all'estremo nord-ovest dell'Europa.

Oggi è la lingua del pianeta. La prima vera «lingua internazionale», con buona pace dei fanatici dell'esperanto, o di buffi idiomi artificiali come Interlingua, Novial e Interglossa. Mai, nella storia, si era verificato un fenomeno del genere: il greco, il latino, il turco, l'arabo, lo spagnolo, il francese, il tedesco e il russo si sono succeduti come lingue internazionali, ma nessuna ha mai raggiunto la stessa penetrazione. Oggi l'inglese è parlato da oltre un miliardo di persone. Per quasi quattrocento milioni è lingua madre; per altrettanti è seconda lingua. In India il primo ministro Nehru dichiarò nel 1947: «Entro una generazione l'inglese non verrà più usato». Si sbagliava: oggi gli indiani che parlano inglese sono più numerosi degli inglesi stessi, e l'«Indian English» viene considerato indispensabile per tenere unito uno Stato dove si parlano quasi duecento idiomi diversi. Almeno mezzo miliardo di individui, infine, parlano inglese come lingua straniera: si va dalla quasi-perfezione di un uomo politico olandese ai suoni misteriosi emessi da un venditore di souvenir del Cairo.

Le statistiche che riguardano l'inglese – diligentemente raccolte nel volume *The Story of English*, seguito ad un programma della BBC dallo stesso titolo – lasciano interdetti. Di tutte le lingue del mondo (pare siano 2700), l'inglese è quella con il vocabolario più ricco: l'*Oxford Dictionary* raccoglie circa 500.000 parole, e trascura altrettanti termini tecnici e scientifici; l'ultima edizione dell'americano *Random House Unabridged Dictionary of the English Language* comprende 315.000 vocaboli; di questi, 50.000 sono «nuovi», cioè entrati nel linguaggio tra il 1966 e il 1987. Per contro, il tedesco ha solo 185.000 vocaboli, l'italiano circa 150.000 e il francese meno di 100.000, inclusi i vari *le week-end* e *le hit-parade*.

Come lingua ufficiale, l'inglese serve 40 paesi: più del francese (27), dell'arabo (21) e dello spagnolo (20). Ma l'inglese è anche la lingua delle comunicazioni: tre quarti di tutta la posta del mondo, telex e cablogrammi inclusi, sono in inglese. È la lingua della navigazione marittima ed aerea, e sta diventando rapidamente la lingua della scienza: due terzi di tutti i documenti scientifici nel mondo sono in inglese, così come i quattro quinti dei dati immagazzinati nei computer. È sempre di più la lingua dell'economia (metà degli affari conclusi in Europa vengono condotti in inglese), ed è da tempo quella dello spettacolo e dello sport: nel concorso di Miss Universo e durante le Olimpiadi, la lingua ufficiale è l'inglese.

Con grande cordoglio dei francesi, l'inglese è anche diventato lo strumento delle relazioni internazionali: se un diplomatico coreano e un ministro messicano vogliono comunicare, è quasi certo che parleranno inglese. Nell'Unione Europea, nonostante la Gran Bretagna sia arrivata con sedici anni di ritardo e Bruxelles rimanga la sede delle maggiori istituzioni, l'inglese ha rapidamente soppiantato la concorrenza. L'inglese è anche lingua ufficiale dell'Associazione Europea di Libero Scambio, sebbene non sia la madrelingua di alcuno dei sei paesi membri (tempo fa il segretario generale, uno svedese, spiegò: «Parlare in inglese significa non parlare troppo, dal momento che nessuno di noi conosce le sfumature»). Questo immenso successo è destinato ad aumentare: in Russia tre quarti dei corsi di lingua straniera sono corsi d'inglese, e in Cina un quarto della popolazione (più degli abitanti degli Stati Uniti) si arrabatta per impararlo.

L'inglese si è rivelato anche abilissimo nell'intrufolarsi nelle altre lingue. Dell'italiano, abbiamo detto. Ma potremmo ripetere osservazioni simili per il francese, il tedesco o il giapponese: in pratica non esistono paesi non colonizzati. La Francia, sebbene il presidente della Repubblica convochi vertici mondiali della francofonia e lanci appelli accorati contro *les anglicismes*, sta naufragando nel «Franglais» (Français + Anglais): lo stesso quotidiano «Le Monde», è stato calcolato, commette un reato di anglicismo ogni 166 parole. A Lione e a Parigi non imperversano solo *le dancing*, *le parking* e *le camping*, ma anche *le fast food*, *le hot money* e *le walkman*. Le alternative raccomandate – *le pret-à-manger*, *les capitaux fébriles* e *le baladeur* – sono indiscutibilmente comiche, ma scarsamente utilizzate. Il fenomeno, sia detto per inciso, non è nuovo: *le biftek* risale almeno al 1807, *le snob* al 1857 e *le self-made man* al 1878.

A Tokio, patria del «Japlish» (Japanese + English, giapponese più inglese), non disdegnano un *hotto doggu* (*hotdog*), un *orenji jinsu* (*orange juice*, succo d'arancia), o un *aisukurimu* (*ice-cream*, gelato) e chiamano un uomo divorziato con figli *kuraama-zoku*, dal titolo del film *Kramer contro Kramer*. I tedeschi scendono in Italia indossando *das Teeshirt* (questo è «Deutschlish», cioè Deutsch + English, tedesco più inglese); le ragazzine svedesi, esperte di «Swinglish» (Swedish + English) vestono *tajt jeans* (*tight jeans*, jeans stretti) e dicono *baj baj* (*bye bye*). Allo stesso modo gli spagnoli, nelle serate fredde, si coprono con un *sueter* (*sweater*, maglione); se sono ad un incontro di boxe, applaudono un *nocaut* (*knock-out*). Serbi e croati, prima di spararsi addosso, passavano di *miting* in *miting* (da *meeting*, incontro). Gli zulu viaggiano sulle loro *imotokali* (*motor cars*, automobili) e portano *izingilazi* (*seeing glasses*, occhiali). Perfino a Mosca l'inglese ha stravinto: i giovani conoscono il «Russlish» e capiscono l'importanza del *no-khau* (*know how*) occidentale; amano i *dzheenzi* (*jeans*) e le ragazze con *seksapil* (*sex appeal*); dicono *fifty-fifty* (che per loro vuol dire «così così») e, quando hanno soldi in tasca, bevano *viskey* (*whisky*) e *dzhin-in tonic* (*gin and tonic*).

È difficile, per gli inglesi e gli americani, non diventare superbi di fronte a tutto questo. Durante le varie crisi internazionali, la rete televisiva CNN non straccia la concorrenza soltanto perché ben organizzata: se inviati e annunciatori parlassero norvegese, non sarebbe lo stesso. E il servizio mondiale radiofonico della britannica BBC («BBC World Service») non potrebbe costituire da decenni l'unica fonte di informazione attendibile per molti popoli del mondo, se i notiziari fossero in italiano. Ma sono in inglese, e l'inglese è la lingua che satrapi ceceni, ministri albanesi, adolescenti sudafricani, capipopolo serbi, nazionalisti ucraini, presidenti boemi e imprenditori filippini parlano ogni volta che si avvicinano ad un microfono. Lo si è visto anche durante i vari negoziati sul

Medio Oriente: per accusarsi, arabi e israeliani scelgono sempre l'inglese.

Tutta questa gente – lo abbiamo potuto constatare molte volte – spesso si esprime in maniera scorretta, oppure parla con accenti comici e straordinari. Ma parla, e chi non parla, scrive. Ricordo che i ribelli somali scrissero sul muro di una caserma di Mogadiscio *Well Come*. Scorretto (benvenuti si scrive *Welcome*), probabilmente falso, ma chiaro. Durante il conflitto in Iugoslavia, ai giornalisti non venivano distribuite magliette con una scritta in serbo-croato, ma in inglese (*Don't shoot-Press*, Non sparate-Stampa). Quando nella guerra del Golfo gli iracheni conquistarono per un giorno la cittadina saudita di Al-Khafji, un reporter americano nella capitale Riad provò a chiamare al telefono il Khafji Beach Hotel. Gli rispose una voce: *We are Iraqi soldiers – who are you?* «Noi siamo soldati iracheni – e tu chi sei?».

La lingua virtuosa

Stabilito che l'inglese è la lingua del pianeta – e lo resterà a lungo – è legittimo chiedersi come questo sia potuto accadere. La prima ragione è ovvia: la potenza militare, commerciale e culturale della Gran Bretagna nel secolo scorso e degli Stati Uniti in questo secolo hanno portato l'inglese dove il francese e lo spagnolo non sono mai potuti arrivare. Ma l'inglese ha dimostrato di sapersi estendere anche oltre la sfera di influenza della politica, dello spettacolo e dei mezzi di comunicazione di massa: se è stato adottato anche in paesi dove americani ed inglesi non sono visti di buon occhio – si pensi al mondo arabo – una ragione ci dev'essere.

La principale, probabilmente, è questa: dal punto di vista della struttura della lingua, è un capolavoro di semplicità. Il genere dei sostantivi (maschile, femminile, neutro), per cominciare, è sempre determinato dal significato. In italiano o in francese non è così: la luna è femminile, ad esempio, e il sole è maschile. In tedesco, bambino e ragazza (*das Kind* e *das Mädchen*) sono addirittura neutri. A Mark Twain, ricordiamo, la cosa non andava a genio: «In Germania una giovane fanciulla non ha sesso» scrisse «ma una rapa (*eine Rübe*-ndr) sì».

La grammatica e la sintassi di base, in inglese, sono elementari: l'articolo è sempre *the* – molto più facile degli italiani il, lo, la, i, gli, le; non esistono declinazioni dei sostantivi come in tedesco; spesso i nomi possono essere usati come verbi e i verbi come nomi: *to walk* camminare, *walk* camminata; *to bus* vuol dire andare (o trasportare) in autobus; *bank* può essere un nome (banca), un aggettivo (*bank system*, sistema bancario), un verbo (*to bank*, mettere, depositare in banca). Le parole possono essere isolate facilmente. I verbi, che in italiano o in spagnolo sono complessi, in inglese diventano uno scherzo. Ricordo, in Nord Africa, un manuale di lingua inglese destinato ai camerieri, dove la coniugazione del verbo avere al passato (sempre *had*) era corredata da piccoli commenti entusiastici: «Fantastico! Tutto uguale! Ragazzi, cosa ci può essere di più semplice?».

Solo la pronuncia, come vedremo, rappresenta un ostacolo, ma non più del russo con i suoi scioglilingua, e certamente meno del cinese con i «toni»; in inglese, oltretutto, anche una parola pronunciata male rimane comprensibile. L'alfabeto latino si è rivelato un altro vantaggio, perché più efficiente di quello arabo, e molto più semplice da imparare degli ideogrammi delle lingue orientali. Nemmeno il mastodontico vocabolario costituisce un problema: se è vero che l'inglese, come abbiamo visto, conta ormai 500.000 vocaboli, ne bastano cinquecento volte meno per farsi capire.

Il fatto stesso di aver accolto senza traumi apparenti

una massa immensa di parole nuove è prova di forza e elasticità. L'americano H.L. Mencken, critico e giornalista feroce, disse che «una lingua viva è come un uomo che soffre di piccole emorragie; ciò di cui ha bisogno sono continue trasfusioni di nuovo sangue. Il giorno in cui si chiudono i cancelli, comincia a morire».

L'inglese non corre di questi pericoli. La lingua – portata sulle isole britanniche da tribù germaniche (Angli, Sassoni), influenzata dal latino e dal greco al momento della conversione al cristianesimo, arricchita dai popoli nordici, trasformata dai Normanni di lingua francese – ha tollerato continui innesti. Ancora oggi questi apporti sono evidenti: nella lingua moderna ci sono parole sassoni (*was*, *that*, *eat*, *cow*) e parole nordiche (*sky*, *get*, *bath*, *husband*), vocaboli franco-normanni (*soldier*, *parliament*, *prayer*, *beef*) e vocaboli importati durante o subito dopo il Rinascimento: dalla Francia *etiquette* e *police*; dall'Italia *umbrella* e *bandit*; dall'Olanda *cruise*, *yacht* e *landscape*.

Altri innesti hanno contribuito a rendere la lingua vigorosa: *slogan* dal gaelico (secondo l'*Oxford Dictionary* la prima citazione è del 1513); *hurricane* (1555, uragano) dalle lingue caraibiche; *caviar* (1591, caviale) e *kiosk* (1625) dal turco; *dinghy* (1810, barca a remi) dall'hindi; *caravan* (1599) dal persiano; *mattress* (1706, materasso) dall'arabo; *kung fu* dal cinese; *kamikaze* (1945) e *kimono* (1615) dal giapponese; *kayak* (1757) e *igloo* (1856) dall'eschimese. Negli ultimi due secoli l'inglese ha adottato *polystyrene* dal greco, *sociology* dal latino, *Kindergarten* dal tedesco, *chauffeur* dal francese, *patio* dallo spagnolo; *ciao*, *spaghetti*, *ravioli*, *confetti* (nel senso di «coriandoli») e – naturalmente – *mafioso* dall'italiano.

Su questi termini d'importazione gli inglesi sfogano tutta la propria protervia linguistica. Una volta fagocitati, i vocaboli vengono pronunciati all'inglese. La mannaia cade perfino sui nomi propri. Gli stranieri a Londra rimangono allibiti quando vengono a sapere che il nome di una delle strade che attraversano Hyde Park, Rotten Row (letteralmente, «vicolo marcio»), deriva dalla corruzione del francese *la route du roi* (la via del re), mentre Elephant and Castle arriva dallo spagnolo *Enfanta de Castilla*. Beauchamp Place, vicino ai grandi magazzini «Harrods» di Knightsbridge, non si pronuncia alla francese, ma diventa *biciam pleis*. Se insistete a pronunciare il nome correttamente, non soltanto nessun taxista capirà dove volete andare, ma vi accuseranno di essere un esibizionista presuntuoso.

Infine, occorre aggiungere questo. L'inglese è diventato una lingua mondiale proprio perché è «facile da parlar male»: un autore contemporaneo ha scritto che «l'inglese è pronto ad essere tutto, nell'ansia di essere sempre». In sostanza, l'idioma di Byron e Shakespeare sopporta di essere violentato come nessun altro, quasi sapesse che questa è la chiave della propria affermazione. Qualcuno, per questo motivo, sostiene che si dovrebbe smettere di parlare di «inglese»: le variazioni – e le aberrazioni – sono tali e tante che esistono ormai diversi «inglesi». Tra la lingua parlata a Eastbourne dalle anziane signore che accolgono con un piatto di verdure poco cotte i ragazzini italiani in vacanza-studio, e l'inglese parlato a Singapore da un venditore di orologi, corre un abisso. Le une e gli altri, però, hanno il diritto di dire *We speak English*.

E hanno ragione. Se mai si trovassero di fronte, riuscirebbero certamente a comunicare. Chi parla l'«inglese standard» – e in genere chi conosce bene la lingua – è infatti sempre in grado di adeguarsi al livello di chi si esprime a malapena. I giornalisti inglesi e americani, appena sbarcati a Tirana o ad Amman, inaugurano ad esempio uno strano gergo privo di condizionale, congiuntivo e forme interrogative, suscitando lo stupore dei locali, che da persone madrelingua si aspettavano di meglio.

Questa lingua-base semplice e geniale – questo «codice per trasmettere e ricevere informazioni», è stato definito – ha due soli difetti. Il primo è la difficoltà della lingua scritta, che come vedremo è «arretrata» rispetto alla pronuncia. La regola secondo cui la doppia «o» si legge «u», ad esempio, è valida nella maggioranza dei casi (*moon*, luna; *room*, stanza; *soon*, presto); però *door*, porta, si pronuncia *dòr* e *blood*, sangue, si legge *blàd*. Le quattro lettere «ough», ad esempio, possono essere pronunciate in almeno sette modi diversi (*though*, sebbene; *rough*, ruvido; *thought*, pensiero; *cough*, tosse; *hiccough*, singhiozzo; *plough*, aratro; *through*, attraverso).

I popoli del mondo, bisogna dire, hanno trovato un modo molto spiccio per ovviare a queste difficoltà: scrivono l'inglese come càpita, senza curarsi degli errori. Prendiamo i cinesi. Questo è il testo che abbiamo trovato a Shanghai sull'etichetta di una fantomatica medicina: «*The refined product is composed of our traditional herbs* whieh *can* drire *off mosquitos destroy* germ *and disinfect when* burn. *Its* flarour *is freshly fragrant, it has high* hability *of driving off mosquitos, can* paevent *epidemic and cold, and is* hepful *to* hygience *and our* healt». Le parole in tondo, come molti avranno intuito, sono tutte sbagliate. Eppure si capisce abbastanza, circa le virtù del medicinale. Abbastanza da lasciarlo acquistare a qualcun altro.

Un altro limite dell'inglese è questo. La «lingua del mondo» diventa estremamente complessa e sofisticata ad alto livello (qualcuno sostiene che sia un trucco degli inglesi per capire subito chi inglese non è). Sono numerose, come vedremo, le forme idiomatiche, e i «verbi con preposizione» costituiscono per chiunque un terreno minato: *to put someone down* vuol dire «umiliare qualcuno»; *to put someone up*, «dare una sistemazione a qualcuno»; *to put up with someone*, «tollerare qualcuno»; *to put someone up to something*, «incitare qualcuno a fare qualcosa». Gli stranieri, davanti a questi dispetti, piangono, e hanno ragione.

Esercizi:
DIVERTIAMOCI CON L'«ITALIESE»
(prima parte)

I neologismi derivati dall'inglese, spesso, vengono adoperati prima in un contesto tecnico, dove il loro uso può essere giustificato da esigenze di precisione. Ma quando i nuovi vocaboli emergono dall'oscurità del loro settore di origine, e si rivolgono ai non addetti ai lavori, non sono sempre trasparenti. Per esempio:

1) Avete appena ricevuto un volantino (effettivamente distribuito a Milano nel novembre 1996) in cui viene offerto «strippaggio a mano». A chi lo passate?

a) al proprietario di due cani lupo
b) a un vecchio zio appassionato di spogliarelli
c) a un buongustaio amante di trippa e foiolo.

RISPOSTA: (a) Lo strippaggio è la rimozione manuale dei peli più lunghi dalla pelliccia di un cane (dall'inglese *stripping*), poiché la tosatura a macchina può causare alterazioni del colore.

2) Parlando delle manovre della Federal Reserve Board (l'organo di controllo del sistema bancario statunitense) un quotidiano osserva: «Secondo gli analisti, ha agito per frenare una bolla speculativa». Sapete dire se la «Fed»:

a) ha rimandato al mittente una spedizione di merce non richiesta
b) ha cercato di mettere a tacere commenti critici provenienti dal Vaticano
c) ha voluto calmare i fremiti del mercato monetario.

RISPOSTA: (c) L'uso di *bubble* («bolla») nell'accezione di «progetto commerciale o finanziario ingannevole», risale almeno al 1599 (*Shorter Oxford Dictionary*). Il Nuovo Zingarelli (edizione 1997), ignora invece questo significato di «bolla» in italiano.

3) La Gazzetta Ufficiale pubblica la regolamentazione del «pearcing». A cosa si riferisce?

a) all'importazione di pere da paesi extracomunitari
b) alla regolamentazione della bucatura dei lobi dell'orecchio
c) all'istituzione di un museo intitolato ad un filantropo inglese di nome Pearce.

RISPOSTA: (b) La parola si scrive «piercing», però.

4) Dove si svolgevano gli avvenimenti che suggerirono a «La Provincia» di Cremona il titolo «Risposta al *raider*»?

a) in una base militare dopo un allarme
b) in un centro commerciale dopo una rapina
c) in una banca popolare dopo una telefonata.

RISPOSTA: (c) Il *raider* in questione era un uomo d'affari che intendeva dare la scalata alla banca (*corporate raider*); non si trattava di un rapinatore.

5) Nell'ottobre 1996 il presidente dell'Inter annunciò che «non poteva *mecciare* l'offerta per Ronaldo». Cosa voleva dire?

a) che l'offerta andava accettata così com'era, senza abbellimenti (*mèches*)
b) che l'Inter non intendeva sborsare per Ronaldo gli stessi soldi che altre squadre avevano offerto per il giocatore (*match their offer*)

c) che l'offerta non poteva essere «innestata» (*meshed*) sulla campagna acquisti in corso.

RISPOSTA: (b) Rimane tuttavia un mistero: perché non l'ha detto in italiano?

6) In un articolo del dicembre 1996, «la Repubblica» osservava che la crescente popolarità dei prodotti *unblended* era, «culturalmente e socialmente parlando, il vero segnale di uscita dagli Ottanta». Secondo voi, l'autore:

a) aveva confuso le parole inglesi *unblended* («non miscelato») e *unbranded* («non etichettato»)
b) voleva rimarcare i raffinati gusti degli italiani in materia di whisky
c) aveva notato una tendenza di mercato a favore dei prodotti genuini.

RISPOSTA: (a) L'autore dell'articolo ha poi ammesso spiritosamente l'errore.

Lettura:
INGLESE & ITALIANI

In questi anni mi sono dilettato spesso di spionaggio. Non dello spionaggio di cui vengono talvolta sospettati i giornalisti – sbagliando: per quel lavoro non abbiamo né l'attitudine né la pazienza – ma di uno spionaggio più artigianale e innocuo, che consiste nell'ascoltare non visto i turisti italiani all'estero. Non è un passatempo così strano, se ci pensate: esistono persone che trascorrono giornate intere osservando con il binocolo uccelli di specie rare (sostengono che è uno sport, e lo chiamano *birdwatching*). Ebbene: chi scrive trova rilassante, al termine di una giornata di lavoro, origliare nelle vicinanze di una comitiva di salernitani che, dopo ventiquattr'ore a Mosca, spiegano gli uni agli altri gli arcani del Cremlino, intervallando la spiegazione con indicazioni sul prezzo del caviale al mercato nero e sul modo di nasconderlo per passare la dogana. Ancora più interessante è ascoltare i connazionali quando parlano con la gente del posto o con altri stranieri perché, quasi sempre, parlano in inglese. Questa lingua è ormai universale, ed è diventata quello che l'esperanto vorrebbe essere e, con buona pace degli esperantisti, non sarà mai. Ogni nazione, tuttavia, mette qualcosa di suo nell'inglese che parla. Ogni popolo, in altre parole, trasporta all'interno della «lingua del mondo» il proprio carattere, rendendola diversa, e dandole sapore. Gli italiani, soprattutto quando la distanza da casa allenta i freni inibitori, fanno anche di più: in mano a noi – meglio, in bocca nostra – l'inglese diventa un'opera d'arte astratta.

Sono numerosi i tratti del carattere italiano che si trasformano in inesattezze, imperfezioni, errori, vezzi e invenzioni pure e semplici. Senza alcuna pretesa di completezza, eccone alcuni. Perfino un marziano potrebbe dedurli senza difficoltà, se soltanto si mettesse tranquillo nella sala d'imbarco di un aeroporto, e ascoltasse.

1. OSSEQUIO VERSO L'INVASORE

Il nostro storico ossequio verso l'invasore (questa volta linguistico) fa sì che non ci limitiamo a usare parole inglesi quando parliamo *inglese*. Ne usiamo a centinaia anche quando parliamo italiano. Se esistono vocaboli ormai indispensabili («computer» ha ormai vinto la battaglia contro «calcolatore»), molti altri si potrebbero – meglio: si dovrebbero – non usare. È il caso dell'infame *ticket* sui medicinali (ce l'ho con il nome, non con il principio di contribuire alla spesa farmaceutica) che, oltre ad essere una prova del nostro provincialismo, provoca conseguenze grottesche. È accaduto ad esempio che una farmacista di Finale Ligure si sia trovata di fronte una signora allarmata: aveva sentito parlare delle misure economiche prese dal governo, e voleva sapere se, da quel giorno in poi, «doveva pagare il *racket*». La dottoressa, invece di domandarle se si trattava di mafia 'ndrangheta o camorra, ha sorriso, e l'ha rassicurata: in quanto pensionata, non avrebbe dovuto pagare il *ticket* sui medicinali. La cliente, dicendo di aver capito, se n'è andata. La prossima volta che volerà a Londra per un fine settimana, tuttavia, si chiederà in che razza di Paese è finita: lassù il *ticket* lo chiedono addirittura sull'autobus, e in cambio non danno nemmeno un'aspirina.

2. SOTTILE COMPLESSO D'INFERIORITÀ

Noi italiani non siamo soltanto convinti che l'inglese sia efficace. Crediamo sia *importante*. Chiamare un uomo d'affari *vip*, *manager* o *executive*, in Italia, viene giudicata una cortesia. Questi termini dovrebbero invece rientrare nella categoria dell'ingiuria. La parola *vip* ormai viene scritta sulle tessere-sconto, e pronunciata solo nei villaggi-vacanze; *manager* è il buon vecchio capufficio, quello che nasconde il temperino nel cassetto e guarda le gambe alle segretarie; l'*executive* è quel signore che appare sulla pubblicità delle compagnie aeree, abbandonato sulla pista di un aeroporto, e sorride ebete, di solito con il vestito sbagliato indosso e una valigetta ventiquattrore in mano. Un'ultima parola che segnalo al pubblico obbrobrio – e invito, una volta all'estero, a usare con un minimo di cautela – è il vocabolo *top*. Nell'Italia del melodramma e dell'esagerazione, tutto è *top*: modelle (*top models*), uomini d'affari (*top managers*), posti a sedere (*top class*). Il fatto sarebbe insopportabile, se ogni tanto la sorte non pensasse ad aggiustare le cose. È accaduto a un negozio di abbigliamento in Liguria, che ha deciso di chiamarsi «Top One». Chi ha disegnato l'insegna, però, ha scritto le due parole troppo vicine: il Top One è diventato il Topone. I clienti, quando devono scegliere una giacca, dicono proprio così: «Proviamo dal Topone». Al proprietario è andata bene: un Topone è comunque meglio di un Grosso Ratto.

3. INCOSCIENZA

Noi italiani abbiamo *inventato* alcune parole inglesi. Il guaio è che non lo sappiamo. Il turista che volesse tenersi in esercizio e chiedesse in albergo «dove può fare footing», ad esempio, è destinato a incontrare sguardi smarriti (il nostro footing, in inglese, si dice *jogging*). E chi avesse bisogno di nastro adesivo e chiedesse alla cameriera del piano «mi porti lo scotch», la vedrebbe ritornare poco dopo con un whisky (avrebbe dovuto dire *Sellotape*).

4. DELIZIOSO PRESSAPPOCHISMO

Chiunque abbia frequentato i connazionali all'estero sa una cosa: gli italiani, se parlano inglese discretamente, pensano di parlarlo bene; se lo parlano bene, sono convinti di parlarlo benissimo. Voglio ricordare soltanto alcuni piccoli gioielli. A Londra, una signora milanese conquista la celebrità usando l'espressione *in four and four eight*, che *non* vuol dire «in quattro e quattr'otto» (testimonianza personale). Sempre a Londra, una ragazza italiana terrorizza un inglese di mezza età agitandogli le dita sotto il naso e gridando *Do yourself to do for the misery!*, sua personale traduzione di «Datti da fare per la miseria!» (aneddoto raccolto presso l'Usis di Milano). Uno studente milanese presso una università americana esclama *Do you want to put?*, che secondo lui significa «Vuoi mettere?» (ibidem). A Kabul un giornalista della Rai insiste presso la guida locale: *I want to go coast to coast!*; il poveretto, naturalmente, risponde che l'Afghanistan non ha sbocchi sul mare, ed è perciò difficile andare «da costa a costa». Alla fine si scopre che il visitatore intendeva dire «Voglio andare *costi quello che costi*»; in inglese: *at all costs* (testimonianza di un collega de «Il Messaggero»).

5. INDISCUTIBILE FANTASIA

Gli italiani, parlando inglese, talvolta commettono errori che lasciano gli interlocutori stranieri completamente spiazzati. Alcuni sembrano richiedere l'intervento dello psicoanalista, piuttosto che quello dell'insegnante. È il caso dell'uso del genitivo sassone, che in inglese indica il possesso (*Mary's dog*, il cane di Maria). In Italia qualcuno ha deciso che è elegante – che «sta bene», come direbbero certe mamme – e l'orgia del genitivo sassone è iniziata (Jean's West, Gianni's Bar, Baby's Market...). Alcuni episodi appaiono genuinamente preoccupanti: perché, ad esempio, la presentatrice televisiva (presentatore televisivo?) Eva Robin's scrive il cognome in quel modo? Di lei (di lui?) si è interessata anche la rivista «Newsweek». Erano quell'apostrofo e quella «s», naturalmente, a indignare i colleghi americani. Il cambio di sesso, se c'è stato, al confronto è una bazzecola.

6. ENFASI

La gioia, la soddisfazione, la protesta o la delusione italiane, non mediate da una buona conoscenza della lingua, possono provocare turbamenti negli stranieri. La lingua inglese non si presta molto a espressioni nettamente affermative: quando si vuol dire che la si pensa in un certo modo, occorre premettere «Credo» (*I believe...*), «Penso» (*I think...*), «Suppongo» (*I suppose...*), «Ho paura» (*I'm afraid...*). Il guaio è che la maggioranza degli italiani all'estero non pensa, non crede, non suppone e soprattutto non ha paura di niente. «Quel diminutivo ed insieme dubitativo e magari ironico tono che è il genio della lingua inglese» – definizione di *understatement* secondo Giuseppe Prezzolini – viene regolarmente travolto dall'enfasi della certezza.
A questo proposito posso dire d'aver visto – meglio: ascoltato – di tutto. Nei Paesi scandinavi tendono

a prenderci alla lettera: a Stoccolma o a Helsinki pensano che l'espressione «È impossibile» (in inglese: *It's impossible*; in francese: *Non, c'est impossible*) voglia dire *veramente* che qualcosa è impossibile, e non invece «avanti, prova a convincermi». Nei Paesi anglosassoni, dove l'imbarazzo è di casa, il nostro amore per il modo imperativo del verbo, e la nostra scarsa dimestichezza con il condizionale, provocano spesso il panico (il portiere d'albergo che si sente apostrofare con *Go away. Come here. Don't speak. Where is your sister?* racconterà in famiglia d'avere incontrato uno psicopatico). In altre parti del mondo – soprattutto in Paesi attenti alla forma come quelli del Sud-est asiatico e dell'Estremo Oriente – accade di peggio: so di signore italiane che negli alberghi di Pattaya o di Manila inseguono la cameriera bruna lungo il corridoio gridando allegramente *My dear, did you steal my comb?* (Cara, mi hai rubato il pettine?), gettando la poveretta nello sconforto.

7. TORTUOSITÀ E PROLISSITÀ

Si tratta della pretesa folle di tradurre in inglese alcuni involuti ragionamenti italiani, soprattutto in campo morale, politico ed economico. Appreso probabilmente in televisione dai nostri uomini politici, questo difetto ci trasforma sovente in vere e proprie attrazioni internazionali. La passione italiana per il racconto e il commento è tale che sono giunto a una conclusione: anche il *silenzio* è diverso, in Italia e nel mondo di lingua inglese. Il silenzio anglosassone è il silenzio di chi tace. Il silenzio italiano è quello di chi aspetta di prendere la parola.

8. IMPUDENZA

È noto che gli italiani, alla domanda *Do you speak English?* (Parli inglese?), rispondono spesso con una bugia oppure, quando va bene, con una verità parziale. Una delle risposte più popolari – e insieme una prova che il rapporto tra gli italiani e la realtà è sempre entusiasmante – è la seguente: «Non parlo inglese, ma lo capisco». Non è difficile smentire questa affermazione: basta mettersi d'impegno. La metropolitana di Londra, ad esempio, è un posto dove i connazionali impudenti si possono pescare facilmente, come pesci in un acquario. Il momento arriva quando gli altoparlanti gracchiano: *London Transport regrets to announce that, due to a breakdown on the line, service is suspended. Passengers are kindly requested to leave the station* («London Transport» è spiacente di annunciare che, a causa di un'interruzione sulla linea, questo servizio è sospeso. I passeggeri sono invitati a lasciare la stazione). Conoscendo bene Londra, so cosa accade a questo punto: su mille passeggeri in attesa, novecentonovantacinque se ne vanno. Ne rimangono cinque: tre sono giapponesi, e due italiani. Ebbene: quelle due persone abbandonate nella cavernosa immensità del *tube*, almeno una volta nella vita hanno pronunciato la frase magica, la somma impudenza, la grande bugia: «Io non parlo inglese, ma lo capisco».

(da *Italiani con valigia*, 1993)

3

PRIMI CONSIGLI

«Per chi insegna le lingue arriva sempre un momento in cui il mondo diventa soltanto un luogo pieno di parole e l'uomo appare un semplice animale parlante, non molto più interessante di un pappagallo.»

Joseph Conrad, *Under Western Eyes*, 1911

Cinque teorie e cento metodi

Ogni dieci anni – anno più anno meno – qualcuno scopre un metodo rivoluzionario per insegnare una lingua straniera a qualcun altro. Appena il nuovo metodo viene scoperto, i precedenti vengono dimenticati. Ed è un peccato, perché alcuni dovevano essere piuttosto divertenti. C'è ad esempio il metodo chiamato «Suggestopedics», ideato nei primi anni Settanta dal bulgaro M.G. Lozanov, dell'«Istituto di ricerche scientifiche in suggestologia» di Sofia. Gli alunni (al massimo dodici) stanno sdraiati su altrettante poltrone disposte a semicerchio, e ascoltano la voce suadente del professore che legge un testo con un sottofondo di musica classica. Se sbagliano, non vengono ripresi: il professore si limita a ripetere dolcemente la versione corretta. Se si addormentano, dobbiamo credere, il professore li sveglia con il caffè.

Il metodo del bulgaro Lozanov, in confronto ad altri che vengono propinati al pubblico, ha l'aria di essere estremamente scientifico. Negli ultimi mesi, insieme ad offerte di case editrici serie, abbiamo trovato pubblicità di macchine traduttrici parlanti, promesse di «parlare inglese fin dal primo giorno», corsi telefonici, corsi per ipnosi, corsi a fumetti. Un amico ha sperimentato un sistema di cassette da ascoltare durante il sonno: non ha imparato l'inglese, dice, ma non ha mai dormito così bene.

La proliferazione di sistemi miracolosi – quelli che mandavano su tutte le furie Prezzolini, come abbiamo visto all'inizio – non toglie che i metodi di insegnamento linguistico costituiscano una disciplina seria, alla quale molti studiosi hanno dedicato l'esistenza. Sicuri di provocare un'alluvione di critiche da parte degli esperti – sempre che trovino il tempo, presi come sono a litigare tra loro – cercheremo di illustrare le principali teorie, i metodi seguiti alle teorie, e alcune tra le tecniche derivate dai metodi.

Gli studiosi concordano almeno su un punto: da venticinque secoli gli uomini tentano di insegnare ad altri uomini la propria lingua, ma il dibattito sui «sistemi di insegnamento» ha soltanto duecento anni. Da allora se ne sono sentite di tutti i colori, ma i metodi che hanno fatto storia si contano sulle dita di una mano. Leggete di seguito e scoprirete – se mai avete frequentato un corso d'inglese – che anche voi siete stati vittime di qualche esperimento.

Il primo metodo è conosciuto come «tradizionale», o metodo «grammatica e traduzione». Sebbene utilizzato per secoli, venne descritto in maniera organica solo alla fine del Settecento: consisteva essenzialmente nella breve presentazione di una regola di grammatica e in una dose massiccia di esercizi. La lingua da imparare era considerata essenzialmente come un sistema di regole, e la prima lingua (la lingua madre dello studente) fungeva da riferimento. I corsi di inglese dell'Ottocento erano tutti basati su questo principio, e non differivano molto dai corsi di greco antico; in un caso e nell'altro, parlare veniva considerato meno importante che leggere e scrivere. Il successo del metodo «grammatica e traduzione» durò quasi cento anni: soltanto alla fine del secolo scorso, accusato di essere freddo e senza vita, cominciò a passare di moda. Recentemente è stato riscoperto; per questo c'è chi sostiene che, tra tutti, è quello invecchiato meno peggio.

Il secondo metodo si chiama «metodo diretto», e ha conosciuto grande popolarità. Consiste essenzialmente nell'evitare di usare la lingua madre degli studenti durante l'insegnamento; se si insegna inglese a una scolaresca italiana, in altre parole, bisogna parlare soltanto inglese. Questa idea – basata sulla lingua parlata, e battezzata con una serie di nomi presto dimenticati (metodo riformista, naturale, psicologico o fonetico) – è legata all'assunto che la «seconda lingua» si possa imparare istintivamente, proprio come la lingua madre. Prese piede tra Ottocento e Novecento, nel mondo nuovo creato dall'espansione dell'industria, dai commerci e dalla passione per i viaggi. Il guaio del «metodo diretto» – come ben sa chi per un'ora ha guardato parlare un professore madrelingua, senza capire niente – è sostanzialmente questo: manca una progressione delle difficoltà, ed è complicato spiegare il significato di una parola senza tradurla (provate con «supporre», «romanticismo» o «sebbene»). Ciò nonostante, si può dire che il «metodo diretto» sia il progenitore dei moderni sistemi di «immersione», e abbia perciò il diritto di essere ricordato.

Il «metodo di lettura» venne invece escogitato negli anni Venti da un professore britannico di nome West che, insegnando in India, s'era convinto che per la gente di laggiù fosse più importante leggere l'inglese che parlarlo. Criticato durante la seconda guerra mondiale dagli americani, che le lingue volevano parlarle più che leggerle, è stato rivalutato negli ultimi anni, perché si è rivelato adatto alle necessità della comunità scientifica mondiale. Anche i giapponesi, a giudicare dalla passione con cui leggono e dalla fatica con cui parlano inglese, mostrano di apprezzarlo.

La rivoluzione, se di rivoluzione si può parlare, è arrivata negli anni Sessanta, con il «metodo audio-orale», il primo di chiara impronta americana. Elaborato in tempo di guerra e destinato ai soldati, fu il primo metodo esplicitamente basato sulla linguistica e la psicologia (il neocomportamentismo di B.F. Skinner, secondo cui l'apprendimento di una lingua non è diverso da qualsiasi altra forma di comportamento: ad ogni stimolo segue una risposta. Se la risposta è corretta, arriva la ricompensa: elogi, accettazione sociale eccetera). Il «metodo audio-orale» ha queste caratteristiche: la precedenza accordata alla conversazione (rispetto alla scrittura e alla lettura), durante la quale l'allievo viene lodato per ogni piccolo progresso; il grande uso dei dialoghi, che permettono di apprezzare questi progressi; e l'introduzione del laboratorio linguistico.

Accolto con entusiasmo, il «metodo audio-orale» trasformò lo studio dell'inglese in un fenomeno di massa. Tutti i corsi con i dischi che giacciono negli armadi delle famiglie italiane – quelli dove una voce cavernosa esordisce con un interrogatorio: *My name is John Smith. What is your name?* – sono basati su questo metodo. Tra gli esperti, però, il successo durò poco: alla fine degli anni Sessanta l'«audio-orale» era già passato di moda, accusato dagli insegnanti di essere poco efficace e dagli studenti di essere molto noioso. Negli anni Settanta, lo studioso che si azzardava a difenderlo suscitava sorrisi di compassione. Poiché l'opinione degli studiosi – non solo nel campo delle lingue – conta poco, dischi e cassette pieni di inquisitori chiamati Mister Smith continuano a dominare il mercato. Se domani una scuola d'inglese aprisse i battenti a Caserta o a Vercelli, state certi che disporrà del suo bravo laboratorio linguistico.

Un altro metodo che ha conosciuto un buon successo negli stessi anni è l'«audiovisuale», che consiste nella presentazione di una serie di immagini o di un filmato, seguiti da una spiegazione da parte dell'insegnante e da ripetizioni del testo orale, per arrivare alla «fase di trasposizione», nella quale gli studenti devono mostrare di cavarsela da soli. Devono, ad esempio, ripetere il dialogo, oppure crearne uno nuovo. Gli inventori di questo metodo sostengono che l'idea delle immagini non è un giochetto, ma serve a «simulare il contesto sociale nel quale la lingua viene usata». I detrattori sostengono che il sistema è rigido, ripetitivo e soffre della stessa debolezza del «metodo diretto» da cui deriva: non esiste alcuna garanzia che, guardando le immagini, lo studente non prenda fischi per fiaschi.

E siamo arrivati alla «teoria cognitivista», che ha dato origine a metodi del tutto diversi da quelli audio-orali o audiovisuali. Partendo dalle teorie linguistiche di Noam Chomsky negli anni Sessanta (che vi saranno risparmiate), i cognitivisti predicano la comprensione intellettuale «della lingua come di un sistema» da parte dell'alunno. Non credono, in parole povere, che l'allievo apprenda attraverso automatismi, e ricordano invece l'innata capacità umana di comprensione delle strutture della lingua. A questo proposito, i cognitivisti sostengono che l'abilità dei bambini nell'imparare le lingue è stata sopravvalutata. Quella degli adulti, sottovalutata.

Sono state proprio le teorie «comportamentista» e «cognitivista» a condizionare maggiormente lo studio delle lingue straniere negli ultimi tempi. Nel corso degli anni Ottanta sono state adattate, scomposte e dibattute, e oggi in pratica convivono in quasi tutte le tecniche d'insegnamento. Oggi la parola d'ordine è «lingua = strumento di comunicazione». E per imparare a comunicare – pare di capire – occorre sia acquistare alcuni automatismi (comportamentismo), sia comprendere la struttura della lingua (cognitivismo). Questo «metodo misto» – che prende molti nomi, tra cui «funzionale» – oggi va per la maggiore, anche se nessuno può dire quanto resisterà. Una delle tecniche utilizzate è lo studio assistito dai computer (spesso con CD-Rom) – che, secondo gli estimatori, permette di imparare la lingua giocando: sul video si possono trasformare i singolari in plurali, cambiare i tempi del verbo o mutare l'ordine delle parole.

Se questo *computer assisted study* farà la fine dei laboratori linguistici, è presto per dirlo. Di sicuro, qualunque tecnica sceglierete – o sceglieranno per voi – dovete ricordare questo: la «motivazione» è fondamentale. Ne *Il piacere di apprendere* lo psicologo Francesco Rovetto spiega come le informazioni che vengono acquisite perché rispondono ad una nostra curiosità si fissano in modo rapido e stabile nella memoria. Parlando delle lingue straniere, Rovetto ricorda che «un appassionato di elettronica, di pesca o di moda troverà più interessante la lettura di una rivista straniera relativa al suo hobby, rispetto alla lettura di un testo letterario o di un libro di grammatica». Sembra ragionevole, bisogna dire.

Se davvero avete voglia di imparare, in sostanza, qualcosa imparerete. Un amico londinese, docente in una scuola molto frequentata dagli italiani, sostiene addirittura che insegnare è impossibile: si può solo aiutare ad apprendere. E, stabilito che il sistema miracoloso ancora non è stato inventato, imparare si può sempre: affrontando l'asfissiante Mister Smith nascosto dentro i dischi; ascoltando la radio; guardando una videocassetta; frequentando corsi collettivi o sbancandosi con le lezioni private. Se davvero volete imparare, non abbiate dubbi: anche queste «lezioni semiserie» possono servire a qualcosa.

Scuole all'estero: dalle comiche in su

Qualcuno finisce dentro scuole piene di studenti arabi come un liceo di Damasco. Qualcun altro iscritto a corsi che costano quindici milioni al mese. Altri ancora si trovano soltanto tra italiani, parlano della Juventus e s'innamorano della compagna di banco di Perugia. Niente di male, naturalmente, se costoro amassero Damasco, le spese folli e le ragazze di Perugia. Il guaio, come vedremo, è che questa gente va in Gran Bretagna (o in America) per imparare l'inglese.

Stiamo parlando, naturalmente, dei giovani italiani che ogni estate, compatti come le legioni di Cesare, marciano verso il rituale soggiorno-studio. Occorre dire subito due cose. Innanzitutto che questi pacifici invasori hanno scelto bene, perché vivere per qualche tempo in un paese anglòfono rimane il modo più rapido per imparare l'inglese. In secondo luogo, che gli italiani non si devono scoraggiare quando capiscono che il mondo delle scuole per stranieri è un enorme tritatutto (soprattutto in Inghilterra). Gli inglesi non sono cinici come sembrano: semplicemente, vendono la propria lingua come gli arabi vendono il petrolio, i francesi il formaggio e noi italiani le scarpe: cercando di guadagnare il più possibile. Secondo una stima recente, ogni anno il Regno Unito ricava dall'insegnamento dell'inglese come lingua straniera («Tefl», Teaching English as a Foreign Language) oltre 800 milioni di sterline (2000 miliardi di lire), senza contare quello che gli studenti spendono per vitto e alloggio.

Tutte insieme, le scuole d'inglese per stranieri in Gran Bretagna dovrebbero essere un migliaio. Non esistono cifre ufficiali perché molte durano una sola estate: intascano gioiosamente i denari di tanti genitori d'oltremanica, insegnano un inglese approssimativo in qualche palazzina di periferia, e scompaiono.

Se non volete finire in mano a questa gente, accettate qualche consiglio. Il primo è rivolgervi esclusivamente ad una «scuola riconosciuta» dal British Council, braccio culturale della diplomazia britannica, che si occupa dell'insegnamento dell'inglese come lingua straniera fin dal 1934. Quasi tutte le scuole riconosciute sono riunite in un'associazione chiamata «Arels-Felco»: sono circa duecento, cinquanta delle quali a Londra. Il fatto che una scuola non sia riconosciuta non significa necessariamente che sia un imbroglio: può essere ottima, ma fate attenzione.

La seconda indicazione riguarda i prezzi: se una scuola costa troppo poco, diffidate. Il prezzo medio per ogni ora di «corso generale d'inglese» in classi di otto-dodici persone è circa 6-7 sterline (15.000-17.500 lire). La sistemazione in famiglia – che tra tutte le possibilità di alloggio resta la migliore – costa intorno alle 70 sterline alla settimana, arrivando a più di 100 per l'ospitalità in versione lusso (presso famiglia benestante con uso piscina e/o campo da tennis compreso nel prezzo). Queste cifre sono indicative, e possono non comprendere la «Vat» (l'Iva inglese). L'istruzione privata, i corsi specializzati e i cosiddetti corsi intensivi costano molto di più. Una scuola, che non nominiamo, offre un corso settimanale *full immersion* (immersione totale: dodici lezioni al giorno per cinque giorni, dalle 9 del mattino alle 6 del pomeriggio, con pause di cinque minuti tra una lezione e l'altra) per l'equivalente di quattro milioni di lire. L'opuscolo informa che il pasto di mezzogiorno è a carico della scuola, ma non specifica se, visti i prezzi, è a base di ostriche e champagne.

Dopo aver parlato di scuole e prezzi, arriviamo alle tecniche d'insegnamento. La cosa più importante l'abbiamo detta: non esiste niente di totalmente nuovo, e soprattutto niente di miracoloso. Secondo Timothy Blake, preside della London School of English a Holland Park, un bel quartiere nella parte occidentale di Londra, esiste un'analogia tra gli alchimisti del Medio Evo, che cercavano la pietra filosofale, e la ricerca del sistema infallibile per insegnare l'inglese agli stranieri: «Gli alchimisti non sono riusciti a trasformare il ferro in oro, ma hanno rivoluzionato la metallurgia. Noi insegnanti non abbiamo trovato la tecnica magica, ma grazie ai nostri sforzi le conoscenze in materia sono immensamente migliorate».

Un'altra considerazione è questa: i metodi, e le tecniche che derivano dai metodi, passano di moda. Dei «laboratori linguistici» abbiamo detto. La famosa «immersione totale», che ancora fa sognare i bancari italiani e spesso costa come un'automobile di media cilindrata, non gode più i favori di cui godeva quindici anni fa. Molti insegnanti madrelingua affermano che nove ore di corso al giorno sono troppe, perché il cervello di uno studente più di tanto non assorbe: meglio seguire le lezioni per cinque-sei ore, e poi – se proprio si vuole impiegare ogni minuto – andare a vedere un film in inglese, o conversare in un pub.

L'impressione che i metodi di insegnamento siano soggetti alle mode, come i vestiti o le automobili, è confermata dalla popolarità di cui gode oggi la tecnica chiamata *«one-to-one»*. Tradotto in italiano, è il vecchio sistema della «lezione privata». Il già citato Timothy Blake racconta che ultimamente gli italiani – soprattutto se hanno poco tempo e molti soldi – chiedono spesso di adottare questa soluzione. «Io» dice «passo il tempo a scoraggiarli. Il sistema "un insegnante-un allievo" finisce infatti per isolare lo studente, che non sente la pronuncia dei compagni di corso, e non ha modo di riflettere sui loro errori.» Il metodo della lezione privata è anche estremamente faticoso: Blake sostiene che è quasi impossibile mantenere la concentrazione per molte ore consecutive («Ho conosciuto solo un paio di persone che ce l'hanno fatta, ma erano quei tipi alla Margaret Thatcher cui basta dormire quattro ore per notte»). Qualsiasi corso che impegni lo studente per più di cinque ore al giorno – sostiene anche Les Dangerfield, ex direttore del British Council di Milano – «per un principiante rischia di diventare un inferno e uno spreco di denaro» (a Londra, per un'ora di lezione *«one-to-one»*, alcuni *tutors* pretendono l'equivalente di 100.000 lire, Iva esclusa, anche se di solito 25 sterline – 63.000 lire – sono sufficienti).

Un altro suggerimento: evitare le scuole all'estero finché si è principianti assoluti. In Gran Bretagna dicono di conoscere ormai il prototipo dello studente italiano destinato al fallimento: arriva e non capisce niente di quello che accade, a scuola o fuori dalla scuola; è poco interessato e pochissimo «motivato»; trova amici italiani e con quelli trascorre una vacanza, come fosse a Forte dei Marmi e non a Londra. Ci sono naturalmente le eccezioni. In una scuola di Kensington ricordano un giovane bolognese arrivato in Inghilterra senza conoscere una parola d'inglese. Dopo dieci mesi superò l'esame detto *Cambridge Proficiency*, un titolo riconosciuto come attestato di competenza linguistica. Il suo metodo: aveva trovato una ragazza londinese, e non permetteva a nessuno di parlargli in una lingua diversa dall'inglese. Se un italiano lo avvicinava durante la pausa di colazione, prendeva il vassoio e cambiava tavolo.

Abbiamo chiesto a vari insegnanti se, a parte i principianti assoluti mandati allo sbaraglio, esistono altri studenti destinati all'insuccesso. «Quelli che pensano di aver "comprato" la lingua inglese» hanno risposto in molti. «Quelli che per il solo fatto d'aver pagato per star seduti in classe, credono di aver fatto abbastanza sacrifici. Per loro non c'è speranza: sono i *classic failures*, i fallimenti classici.»

Ho imparato dai Rolling Stones

Per imparare l'inglese non esistono soltanto le tecniche basate sui metodi tradizionali e i soggiorni-studio nei Paesi anglòfoni. Esistono anche i sistemi artigianali. Quello che andiamo a descrivere, non c'è dubbio, è certamente tra i più originali. Non lo riportiamo qui per incoraggiare l'imitazione. Lo scopo è un altro: convincervi che le strade verso l'inglese sono molte. E l'unico metro per giudicarle è questo: se raggiungono la meta, vanno bene.

Il personaggio in questione, che chiameremo M.M., ha trentacinque anni. Vent'anni fa cominciò ad appassionarsi alla musica rock. Ansioso di capire il significato dei titoli e dei testi, decise di studiare la lingua e pensò di farlo con gli strumenti e i maestri che aveva a disposizione: dischi e cantanti.

«Il mio ragionamento» spiega oggi «era questo: poiché Bob Dylan e i Beatles mi interessavano, ricordavo i titoli delle loro canzoni. Se ricordavo quei titoli e il loro significato, voleva dire che conoscevo già un po' d'inglese. Se conoscevo un po' d'inglese, potevo studiare altri titoli – e i testi, più avanti – per impararne di più.»

La cosa straordinaria è che il sistema ha funzionato. Quando si è presentato al British Council di Milano per un test, l'autodidatta M.M. è stato ammesso direttamente al quinto corso. Il suo problema, oggi, è questo: a volte parla come un poliziotto della Virginia (*You ain't going nowhere*, Bob Dylan) e a volte con l'accento di un portuale di Liverpool (*She don't give boys the eye* – «Non fa l'occhiolino ai ragazzi», da *She's a woman*, The Beatles).

Le pagine che seguono, dopo qualche insistenza, sono state scritte direttamente dal personaggio in questione. Come partire dai Pink Floyd (posizione dell'aggettivo) per arrivare a Madonna (forma interrogativa negativa) passando per i Rolling Stones (verbi con preposizione).

«Mentre tutti iniziano a studiare l'inglese leggendo *This is a boy* – *That is a girl* su un libro di grammatica, io ho iniziato con *The dark side of the moon* (Il lato scuro della luna, Pink Floyd, 1973). Bel disco, utile a ricordare una delle prime regole: l'aggettivo precede sempre il nome. Altri titoli mi hanno introdotto alle preposizioni: ho imparato *to* da *I talk to the wind* (Parlo al vento, King Crimson); *at* ascoltando *Pictures at an exhibition* (Quadri a una esposizione) di Emerson, Lake and Palmer; *in* da *Living in the past* (Vivendo nel passato, Jethro Tull); *on* grazie a *Walk on the wild side* (Passeggiata sul lato selvaggio, Lou Reed); *after* da *Still crazy after all these years* (Ancora pazzi dopo tutti questi anni, Paul Simon). L'introduzione ai verbi è venuta da Bob Dylan: quando uno sa che *You are a big girl now* significa "Adesso sei una ragazza grande", ha capito che in inglese il verbo (*are*) vuole sempre il soggetto (*you*), e non è poco.

«Direi che Bob Dylan, Beatles e Rolling Stones sono stati i veri maestri. Nei soli titoli delle loro canzoni c'è praticamente tutto. Prendiamo Dylan. Se *Blowing in the wind* è utile per imparare la forma in «ing» (*to blow*, soffiare; *blowing*, soffiando, che soffia), *All I really want to do* (Tutto quello che davvero voglio fare) è una frase completa, buona per molte occasioni, così come *What can I do for you?* (Cosa posso fare per te?) e *Where are you tonight?* (Dove sei stanotte?). Sempre da Bob Dylan ho imparato che la forma negativa del verbo si costruisce con l'ausiliare *do* (*Don't think twice, it's all right*, Non pensarci due volte, va bene), sebbene avessi già intuito la regola da *Don't let it bring you down*, Non lasciarti abbattere (Neil Young). Anche quest'ultimo ha buoni titoli istruttivi. *Everybody knows this is nowhere*, ad esempio, vale un'ora di corso di grammatica.

Everybody (ciascuno)	pronome indefinito
knows (sa)	da *to know* (sapere) – la 3a persona singolare prende la «s»
this (questo)	pronome dimostrativo
is (è)	3a persona verbo essere
nowhere (da nessuna parte)	avverbio

«Poi ci sono i Beatles, che hanno il vantaggio di pronunciare l'inglese in maniera più comprensibile rispetto a Bob Dylan, e hanno scritto abbastanza canzoni da poter mettere insieme, con i soli titoli, un frasario da viaggio. Ordinando alfabeticamente le canzoni che conoscevo, infatti, mi sono accorto di aver composto un piccolo manuale di conversazione, di quelli che le agenzie ti mettono in mano prima di un viaggio a Londra.

All I've got to do	Tutto quello che devo fare
Any time at all	Assolutamente in qualsiasi momento
Ask me why	Chiedimi perché
Because	Perché (in una risposta)
Birthday	Compleanno
Come and get it	Vieni a prenderlo
Come together	Riuniamoci
Don't let me down	Non deludermi
Do you want to know a secret?	Vuoi sapere un segreto?
Drive my car	Guida la mia automobile
Every little thing	Ogni piccola cosa
For no one	Per nessuno
From a window	Da una finestra
From me to you	Da me a te
Get back	Ritorna
Getting better	(Sta) andando meglio
Girl	Ragazza
Goodbye	Arrivederci
Good morning, good morning	Buongiorno, buongiorno
Good night	Buonanotte
Hello, goodbye	Salve, arrivederci
Hello little girl	Salve ragazzina
Help	Aiuto
Here there and everywhere	Qui là e dovunque
Hold me tight	Tienimi stretto
Honey pie	Torta al miele (*affettuosamente*: dolcezza)
I call your name	Io chiamo il tuo nome
I don't want to see you again	Non voglio vederti più

I don't want to spoil the party	Non voglio rovinare la festa
I feel fine	Mi sento bene
If I fell	Se cadessi
I'll be back	Sarò di ritorno
I'll be on my way	Vado
I'll get you	Ti prenderò
I'll keep you satisfied	Rimarrai soddisfatta
I'm down	Sono giù
I'm in love	Sono innamorato
I'm only sleeping	Sto solo dormendo
I'm so tired	Sono talmente stanco
In my life	In vita mia
I saw her standing there	L'ho vista là in piedi
I should have known better	Avrei dovuto saperlo
It's all too much	È troppo
It's for you	È per te
It won't be long	Non ci vorrà molto
I've got a feeling	Ho una sensazione
I want to tell you	Voglio dirti
I will	Lo farò
Let it be	Lascia che sia
Little child	Ragazzino/a
Martha my dear	Mia cara Marta
Nobody I know	Nessuno che conosco
No reply	Nessuna risposta
Oh darling	Oh cara
One and one is two	Uno e uno fa due
Rain	Pioggia
She loves you	Lei ti ama
She said she said	Lei disse lei disse
She's a woman	È una donna
She's leaving home	Sta lasciando casa
Tell me what you see	Dimmi cosa vedi
Tell me why	Dimmi perché
Thank you girl	Grazie ragazza

That means a lot	Quello vuol dir molto
The end	La fine
The long and winding road	La strada lunga e tortuosa
The night before	La notte prima
The word	La parola
There's a place	C'è un posto
Things we said today	Cose che abbiamo detto oggi
Think for yourself	Pensa per te
This boy	Questo ragazzo
Ticket to ride	Il biglietto per il viaggio
Two of us	Due di noi
Wait	Aspetta
We can work it out	Possiamo risolvere la questione
What goes on	Cosa succede
What you're doing	Quello che stai facendo
When I get home	Quando torno a casa
When I'm sixty-four	Quando avrò sessantaquattro anni
With a little help from my friends	Con un po' d'aiuto dai miei amici
Woman	Donna
Yes it is	Sì
Yesterday	Ieri
You can't do that	Non puoi farlo
You know my name	Tu sai il mio nome
Your mother should know	Tua madre dovrebbe sapere
You won't see me	Non mi vedrai

«Queste espressioni sono sufficienti per cavarsela in molte circostanze. E possono diventare vere e proprie conversazioni. Un dialogo durante un viaggio in automobile, ad esempio:

What goes on?	Cosa succede?
I'm so tired.	Sono talmente stanco.
Tell my why.	Dimmi perché.
I want to tell you. Because... The Rain. The long and winding road. It's all too much.	Voglio dirtelo. Perché... La pioggia. La strada lunga e tortuosa. È troppo.

67

(Let's) get back. The two of us. It won't be long.	Torniamo. Noi due. Non ci vorrà molto.
Drive my car.	Guida la mia automobile.
I will. All I've got to do (is to) get back.	Lo farò. Tutto quello che devo fare è tornare.
Thank you girl. That means a lot.	Grazie ragazza. Vuol dir molto.
Getting better?	Va meglio?
I feel fine.	Mi sento bene.

Oppure un litigio tra amici.

Martha, my dear, you can't do that.	Marta, cara, non puoi farlo.
Think for yourself.	Pensa per te.
Wait. We can work it out.	Aspetta. Possiamo risolvere la questione.
Darling, I don't want to see you again.	Caro, non ti voglio più vedere.
I should have known better. You won't see me.	Avrei dovuto saperlo. Non mi vedrai.
Goodbye.	Ciao.

«Anche i Rolling Stones, devo dire, sono stati utili. *What a shame* vuol dire "che vergogna"; *Let's spend the night together* (passiamo la notte insieme), sebbene non sia tra le frasi che uno usa tutti i giorni, è utile perché mostra come costruire la prima persona plurale dell'imperativo, come del resto *Let's dance* di David Bowie. I Rolling Stones sono stati anche utili per l'uso del verbo *to get*, che – ho scoperto poi – è uno dei più complicati in assoluto.

get	vuol dire	avere	*I've got the blues* (Sono triste)
get	vuol dire	ottenere	*(I can't get no) satisfaction* (Non riesco a trovare soddisfazione)

			You can't always get what you want
			(Non puoi sempre avere quello che vuoi)
get off	vuol dire	scendere	*Get off my cloud*
			(Scendi dalla mia nuvola)
get away	vuol dire	andar via	*Got to get away*
			(Devo andar via)
gotta	vuol dire	dovere	*You gotta move*
			(Devi muoverti)
			You gotta get away
			(Devi andartene)

«Una volta imparata la tecnica di base, ho capito che altri titoli potevano servirmi per chiedere, protestare, scusarmi. Mentre ero in vacanza in Spagna, ad esempio, mi è capitato di dire: *I was only joking*. Tutti hanno capito: "Stavo solo scherzando". Nessuno poteva sospettare che per me era il titolo di una canzone di Rod Stewart. Da quel momento sono diventato un "collezionista di frasi utili". Ricordo, ad esempio

Where do you think you are going?	Dire Straits
(Dove pensi di andare?)	
Who's that girl?	Madonna
(Chi è quella ragazza?)	
I can't make it on time	Ramones
(Non riesco ad arrivare in tempo)	
Get well soon	Steve Forbert
(Rimettiti presto)	
Mind if I smoke?	Laurie Anderson
(Ti dispiace se fumo?)	

«E più di recente:

I still haven't found what I'm looking for	U 2
(Ancora non ho trovato quello che cerco)	
I do not want what I haven't got	Sinéad O'Connor
(Non voglio ciò che non ho)	

I've been thinking about you   Londonbeat
(Ti ho pensato)
Girl you know it's true   Milli Vanilli
(Ragazza tu sai che è vero)
... But seriously   Phil Collins
(... Ma seriamente)

«Un'ultima cosa: se qualcuno pensa che tutto questo è assurdo, ha ragione. Però quest'assurdità mi ha permesso di imparare l'inglese. E non sono l'unico. Anche il leggendario interprete di Gorbaciov, Pavel Palashchenko, cominciò con i Beatles.»

Esercizi:
DIVERTIAMOCI CON L'«ITALIESE»
(seconda parte)

Nei brani che seguono, chi parla o scrive usa un'espressione ricalcata dall'inglese (anziché l'equivalente italiano). Sapete individuare e tradurre la locuzione originale?

1) «Non sono simpatetico con le concessioni fiscali in campagna elettorale» (Romano Prodi, marzo 1996).

2) «Il programma consente di fare molte cose, e noi siamo lieti di rimandare l'utente al manuale, molto esaustivo» (dalla rivista «MP Computer», marzo 1996).

3) «"Newsweek" ha raccolto le lamentele di numerosi funzionari di Taiwan circa esplicite pressioni sulla locale comunità d'affari. Nat Bellocchi ha raccolto queste lamentele e ha suonato il fischietto» («La Stampa», ottobre 1996).

4) «Le sue parole facevano senso» (un ambasciatore italiano, parlando del ministro Antonio Martino, maggio 1994).

5) «Il disinfettante ha effettive proprietà detergenti» (da un articolo scientifico pubblicato nel 1993).

6) «Pizza a mezzogiorno e per export» (avviso in una pizzeria di Auronzo di Cadore).

7) Frank Williams, dopo il Gran Premio di San Marino del 1992: «Gli altri continuano a prenderci leggermente». Intervistatore: «Ma se non vi prendono per niente!».

8) «Opossum? Mai visti. Solo alcuni scoiattoli grigi, uno scoiattolo nero, varie specie di uccelli, grilli, cicale indefesse, l'occasionale gatto» (Beppe Severgnini, *Un italiano in America*, 1995).

Risposte:

1) «Simpatetico» nel senso di «in perfetto accordo» viene segnalato come accezione letteraria nel Nuovo Zingarelli; è probabile che l'uso di questa ricercatezza linguistica (?!) da parte di Romano Prodi sia stato suggerito dall'inglese corrente «*sympathetic towards*».

2) Come «simpatetico», anche «esaustivo» è una variante letteraria (deriva da *exhaustive*). Meglio «esauriente».

3) Il giornalista ha tradotto alla lettera l'espressione *to blow the whistle* («fischiare» un fallo, come l'arbitro di una partita di calcio). La metafora viene usata per indicare chi rivela i loschi affari di imprese insospettabili.

4) «*His words make sense*» vuol dire «le sue parole hanno un senso» o «sono sensate». L'ambasciatore non intendeva insultare il ministro (per quanto ne sappiamo).

5) «*Effective*» è un classico «falso amico». Il prodotto si era rivelato «efficace».

6) La pizza da asporto (*takeaway pizza*) di solito non finisce all'estero (*export* = «esportazione»).

7) Frank Williams riproduce in italiano l'espressione «*take us lightly*». Intende dire: «La concorrenza prende la nostra scuderia sottogamba». Ma l'intervistatore capisce: «Gli altri piano piano ci stanno raggiungendo».

8) Il buon Severgnini (conoscete?) avrebbe dovuto scrivere «qualche gatto». Ma ha tradotto dall'inglese «*the occasional cat*». Lo perdoniamo?

Lettura:
INGLESE & TELEVISIONE

Il sociologo Francesco Alberoni ha scritto che la televisione dovrebbe insegnare l'inglese agli italiani. L'idea è ottima. A patto che non si tratti dell'idioma che sgorga dai nostri schermi: il «tele-inglese», forma letale di esibizionismo linguistico. Ecco, in ordine alfabetico, alcune discutibili espressioni, con la possibile traduzione.

ANCHORMAN: «Conduttore» va benissimo. Solo Giampiero Galeazzi può fregiarsi del titolo di «uomo-àncora». Nel senso che, se lo buttano in acqua, va a fondo.

AUDIENCE: Ho scoperto che Antonio Lubrano dice «udienza». Mi piace. C'è un solo problema: visti i guai giudiziari di certi personaggi televisivi, alla domanda «Com'è andata ieri l'udienza?», qualcuno risponderà: «Non male, grazie. Mi hanno dato la condizionale».

NETWORK: «Rete» – traduzione letterale – fa allo scopo. Si tratta di uno dei rari casi in cui l'italiano è più sintetico dell'inglese: approfittiamone.

NEWS: Ovviamente, «notizie». *News*, oltretutto, è singolare (*The news is good*, le notizie sono buone). Perché complicarsi la vita?

SHARE: Esiste «quota»: basta farci l'abitudine. Così i partiti politici non saranno gli unici ad avere «quote» in Rai.

SHOWGIRL: Espressione atroce per indicare una ragazotta scosciata che non sappia fare alcuna di queste attività: ballare, cantare, recitare, presentare. Invece di abolire il termine inglese, aboliamo le ragazzotte in questione.

TARGET: Il *target* è il pubblico cui un programma è mirato. Si potrebbe tentare con la traduzione letterale: «bersaglio». Ma temo sia una battaglia perduta.

VIP, VIPPERIA: Vecchie, orribili espressioni, in uso solo in Italia e tra alcune tribù dell'Africa nera. Quando sentite la parola «vip», mano al telecomando. Non sbaglierete.

(«TV Sette», luglio 1996)

4

L'INGLESE PER SOPRAVVIVERE

«Gli occhi parlano ovunque la stessa lingua.»
George Herbert, *Jacula Prudentum*, 1651

La pronuncia. Chi ha detto *Livais*?

La debolezza della lingua inglese sta nella pronuncia. O meglio, sta nella pronuncia rispetto all'ortografia, che non è rimasta al passo con i tempi («L'ortografia inglese è arcaica, goffa e inefficiente», si lamentava l'economista americano Thorstein Veblen). In pratica, è accaduto questo: l'ortografia – modo corretto di scrivere le parole – è ancora basata sulla lingua del quindicesimo secolo, e sulla successiva «sistemazione» di Samuel Johnson (*Dictionary of the English Language*, 1755). La pronuncia invece si è molto evoluta, soprattutto per quanto riguarda le vocali lunghe e i dittonghi. Il risultato: oggi vediamo una parola scritta, ma non sappiamo come pronunciarla.

Esistono regole, ma sono imprecise e complicate. Quando le avrete imparate tutte – e avrete capito che non tutto quello che è valido a Londra vale a Tucson o a Timbuctu – scoprirete che per ogni regola ci sono così tante eccezioni che forse non valeva la pena imparare la regola. Non c'è nessuna ragione ovvia per cui Reagan si debba pronunciare «*Regan*» e *leader*, invece, «*lìder*»; né si può spiegare in maniera semplice la pronuncia diversa di Bob Dylan e Lord Byron: il cantante è «*Dìlan*», il poeta «*Bàiron*». Il suono «sh» (come in scimmia) si può scrivere in tredici modi diversi: *shoe, sugar, issue, mansion, mission, nation, suspicion, ocean, conscious, chaperon, schism, fuchsia* e *pshaw*.

Qualcuno, scherzando, sostiene che *fish* (pesce) si dovrebbe scrivere «ghoti»: «f» come in «enou*gh*», «i» come in «w*o*men», «sh» come in «na*ti*on».

Per un certo periodo le grammatiche di lingua inglese hanno provato a mettere in fila regole e eccezioni, fingendo che fossero comprensibili. Citiamo, a titolo di esempio, la parte riservata alla «pronuncia della vocale A» sull'esilarante *Grammatica e Manuale Pratico della Lingua Inglese* di F. Ahn e E.W. Foulques (Milano, 1945), che rimane un classico nel suo genere.

PRONUNCIA DELLA VOCALE A

La vocale «a» può avere quattro suoni distinti, cioè:
1. Suona «e» prolungata quando sta isolata; quando termina con una sillaba accentata; quando è seguita da una sola consonante e da una «e» finale, che, in inglese, è sempre muta.
2. Suona «e» breve, nelle parole monosillabiche allorché trovasi seguita da una consonante qualunque che non sia «r», e pure allorché si trova davanti due consonanti purché non siano «lm», «ll», «lf», «lve», «th».
3. Suona «a» prolungata quando si trova nei casi che formano l'eccezione della regola precedente, cioè in quasi tutte le parole nelle quali è seguita da «r», «lm», «lf», «lve», «th».
4. Suona «o» prolungato allorché è seguita, nella medesima sillaba, da «l», «ll», «w», ed in molte parole dove è preceduta da «w».

I manuali, dal 1945, si sono fatti più comprensibili (e meno divertenti), ma un fatto resta: le difficoltà della pronuncia sembrano fatte apposta per rivelare agli inglesi chi inglese non è. Esiste una filastrocca che consigliamo di sottoporre a chi sostiene di conoscere bene la lingua, allo scopo di metterlo alla prova. Ne riportiamo soltanto alcune righe. Sono sufficienti per mostrare che parole simili si pronunciano in modo totalmente diverso, e parole diverse si pronunciano in maniera identica. Ad esempio: *Susy* (riga 5) si pronuncia come è scritto, mentre *busy* (occupato) si pronuncia «*bìsi*», non diversamente da «*dìsi*» (riga 6), che però si scrive *dizzy* (stordito, confuso); oppure *retain* (conservare, riga 13) suona «*ritèin*», mentre *Britain* si pronuncia «*Brìtan*».

> *Dearest creature in creation,*
> *Studying English pronunciation,*
> *I will teach you in my verse:*
> *Sounds like corpse, corps, horse and worse.*
> *I will keep you, Susy, busy,*
> *Make your head with heat grow dizzy;*
> *Tear in eye your dress you'll tear,*
> *So shall I!! Oh hear my prayer,*
> *Pray, console your loving poet,*
> *Make your coat look new, dear, sew it!*
> *Just compare heart, beard and heard,*
> *Dies, diet, lord and word,*
> *Sword and sward, retain and Britain.*
> *Mind the latter, how it's written.*
> *Made has not the sound of bade,*
> *Say - said, pay - paid, laid, but plaid.*

Avete già intuìto, a questo punto, che per non commettere errori di pronuncia occorre imparare l'inglese come fosse una musica, e questo è possibile soltanto dopo anni, oppure vivendo in un paese anglòfono. Anche allora è difficile imbroccarle tutte: non solo gli stessi madrelingua bisticciano sulla pronuncia di alcuni vocaboli (è il caso di *còntroversy* e *contròversy*, oppure *kilòmetre* e *kilomètre*), ma ci sarà sempre la parola-trabocchetto. La cosa, diciamolo subito, non è troppo importante: inglesi e americani, quando parlano italiano, infilano spettacolari errori di pronuncia, e in fondo la cosa non ci dispiace. Ricordiamo con affetto Margaret Thatcher durante un vertice italobritannico sul Lago Maggiore, nell'autunno del 1988: il primo ministro britannico, per l'occasione abbigliata con un tailleur marrone a quadri molto simile a una tovaglia, aveva di fianco l'allora presidente del consiglio Ciriaco De Mita, e – visto che in inglese la «i» si pronuncia (di solito) «ai» – durante l'intera conferenza stampa lo chiamò affettuosamente «*my friend De Maita*». Ebbene: furono gli unici momenti interessanti di un pomeriggio prevedibile.

Le difficoltà della pronuncia si possono tentare d'affrontare con i dischi e i nastri; non con un libro. In molti hanno provato ad escogitare sistemi destinati a insegnare per iscritto la pronuncia dell'inglese: c'è chi ha adottato i simboli fonetici internazionali, solo per accorgersi che gli studenti, già impegnatissimi a imparare l'inglese, non avevano alcuna voglia di imparare anche i simboli fonetici. Altri hanno cercato una via d'uscita nella «pronuncia figurata» – utilizzando cioè le lettere dell'alfabeto – e hanno riempito i libri di miagolii: «*Hàu ar iù?*» «*Hàu du iù du?*» «*Véri uèll, dsenk iù, mài diaa*» (che dovrebbe essere la pronuncia di «Come stai? Come va? Molto bene, grazie, mio caro»). Altri ancora hanno adottato la via di mezzo: simboli fonetici internazionali insieme con normali lettere dell'alfabeto.

In queste «lezioni», per non complicarci la vita, eviteremo di aggiungere qualsiasi «trascrizione fonetica» di fianco ai vocaboli inglesi. Quello che possiamo fare, per dare un'idea delle difficoltà, è questo. Se è vero che la pronuncia si impara attraverso l'uso e l'abitudine, cercheremo di indicare le regole-base partendo da quello che sappiamo già: le seicento parole inglesi entrate nel linguaggio quotidiano degli italiani. In fondo, come abbiamo detto nel secondo capitolo, pochi dicono *iceberg*, leggendo la parola come è scritta: la maggioranza pronuncia correttamente: «*ais-berg*». Prendendo la cinepresa dalle mani dell'amico, chiediamo «come si usa lo *zum*?», mostrando di sapere che in inglese (di solito) la doppia «o» (*zoom*) si pronuncia «u».

Questo metodo – che non è un metodo ma solo un'indicazione di massima – potrebbe essere utile perché consente di partire dalla parola orale per arrivare alla parola scritta (prima si impara un suono, e solo in un secondo momento si arriva all'ortografia). Il sistema è simile a quello raccomandato da molti professori, dopo aver notato le difficoltà del procedimento inverso, che è quello più comune: prima lo studente legge *how are you?* e impara che vuol dire «come stai?»; poi – grazie al professore o a una registrazione – ne apprende la pronuncia.

Ricordando che i suoni di una lingua non possono mai essere completamente identici a quelli di un'altra lingua, e che l'inglese ha un alfabeto di 26 lettere e oltre 40 suoni, ecco l'esperimento: le principali regole di pronuncia inglese – con esempi anglo-italiani.

Prendiamo i suoni vocalici, di gran lunga i più ostici:

IL SUONO	PUÒ ESSERE SCRITTO	COME IN
æ	a	*bank*
ei	a	*after-shave*
	ai	*raid*
	ay	*display*
	ea	*break*
	ei	*after-eight*
	ey	*disk-jock*ey
a (lungo)	a	*after-shave*
	ar	*garden*
	ua	*guardrail*
ea	air	air-*mail*
o (lungo)	a	*all-right*
	al	*walkie-talkie*
	aw	*crawl*

e	e	*check-in*
	ea	*breakfast*
ia	ea	*theatre*
i (lunga)	e	*design*
	ea	*jeans*
	ee	*freezer*
	i	*bikini*
	ie	*briefing*
	eo	*people*
i	i	*identikit*
	ui	*building*
	y	*body*
er	ir	*girl*
	or	*world*
	ur	*nursery*
ai	i	*time*
	igh	*high*
	ye	*bye-bye*
	y	*by night*
o	o	*spot*
ou	o	*coke*
	oa	*roast-beef*
	ow	*bowling*
au	ou	*scout*
	ow	*clown*
oi	oi	*boiler*
	oy	*boy*
a	o	*love*
	ou	*young*
	u	*club*

u	oo	*football*
	u	*bulldog*
u (lungo)	oo	*boom*
	ou	*souvenir*
	ui	*cruise*
iu	ew	*news*
	u	*duty-free*
	eau	*beautiful*

Questa, ripetiamo, è soltanto un'indicazione, e presenta anche qualche rischio. Alcuni dei vocaboli inglesi usati correntemente in Italia – quelli che abbiamo suggerito di usare come punti di riferimento – vengono infatti pronunciati in maniera sbagliata dagli italiani. Il biscotto *wafer*, ad esempio, si dovrebbe pronunciare «*ueifa*»; un'automobile *station wagon*, viene chiamata «*stescion vagon*», quando invece si dovrebbe dire «*stescion uegon*». I *jeans Levi's* andrebbero chiamati «*Livais*»; le speciali lenti per occhiali *Ultra Tough* («ultra resistenti») non si pronunciano «*Ultra Tach*», ma «*Ultra Taf*». Per chiedere una scatola di detersivo *Tide* (vuol dire «marea»), si dovrebbe dire «*taid*». Infine i dentifrici *Close Up* e *Colgate* si pronunciano «*clos ap*» e «*colgheit*»; gli assorbenti *Carefree*, «*chear-fri*» e lo shampoo *Clear*, «*cliar*». Indipendentemente da quello che dicono le commesse delle profumerie d'Italia, che si fidano – beate loro – della televisione.

A come mela, O come arancia

L'inglese, lo abbiamo appena visto, è scritto diversamente da come si pronuncia. La circostanza non è nuova – nel testamento di Shakespeare il nome del poeta era scritto in quattro modi diversi – e rappresenta forse l'unica debolezza di una lingua onnipotente. Qualche volta la cosa mette in imbarazzo gli stessi inglesi, che hanno chiesto addirittura aiuto per trovare una soluzione. Negli anni Trenta un filologo svedese, R.E. Zachrisson, propose una nuova lingua internazionale chiamata «Anglic», essenzialmente un inglese – a suo dire – semplificato: quando fu chiaro che la frase «*a new nation, conserved in liberty*» diventava «*a nuw naeshon, konseevd in liberti*», tutti smisero di dargli retta. Nel 1940 la British Simplified Spelling Society montò una campagna per il Nuovo Spelling e cercò di ottenere l'approvazione governativa. Sebbene uno dei finanziatori più entusiasti fosse George Bernard Shaw, il movimento non approdò a nulla, e gli attivisti invecchiarono litigando tra loro.

I problemi, perciò, rimangono. E sono problemi molto concreti. Proprio perché pronuncia e grafia non corrispondono, nei paesi di lingua inglese qualunque cognome – se non vi chiamate Smith – diventa un problema. Facciamo un esempio. Se dopo aver prenotato un volo aereo per telefono, un italiano fornisce all'impiegata di un'agenzia di viaggi di Milano il proprio nome («Rossi»), non c'è possibilità di equivoco: quando andrà a ritirare i biglietti, troverà scritto «Rossi». Se a Londra il signor Rossi tentasse la stessa operazione, si sentirebbe chiedere: «*Can you spell that, please?*» (Può farne lo *spelling*, per favore?). Non è una provocazione. Al suono «Rossi» in inglese corrispondono, più o meno, cognomi come Ross, Rose, Roses, Russel. A quel punto, occorre obbedire. Il signor Rossi dirà all'impiegata: «Rossi. *Ar-o-double* (doppio) *es-ai*».

Questo *spelling*, che i dizionari traducono «scomposizione in lettere», diventa, per chi vive in un paese anglòfono, una sorta di tortura quotidiana. A Londra o a New York, in sostanza, è meglio avere un brutto nome corto piuttosto che un bel nome lungo: chiamarsi Francesca Venerosi Pesciolini, ad esempio, è una calamità. Lo *spell-*

ing, come dicevamo, va fatto lettera per lettera (Venerosi: vi-i-en-i-ar-o-es-ai). Ma quando la comunicazione è difficile (al telefono, ad esempio), e la confusione possibile (soprattutto tra ti e di, em e en, es e ef), occorre dilungarsi. Per essere certi che il nome venga scritto correttamente ogni lettera va «illustrata» seguendo una sorta di codice. Venerosi, ad esempio, diventa:

V	vi	*for Victor*
E	i	*for ever*
N	en	*for Nelly*
E	i	*for ever*
R	ar	*for Robert*
O	o	*for orange*
S	es	*for sugar*
I	ai	*for ink*

Quello che segue è un «codice dello *spelling*» completo. Uno dei molti: non c'è probabilmente un inglese che utilizzi lo stesso del vicino di casa. Le iniziali provengono dal codice radio della polizia (Alfa, Bravo, Charlie), dai nomi propri più comuni (Tommy, Peter), da nomi geografici e perfino dai libri per bambini, dove un oggetto rappresenta una lettera (I per *Ink*, inchiostro; Z per *Zebra*). Non occorre impararlo a memoria: basta conoscere, ad esempio, le lettere del proprio nome. Se vi chiamate Rossi, avrete vita facile. A Francesca Venerosi Pesciolini, i nostri auguri.

A	ei	*for Apple* (*Alpha*)
B	bi	*for Bravo* (*Bob*)
C	si	*for Charlie*
D	di	*for Dog*
E	i	*for Ever*
F	ef	*for Freddy*
G	gi	*for George*
H	eic	*for Harry*

I	ai	*for Ink*
J	gei	*for John*
K	kei	*for Kettle*
L	el	*for Lamb*
M	em	*for Mother*
N	en	*for Nelly*
O	o	*for Orange*
P	pi	*for Peter*
Q	kiu	*for Queen*
R	ar	*for Robert*
S	es	*for Sugar*
T	ti	*for Tommy* (*Tango*)
U	iu	*for Umbrella*
V	vi	*for Victor*
W	dabliu	non sono possibili equivoci
X	eks	*for Xylophone* (*xerox*)
Y	uai	*for Yacht* (*York*)
Z	sed	*for Zebra*

Il mondo, però, resta pieno di segretarie e impiegati che, se non vogliono capire, non capiscono. Tra il 1984 e il 1992, il nome di chi scrive, ad esempio, è stato storpiato nei seguenti modi (ho una collezione di buste, ricevute, telex e biglietti aerei per provarlo):

Mr B Seiverth	Lufthansa, Francoforte
Mr Severgieini	Hotel Intercontinental, Praga
Mr Sewergwini	idem
Mr Sevrin	idem
Mr Sauenini	Peace Hotel, Shanghai
Mr Severni	Hotel Beograd, Mosca
Mr Severnini	Hotel Moskva, Belgrado
Mr Severgni	British Airways, Manchester
Mr Severgun	idem
Mr Fevergnni	Lynnfield Hotel, Edinburgo
Giuseppe Severlnigni	Ufficio postale Madurai, India
Giuseppe Severgnigni	idem (stesso telex)
Mr Bette Severgnini	Rete televisiva britannica ITV

Mr J Sever	Ufficio abbonamenti TV, Bristol
Mr G Severgnina	The Royal Institute of International Affairs, Londra
Mr Beppe Severgrini	Foreign & Commonwealth Office, Londra
Miss Jiuseppa Severgnini	Privato, Londra
Mr Bebbe Severgnini	The Westbury Hotel, Dublino
Dr G Severo-nini	British Telecom, Londra
Dr G Secerginini	Richfield Fax Systems, Londra
Mr Gineseppe Sevengnini	Dr KG Heymann, National Health Service, Londra
Mr Beppe Savargnini	Cit (England) Ltd.
Mr G Sorergnini	Christie's South Kensington, Londra
Mr G. Sovorgnini	Hotel Intercontinental, Bucarest
Mr Guiseppe Seronini	Central Office of Information, Londra

C'è poi il capolavoro, opera del ministero degli esteri estone, a Tallinn. Dopo aver terminato lo *spelling* del cognome, ho detto (in inglese) che l'iniziale del nome era «b». Il funzionario ha sentito la parola «*initial*» e ha pensato che *quello* fosse il nome, vagamente arabeggiante. Così dunque recitava il mio accredito: «Severnini Imishal - Italy».

Quando sono arrivato in America, qualcuno ha voluto trovare spiegazioni per le mie difficoltà (diverse dall'ottusità del prossimo). Secondo gli AT&T Bell Laboratories, «s» è il suono più difficile da distinguere al telefono, in quanto viene emesso ad alte frequenze, tra 3mila e 6mila hertz, e la linea telefonica appiattisce le differenze oltre i 4mila hertz. Altri suoni problematici «n», «p» e «b». Come vedete, ci sono dentro in pieno.

Iniziamo con le solite manomissioni veniali:

| Mr Sevirginini | The Freedom Forum, Washington |
| Mr Sevegnini | AAA Potomac, Washington |

Mr Severgnine	Georgetown University Hospital
Mr Severini	The Wyndham Hotel, New York
Mr Severignini	McLaughlin Group, Washington
Mr Severgninni	The Studio Theatre, Washington
Mr Severghimi	Brooks Brothers, Washington
Mr Severigni	The Economist Distribution Center, Lakewood, New Jersey

Segue l'inevitabile

| Guiseppe Severgnini | American Express, e dozzine d'altri |

che è una punizione per quanti, in America, hanno nel proprio nome il dittongo «iu».

C'è, poi, un interessante

| Beppe Severgnia | Office of the European Commission Delegation, Washington |

un imbarazzante

| Mr Sederini | Società telefonica MCI |

e quattro piccoli capolavori:

Giuseppe Ssevergnini	United Airlines
Betty Sevegnini	«World Press Review»
Beppe Severgniny	Institute for International Studies
Bepe Vergnini	FCC-Federal Communications Commission

Alcuni, invece che sul cognome, hanno preferito infierire sul nome:

Berre Severgnini	Olsson's Books, Washington
Beppo Severgnini	National Press Club, Washington
Giuette Severgnini	Pacific Agency, Seattle
Giusette Severgnini	Sheraton Manhattan, New York
Guisseppee Severgnini	Georgetown Basket, Washington

| Giusppe Severgnini | Arthur Andersen, New York |
| George Severgnini | Greyhound Lines Inc., Dallas |

Una consolazione, tuttavia, l'ho avuta. Ho sempre pensato che il nome di mia moglie, Ortensia Marazzi, fosse relativamente facile da riprodurre, e che fosse un bel nome. Ma

| Ortensiu Marozzi | American Automobile Association, Washington |

adesso mi sembra molto più divertente.

Cinquanta parole

Chi viaggia all'estero sa quanto sia importante imparare qualche parola nella lingua locale. Lo sforzo è minimo, e i vantaggi immensi. Conoscere poche frasi, ed utilizzarle al momento opportuno può essere addirittura una forma di astuzia: la gente del posto difficilmente si scandalizza per una pronuncia sbagliata, mentre apprezza la buona volontà. I giornalisti, allenati a carpire la benevolenza altrui, sfruttano sempre questa debolezza. Sappiamo per esperienza, ad esempio, che salutare un cinese con *nî hâo* (salve) significa conquistarsi un sorriso: l'unico rischio poi è che l'interlocutore prenda a parlare spedito, credendo che conosciamo veramente il cinese. Durante la «rivoluzione di velluto» del 1989, a Praga, c'erano complimenti e pacche sulle spalle per chiunque sapesse pronunciare piccole frasi come *to nevadī* (non importa) o *počkejte okamžik* (aspetti un attimo). All'inizio mi stupivo, poi ho capito che in Italia ci comportiamo nello stesso modo: uno straniero in grado di dire «grazie» e «arrivederci» viene coperto di complimenti, e se ne parte convinto che gli italiani sono molto gentili, o sono matti.

Ci sono paesi del mondo dove la popolazione considera la propria lingua difficilissima, e si entusiasma se lo straniero se ne esce con un monosillabo: è il caso della Corea, dove i soldati di guardia al villaggio olimpico mi obbligarono a ripetere «*Yôginûn ôdim-nikka?*» (Come si chiama questo posto?) cinque volte al giorno, per un mese. Ci sono altri paesi dove le venti parole imparate per fare bella figura possono diventare vitali: in Giappone, lontano dalle città, spesso non capiscono neanche *help me*, ed è perciò buona cosa imparare a dire in giapponese «dov'è un taxi?».

Il guaio è che talvolta noi giornalisti non riusciamo a ricordare nemmeno questo, oppure – quando ci spostiamo in fretta da un paese all'altro – mescoliamo le frasi e salutiamo in polacco un ungherese e in ungherese un romeno – cosa quest'ultima sconsigliabile, perché i romeni detestano gli ungheresi, almeno quanto detestano gli stranieri che salutano in ungherese.

Se dieci parole garantiscono una bella figura, venti parole procurano un complimento e trenta parole scatenano l'entusiasmo. Con cinquanta parole si può sopravvivere. Quelle elencate qui di seguito sono proprio le «cinquanta parole della sopravvivenza» che è buona cosa cercare d'imparare in qualsiasi lingua. In inglese costituiscono quel «bagaglio minimo» che ognuno dovrebbe portare con sé, anche in un viaggio organizzato: insieme all'«inglese involontario» (quello che abbiamo imparato senza accorgercene: uscita, *exit*; prima colazione, *breakfast*; biglietto, *ticket*), sono sufficienti per non viaggiare come pacchi postali. Chi già parla inglese, passi pure ad altro.

Iniziamo da zero, ovvero con

1. *yes - no*   sì - no
2. *thank you*   grazie
3. *you are welcome*   prego
4. *please*   per favore

Proseguiamo con i saluti:

5. *Good morning* (buongiorno) va bene fino a mezzogiorno
6. *Good afternoon* (buon pomeriggio) da mezzogiorno in poi
7. *Good evening* (buona sera) dopo il tramonto
8. *Good night* (buona notte) prima di coricarsi

La traduzione letterale di «buongiorno» (*good day*) è orribile. Viene usata in Australia, e consigliamo di lasciarla agli australiani.

Altre forme di saluto sono:

9. *Hallo* abbreviato in *Hi* (salve o ciao, incontrandosi)
10. *Goodbye* o *bye-bye* (ciao, lasciandosi)

Esiste poi una piccola domanda educata ed indispensabile, buona sempre e con chiunque (in inglese non c'è distinzione tra «lei» e «tu»; se siete in confidenza, usate il nome di battesimo):

11. *How are you, Mrs Clinton?* Come sta, signora Clinton?
    How are you, Hillary? Come stai, Hillary?

A differenza degli italiani, che quando rispondono a questa domanda spesso si dilungano sui problemi più intimi, gli inglesi (e, di solito, chi parla la loro lingua) rispondono in modo conciso

Se stanno bene: 12. *Very well, thank you* (molto bene, grazie)
Se stanno discretamente: 13. *Not too bad* (non troppo male)
Se stanno male: 14. *Not too well* (non troppo bene)

Poiché non tutte le conversazioni possono finire con uno scambio di saluti, per procedere occorre conoscere la coniugazione del verbo «essere» e del verbo «avere»:

15.	*I am*	io sono		16.	*I have*	io ho
	you are	tu sei			*you have*	tu hai
	he ⎫	egli ⎫			*he* ⎫	egli ⎫
	she ⎬ *is*	ella ⎬ è			*she* ⎬ *has*	ella ⎬ ha
	it ⎭	esso ⎭			*it* ⎭	esso ⎭
	we are	noi siamo			*we have*	noi abbiamo
	you are	voi siete			*you have*	voi avete
	they are	essi sono			*they have*	essi hanno

Converrete che gli autori del manuale per camerieri nordafricani citato nel secondo capitclo avevano ragione di entusiasmarsi: l'inglese, a questo livello, è scandalosamente semplice. Il presente del verbo «essere» prevede tre forme (*am*, *is*, *are*); il presente del verbo «avere» soltanto due (*have*, *has*).

17. Nella forma affermativa il soggetto precede il verbo (*you are stupid*, tu sei stupido)
18. Nella forma interrogativa il verbo precede il soggetto (*are you stupid?* sei tu stupido?)
19. Nella forma negativa la particella *not* (non) segue soggetto e verbo (*you are not stupid*, tu non sei stupido)

Siamo a diciannove nozioni, e decisamente sulla buona strada. Il prossimo passo muove da una considerazione statistica: i monosillabi

the, *a*, *of*, *and*, *to*, *this*, *that*

rappresentano il 25 per cento di tutte le parole inglesi usate in un discorso.

20. *the*   è l'articolo determinativo (il, lo, la, gli, i, le)
21. *a*   è l'articolo indeterminativo (un, uno, una)
22. *of*   è la preposizione «di»
23. *and*   è la congiunzione «e»
24. *to*   indica l'infinito del verbo (*to love*, amare) ed anche il moto a luogo (*I go to London*, vado a Londra)
25. *this/that* significano questo, questa/quello, quella

Utili sono anche le «cinque W» che costituiscono la prima regola da osservare per il cronista anglosassone alle prese con l'«attacco» di un articolo:

26. *who*   chi
27. *what*   cosa
28. *when*   quando
29. *where*   dove
30. *why*   perché

cui possiamo aggiungere

31. *how*   come

A questo punto suggeriamo di ricordare almeno sei verbi-chiave:

32. *to speak*   parlare
33. *to know*   sapere
34. *to understand*   capire
35. *to like*   piacere (si costruisce come «amare»)
36. *to go*   andare
37. *to come*   venire

La forma negativa (vedremo poi perché) si ottiene mettendo prima del verbo quattro lettere: *don't*

38. *I don't understand*   Non capisco

La forma interrogativa anteponendo al verbo due monosillabi: *do you?*

39. *Do you understand?*   Capisci?

Possiamo aggiungere quattro aggettivi:

40. *good*   buono
41. *bad*   cattivo
42. *my*   mio
43. *your*   tuo

e cinque tra preposizioni e avverbi:

44. *before*	prima
45. *after*	dopo
46. *soon*	presto
47. *late*	tardi
48. *maybe*	forse

nonché i numeri dall'uno al dieci:

49. *one   two   three   four   five   six   seven   eight   nine   ten*

e, per un popolo votato allo shopping,

50. *How much is it?*   Quanto costa?

Una curiosità: l'importanza di queste «cinquanta parole», ricavate soltanto dall'esperienza e da un po' di buon senso, è confermata da un recente studio statistico sulla «frequenza» dei vocaboli, presentato durante un programma radiofonico della BBC (*English Now*) dal linguista David Crystal. Le venti parole più usate nella lingua scritta sono nella colonna di sinistra; le venti parole più usate nel discorso, sulla destra.

	INGLESE SCRITTO (GIORNALI)	INGLESE PARLATO (CONVERSAZIONE)
1	*the*	*the*
2	*of*	*and*
3	*to*	*I*
4	*in*	*to*
5	*and*	*of*
6	*a*	*a*
7	*for*	*you*
8	*was*	*that*
9	*is*	*in*
10	*that*	*it*
11	*on*	*is*
12	*at*	*yes*

13	*he*	*was*
14	*with*	*this*
15	*by*	*but*
16	*be*	*on*
17	*it*	*well*
18	*an*	*he*
19	*as*	*have*
20	*his*	*for*

Torniamo alle «cinquanta parole per sopravvivere», le stesse che un inviato speciale cerca di imparare in arabo e in russo. In inglese sono ancora più utili: un quarto dell'umanità le conosce. Non si può dire, naturalmente, che tutta questa gente parli inglese, anche se alla domanda «*Do you speak English?*» risponde «*yes*» senza esitazioni. Resta vero, però, che con queste cinquanta nozioni e con le centinaia di parole che già conosciamo è possibile cavarsi qualche piccola soddisfazione. Possiamo andare ospiti a cena e infastidire il padrone di casa con i nostri commenti:

| *I like it* | Mi piace |
| *I don't like it* | Non mi piace |

Al cinema possiamo protestare:

| *This popcorn is not good.* | Questo pop-corn non è buono. |

Domandare dov'è il bagno senza vagare nel buio alla ricerca dei pupazzetti sulle porte:

| *Where is the toilet?* | Dove è il bagno? |

Al ritorno, possiamo chiedere alla nostra vicina di posto il suo parere sullo spettacolo: *How is the film?* (vagamente scorretto – meglio *What is the film like?* – ma comprensibile), e informarci sul nome dell'assassino (*Who is the killer, please?*). Ovviamente non siamo ancora in grado di tenere con lei una vera conversazione (i frasari in circolazione hanno sempre una sezione intitolata «Fare amicizia», ma non fidatevi. Di solito la prima frase è *What about a drink at my place?* Cosa ne dici di un drink a casa mia?). Possiamo però mostrare di non essere muti, e non è poco.

Come sopravvivere a un fine settimana

I manuali di conversazione a disposizione del turista – oltre ad essere insidiosi, come dicevamo poc'anzi – hanno di solito un difetto. Dedicano le stesse pagine alla sezione intitolata «Dal fiorista» e alle «Frasi di uso comune». Si dà il caso però che la maggioranza degli italiani all'estero non passi il tempo a comprare azalee, e si trovi invece costretta ad affrontare aerei, acquisti, scuse e ristoranti. Le pagine che seguono non vogliono sostituire i frasari in commercio – dove invece possiamo trovare indispensabili affermazioni come «Sì, soffro il mal di mare ma cerco di prevenirlo prendendo queste pillole» (*Yes, I suffer from sea-sickness, but I try to prevent it by taking these pills*; in *Parlo inglese - Manuale di conversazione con pronuncia figurata*, sezione «Navigazione», p. 116, ed. Vallardi). Non possono neppure emulare la surreale impraticità della *New Guide of the Conversation* del portoghese Senhor Pedro Carolino (ripubblicato a Londra nel 1883 con il titolo *English as She is Spoke*, è oggi un oggetto di culto). Lo scopo delle prossime pagine è soltanto fornire qualche suggerimento a chi dell'inglese conosce solo le «cinquanta parole» di cui sopra, ma ha deciso di non restare zitto.

* * *

Queste indicazioni sono frutto di anni di meticolosa osservazione. In ogni viaggio da Milano a Londra ho sempre fatto il possibile per accostarmi agli italiani che partivano per un fine settimana nella capitale britannica. Raramente, durante un viaggio tra Londra e Milano, ho resistito alla tentazione di ascoltare le conversazioni degli italiani di ritorno. Anche a Londra, confesso, ho sorvegliato spesso il turista italiano, animale di grandissimo interesse. L'ho visto trascorrere interi pomeriggi nel tentativo di attraversare Piccadilly Circus, e passare mattinate serene litigando per uno sconto al mercato di Portobello. Ho notato che questo turista – quando non sa l'inglese, e càpita spesso – ha bisogno sempre delle stesse frasi. Può essere accaduto naturalmente che un ragioniere di Lodi, a mia insaputa, abbia inghiottito pillole per il mal di mare prima di attraversare in barca la Serpentine di Hyde Park; però sono convinto che nella circostanza nemmeno lui abbia aperto uno dei frasari di cui sopra per commentare come un telecronista questa sua attività (*Yes, I suffer from sea-sickness, but I try to prevent it by taking these pills*).

IN VIAGGIO

Il turista italiano in pellegrinaggio a Londra è abbastanza riconoscibile. O meglio, gli inglesi pensano di riconoscerlo, e hanno trasmesso questa convinzione a chi ha vissuto in Inghilterra: l'italiano giunto per un fine settimana estivo porta una maglietta polo, un maglione legato in vita, occhiali da sole e scarpe simil-Timberland. D'inverno, scarpe simil-Timberland più pesanti e un giaccone di montone. Arrivato all'aeroporto di Heathrow, saluta il funzionario che controlla le carte d'identità, a seconda dell'orario e dell'umore, con

| *good morning* | buon giorno |
| *good evening* | buona sera |

oppure con

goodbye   arrivederci

dimostrando di non aver capito niente. Quindi recupera la valigia, meravigliandosi di poterlo fare in pochi minuti, e si dirige verso l'uscita. A questo punto si rende necessaria la prima domanda. Per il viaggiatore facoltoso (o con la possibilità di presentare una nota spese):

Where are the taxis?   Dove sono i taxi?

Per gli studenti, e in genere per chi preferisce spendere tre sterline invece che trenta:

Where is the underground?   Dov'è la metropolitana?
(oppure, più familiarmente:
Where is the tube?)

Poniamo che il personaggio che stiamo pedinando sia il già citato ragioniere di Lodi, e abbia scelto la metropolitana. La «linea blu», che dai terminal di Heathrow porta fino a Piccadilly Circus e oltre, corre in aperta campagna per qualche chilometro, ma appena si avvicina alla periferia della città scende in galleria. È di solito in questo momento che il ragioniere sente il desiderio di rivolgersi al vicino con questa osservazione:

London is a beautiful city.   Londra è una città meravigliosa.

I londinesi, che sono abituati a sentirsi dire dai turisti *London is a beautiful city* dentro un tunnel, di solito sorridono e tacciono. Qualcuno, preso da compassione, chiede:

Where are you from?
oppure *Where do you come from?* Da dove viene?

Il ragioniere non deve rispondere

I come from Heathrow   Vengo da Heathrow

perché questo il compagno di viaggio lo sa. La risposta è:

I come from Italy. I come from   Vengo dall'Italia. Da Lodi,
Lodi, to be precise.   per essere precisi.

Se per caso il vicino di posto fosse particolarmente dispettoso e cominciasse a parlare inglese a ruota libera, il ragioniere ha di fronte un ventaglio di possibilità. Cambiare posto, gridare (anche nel Regno Unito capiscono la disperazione), oppure mormorare:

I am sorry, I don't understand   Mi spiace, non capisco

aggiungendo magari

I am afraid my English is very   Temo che il mio inglese sia
poor.   molto modesto.

A quel punto l'inglese sarà imbarazzato nel vedere lo straniero imbarazzato, e con imbarazzo aprirà il giornale. In un'atmosfera di squisito imbarazzo britannico, il ragioniere comincerà a guardare fuori dal finestrino, dal quale si vedono sempre e soltanto le pareti nere del tunnel. Se per caso dovesse sfuggirgli: *London is a beautiful city*, si ricomincia da capo.

IN ALBERGO

Una volta arrivati in albergo, il gioco è fatto. Mentre hostess, taxisti, portabagagli e compagni di viaggio in metropolitana sono personaggi sfuggenti, il personale di un albergo – dalla cassiera al portiere – è costretto a starvi ad ascoltare. Deposte le valigie, il ragioniere può perciò scendere nella hall ed esercitarsi con una serie di domande.

La prima è quasi obbligatoria:

Do you speak Italian?	Parla italiano?

Poiché la risposta è quasi sempre

I'm afraid I don't	Temo di no

il ragioniere sente che uno sforzo è necessario, e assale il portiere con:

What time is it?	Che ora è?
Where is the Queen?	Dove è la regina?
When is the changing of the guard?	Quand'è il cambio della guardia?
How far is it?	Quant'è distante?
How do I get there?	Come ci arrivo?
How long does it take?	Quanto tempo ci vuole?

Se il portiere regge, il ragioniere prosegue con:

Where is the nearest tube station?	Dov'è la più vicina stazione della metropolitana?
Why is it so far?	Perché è così lontana?
Where can I buy the tickets?	Dove posso comprare i biglietti?
Which way shall I go?	Da che parte devo andare?

Se il portiere impreca (vedi capitolo 8), il ragioniere dovrà chiedere:

I beg your pardon?	Mi scusi?

oppure, se volesse impratichirsi:

What does it mean? Could you repeat that, please?	Cosa significa? Può ripetere, per favore?

A quel punto, farà bene a cambiar aria. Lo aspetta la metropoli, dove potrà continuare i suoi esperimenti.

IN CITTÀ: SHOPPING E VISITE

Per spronare la moglie a camminare per un'intera giornata, il turista medio corregge leggermente l'aforisma di Samuel Johnson. Da «Chi è stanco di Londra è stanco della vita» a «Chi è stanco *a* Londra è stanco della vita». La povera donna è così costretta a marciare come un alpino, e finirà con il benedire le soste, durante le quali il marito mette la testa nei negozi di frutta e verdura per chiedere, indicando gli avocado:

What do you call those in English?   Come si chiamano in inglese?

Quando gli rispondono «*avocados*», resta leggermente deluso. Se volesse comprarne uno, per mostrare al ritorno che in Gran Bretagna hanno avocado israeliani esattamente come i nostri, può chiedere:

I'd like to buy one.   Vorrei comprarne uno.
How much is it?   Quanto costa?

Lo shopping non è naturalmente l'unica sua preoccupazione. A parte il cambio della guardia, che ha il difetto di avvenire sempre quando lui è impegnato a perdersi dentro i grandi magazzini Harrods, c'è la visita al British Museum, dove sostengono di avere, in un giorno d'estate, la stessa popolazione italiana di una provincia del Friuli. All'ingresso del Museo il ragioniere chiede:

May I have two tickets?   Posso avere due biglietti?

e subito dopo:

Where are the toilets?   Dov'è il bagno?

Al termine della visita, è obbligatoria una puntata presso «Westaway & Westaway», dove vendono cardigan e pullover. Il negozio è tra i santuari degli italiani a Lonlra. Il ragioniere lo sa bene: non è andato infatti da «Westaway & Westaway» perché sta a un passo dal British Museum, ma è andato al British Museum perché è ad un passo da «Westaway & Westaway». Appena entrato intavola con le commesse quella che, secondo ogni manuale, è la conversazione obbligatoria in Gran Bretagna:

| *How do you do?* | Come va? |

Deluso che la risposta non sia un altro *How do you do?*, come si legge sempre nei libri, prova con

| *How are you?* | Come sta? |

e ottiene finalmente in risposta un debole

| *Fine, thanks, and you?* | Bene, grazie, e lei? |

A quel punto ritiene opportuno proseguire il dialogo con un commento sul tempo, perché ha sentito dire che gli inglesi amano molto questo tipo di conversazione, che permette di evitare eccessive confidenze.

| *Lovely day, isn't it?* | Bella giornata, non è vero? |

Solo quando si accorge che da «Westaway & Westaway» le commesse sono tutte italiane e non amano parlare del tempo, compra un pullover in silenzio, lascia il negozio e parte, moglie a rimorchio, in cerca di un ristorante.

AL RISTORANTE

Mentre i ristoranti di Milano hanno spesso un menù in inglese, i ristoranti di Londra non hanno quasi mai un menù in italiano. Il ragioniere si rivolge perciò al cameriere con

I am hungry. Could you help me, please?	Ho fame. Può aiutarmi, per favore?

e scopre quasi subito che il cameriere non ha voglia di aiutarlo. Solo dopo aver chiesto

Can we get a typical English meal?	Possiamo avere un tipico pasto inglese?

il ragioniere si accorge che nel locale è tornato il buonumore. Approfittando dell'atmosfera decide di lanciarsi e grida «menù!», pronunciandolo come «ma noi» in francese. In inglese, la formula è:

Could you bring the menu, please?	Può portarmi il menù, per favore?

e menù va pronunciato «mè-niu».

È buona cosa, in attesa dell'arrivo del cameriere con la fatidica domanda

What would you like, Sir?	Cosa desidera, signore?

conoscere i seguenti vocaboli:

bread	pane
napkin	tovagliolo
starters	antipasti o primo piatto
main course	piatto principale
salad	insalata
mineral water	acqua minerale
wine	vino
beer	birra
che si ordina *half of lager*	mezza chiara piccola
oppure *a pint of bitter*	pinta di birra classica

Anche se tutto è scadente, il ragioniere ha imparato due cose. La prima è che in Inghilterra, terra di stoici, nessuno si lamenta. Perciò, alla fine, chiede laconico:

May I have the bill?	Posso avere il conto?

La seconda scoperta – fondamentale – è che gli inglesi amano molto l'aggettivo *nice*. *Nice* vuol dire tutto: da decente a ottimo, da sopportabile a simpatico, da educato a cortese, da carino a meraviglioso. Il termine può essere usato in qualsiasi occasione. Il ragioniere ha già utilizzato l'espressione *It's very nice* per descrivere Londra, il tempo, il comportamento del portiere d'albergo prima della quinta domanda, il cambio della guardia che non ha visto, gli avocado, il conducente del bus e i fregi del Partenone al British Museum. Perciò esce dal ristorante ripetendo:

It was very nice. Thank you.

Il cameriere, che è italiano come le commesse di «Westaway & Westaway», grida «Prego, si figuri!» con l'accento romano, e poi torna dentro per raccontare tutto al caposala, che però è di Perugia.

Esercizi:
MAGISTRALI ERRORI DI PRONUNCIA

Ci sono parecchi suoni inglesi che non esistono nella fonologia dell'italiano e – se ciò non bastasse – anche l'ortografia è notoriamente imprevedibile. Fatevi coraggio, dunque: non siete i soli a sbagliare, come dimostra questo esercizio. Sapete indovinare da dove nascono gli equivoci e gli errori?

1) Spesso il favorito in una gara sportiva o elettorale si trova «pronto per la piscina» (un esempio tra tanti: TG3 del 14 ottobre 1996). Perché?

2) Il 17 giugno 1996 Radio Uno sembrava denigrare pesantemente la squadra di basket di Chicago, i leggendari Chicago Bulls. Come mai?

3) Nell'ottobre 1995 il TG4 spiegava che nel mondo anglosassone si spalmavano di pece i politici interdetti dai pubblici uffici. Quale il motivo di questa strepitosa scoperta?

4) Spesso (come al GR1 delle 7.30 del 22 ottobre 1992) i giornalisti parlano dei «micropesci». Che cosa sono?

5) Al GR regionale del Friuli-Venezia Giulia del 6 febbraio 1997, si è parlato di un circolo per sport invernali come se fosse un ritrovo per amanti del jazz. Perché?

6) Il 25 gennaio 1996 furono elencate su «La Stampa» ben cinque tipi diversi di «leccata». Come mai?

7) Il 31 gennaio 1997, il TG1 parlava del successo di un film (inesistente) chiamato *Azzurrato e vino*. Per quale motivo?

RISPOSTE:

1) Perché chi parla non distingue tra *pole* e *pool* (*position*). *Pole* (palo) si pronuncia «po-ul» mentre *pool* (piscina) si dice «pu-ul».

2) I Chicago Bulls erano diventati «*Chicago Balls*» (pronunciato «bolls»), vale a dire «le palle di Chicago».

3) L'equivoco è dovuto alla mancata distinzione tra la «i» lunga di *empeach* (mettere in stato d'accusa) e quella corta di *pitch* (impeciare, o coprire di pece). La confusione forse è favorita dal ricordo del «*tarring and feathering*», la gogna riservata a chi, nel selvaggio West, si comportava in modo scandaloso (il peccatore, seduto a cavalcioni di un palo e ricoperto di pece e piume, veniva portato in giro per il paese). Oggi, basta la stampa popolare.

4) Sono le *microfiches* (microschede), parola che viene pronunciata spesso con la «i» corta, come se si trattasse dell'inglese *fish*.

5) Gli incolpevoli soci dello «Skating Club» (pronuncia: «skei-tin») sono stati spacciati per appassionati di «scatting», la tecnica jazz di cantare una melodia con parole senza senso.

6) L'articolo parlava in realtà di «soffiate» (*leaks*; pronuncia: «li-iks»), ma il giornalista si era confuso con *lick* («leccata»), che si pronuncia con la «i» corta, inesistente nella lingua italiana.

7) Si trattava del film *Blood and Wine*. La pronuncia di «*blood*» è «bla-ad», ma nel servizio era diventata «blu-ud» (dal verbo *to blue*, forse?).

Al regista Massimo Scaglione, che propone l'istituzione di un Commissariato Rai per i Congiuntivi, vorrei dire: lasci perdere. Una diatriba sul periodo ipotetico – in un paese dove tutto è sempre ipotetico – potrebbe rivelarsi letale. Più utile – alla Rai, alle altre televisioni e radio, a tutti noi – sarebbe l'istituzione di un piccolo Centro di Pronuncia, che soccorra giornalisti e annunciatori, e ci risparmi tante crudeltà. Seguendo l'insana tradizione nazionale di coniare neologismi inglesizzanti, potremmo chiamare il nuovo organismo Pronunciation Task Force (un'espressione che nessuno saprà mai pronunciare).

La sua utilità è indiscutibile. La pronuncia – soprattutto quando si tratta di parole inglesi – è una trappola continua: regole assolute non ce ne sono (perché «*book*», libro, si dice *buk* e «*blood*», sangue, si dice *blad*?); l'ortografia – il modo in cui sono scritte le parole – è solo una testimonianza di come, una volta, queste parole venivano pronunciate. Ma all'annunciatore tutto ciò non interessa: lui (o lei) ha bisogno di sapere se «*privacy*» si legge *prài-vasi* o *prìvasi* (risposta: *pràivasi* in America; *prìvasi* a Londra; lo stesso vale per «*dynasty*»). Il giornalista televisivo, giustamente, vuole sapere se Lady Di – quella che ha problemi di «*privacy*» e di «*dynasty*» – si pronuncia *Ledi Di* o *Ledi Dai*. E l'azienda radiotelevisiva – per una questione di stile, ma anche di pubblica istruzione – avrebbe interesse a uniformare queste pronunce: la *privasi* delle otto non deve diventare la *praivasi* di mezzanotte.

C'è chi ha affrontato questi problemi, e li ha risolti. Curiosamente, si tratta degli inglesi, per cui i vocaboli stranieri dovrebbero costituire un problema meno assillante. In Gran Bretagna, dal 1926, la BBC si avvale di una Pronunciation Unit, creata da John – poi Lord – Reith (uno che aveva le idee chiare: «Nella lingua non ci sono esperti, solo utenti», diceva). Settant'anni dopo, la BBC Pronunciation Unit è ancora viva e vegeta. Il suo compito è soccorrere chi si trova in difficoltà. Poniamo che un annunciatore non sappia come pronunciare il nome di battaglia di un oscuro guerrigliero messicano, o il cognome di un ex sottosegretario italiano. Telefona alla Pronunciation Unit. Quelli s'informano, e nel giro di qualche minuto si fanno vivi: caro collega, il messicano si pronuncia *Ta-cho*; l'italiano, *Rocchetta* – come *rocket*, razzo, tant'è vero che è scomparso all'orizzonte.

Di passaggio a Londra, tempo fa, ho voluto conoscere i componenti della Pronunciation Unit. Non sono *ghostbusters* linguistici, pronti a balzare nei corridoi armati di vocabolari e registratori. Sono invece quattro ragazzi, e stanno in un piccolo ufficio a Broadcasting House (Langham Place, Londra W1), circondati da dizionari, fax, telefoni e computer. Hanno anche pubblicato un libretto distribuito in tutta l'azienda (*BBC Pronunciation. Policy and Practice*), dove dirimono le questioni principali (p. 4: «I viaggi organizzati rendono irrealistica qualsiasi pronuncia diversa da *Mayorca*; la fine del dominio britannico ci spinge a favorire la pronuncia locale *Kenia* sul tradizionale *Kinia*». Eccetera). Costo dell'intera operazione: irrisorio. Al punto che la Pronunciation Unit è sopravvissuta ad anni di selvaggi tagli di bilancio.

E alla Rai? Alla Rai ci si affida al «DOP» (Dizionario di Ortografia e Pronuncia) e alla buona (o cattiva) volontà individuale. C'è chi sa, chi inventa e chi prova; chi ricorda, chi osa e chi dice: tanto, chi ci bada? Lilli Gruber – nota giornalista del TG1 – ha un metodo personale. Quando ha dubbi su una pronuncia, telefona a un collega più informato, oppure alle ambasciate; e poi si batte per difendere le sue conclusioni, come *Sàra-jevo* o *Dùbrovnik* (facendo arrabbiare sia i partigiani di Ragusa che quelli di Dubròvnik).

Non tutti sono altrettanto scrupolosi (o maniaci, diranno alcune colleghe di Lilli). Dalla sagra dell'improvvisazione esce così di tutto: alcune pronunce sono grottesche; altre così surreali da sfiorare la genialità. Le altre televisioni e radio – forse invidiose di tanta allegra spontaneità – si lanciano nella mischia. I risultati? Questi: «notizie flash» pronunciate «notizie *flesh*» (notizie di carne?); John Major trasformato in *maior*, *magior*, *meior* e via latineggiando (si dice *me-jor*). C'è poi lo Stato dello *Iova* (Iowa, pronuncia esatta: *a-io-ua*); il pugile *Tison* (Tyson, pronuncia *Taison*), il candidato *baknan* (Buchanan, pronuncia *Biu-ca-non*); l'Academy Avard («*award*», pronuncia *a-uord*); il *bagge, begge, bugge, budget* (per *badge*, tesserino, pronuncia *bad-g*). Potremmo andare avanti (e fare i nomi dei reprobi), ma forse basta così. Una piccola Unità di Pronuncia, senza dubbio, potrebbe ovviare ad alcuni di questi inconvenienti. Ma è bene ricordare la conclusione cui giunge la BBC Pronunciation Unit nel suo libretto di istruzioni: «Noi ci impegniamo a fornire tutta l'assistenza possibile. Ma, alla fine, tutto dipende da chi si trova di fronte al microfono. Se proprio uno vuol parlare male, non c'è niente da fare».

(«Corriere della Sera», gennaio 1997)

5

CINEMA E GRAMMATICA

«Perché dovremmo preoccuparci della grammatica, visto che siamo brave persone?»

Artemus Ward, *Pyrotechny*, 1872

La grammatica inglese non è particolarmente complessa. Però esiste, e il mito dell'inglese «lingua senza regole» è, appunto, un mito. Questa credenza tanto diffusa risale probabilmente al diciottesimo secolo: quando si incominciò ad analizzare la grammatica dell'idioma di Shakespeare, la lingua di riferimento era il latino, rispetto al quale l'inglese aveva pochi suffissi (ancora oggi sono solo una dozzina: «s» al plurale, «'s» per il genitivo sassone, «ed» per il passato eccetera). Ma l'equazione «pochi suffissi = poca grammatica», sebbene venga spontanea, non è esatta. Se l'inglese è una lingua dalla morfologia semplice (morfologia: forma della parola), la sintassi (struttura della frase) è spesso insidiosa. Soprattutto per chi non è madrelingua, e deve stare a ragionarci.

Nelle pagine che seguono ci limiteremo all'indispensabile. Se ad esempio il nome *ox* (bue) invece di prendere la «s» al plurale, come la grande maggioranza dei nomi, diventa *oxen* (buoi), non ce ne occuperemo. Non solo perché i buoi sono un argomento di conversazione secondario per chi vola a New York per Capodanno, ma anche perché se ci perdessimo tra queste minuzie avremmo bisogno di un libro, non di un paio di capitoli. Quanto segue, in sostanza, non vuol essere un manuale di grammatica inglese, ma solo uno schema per chi non sa nulla, o un promemoria per chi ha dimenticato tutto.

Sebbene per decenni i libri di testo abbiano esordito mostrando, a pagina due, scene bizzarre di vita anglosassone (nel *Corso d'inglese della BBC di Londra*, edito da Valmartina nel 1960, c'è ad esempio un postino appollaiato su una staccionata per sfuggire ad un mastino), noi cercheremo di partire dalla frase più ovvia e comune. Immaginiamo di arrivare a Londra, dove piove. La prima frase, saliti sopra un autobus, potrebbe essere *This is a red bus* (questo è un autobus rosso). Il bigliettaio e gli altri passeggeri faranno grandi cenni di assenso. Sono infatti abituati agli stranieri che salgono sugli autobus e, per esercitarsi, dicono cose assolutamente ovvie.

This is a red bus è formato da un pronome, un verbo, un articolo, un aggettivo e un nome. Iniziamo dunque con queste cinque categorie, intorno alle quali ruota la lingua inglese. Per gli esempi, quand'è possibile, useremo titoli di film vecchi e nuovi: avevo promesso di partire sempre dall'inglese che ci sta intorno, e voglio mantenere la parola.

L'articolo

L'ARTICOLO DETERMINATIVO viene tradotto sempre con *the*. È invariabile, e perciò molto più semplice rispetto all'italiano che varia per genere e numero (il, lo, la, i, gli, le). Qui potrebbe terminare la lezione. Tuttavia, a rendere le cose un po' più difficili, esistono casi nella lingua inglese in cui l'articolo *non viene usato*.

– Davanti a nomi propri:

Mr Smith Goes to Washington
Il signor Smith va a Washington
(USA 1939, di Frank Capra, con James Stewart)

– Davanti agli aggettivi e pronomi possessivi:

My Beautiful Laundrette
La mia bella lavanderia
(GB 1985, scritto da Hanif Kureishi, con Daniel Day Lewis)

– Davanti ai sostantivi cosiddetti *uncountable* (che non si possono numerare), usati in senso generale:

Money (L'Argent)
Il denaro
(Svizzera / Francia 1983, di Robert Bresson)

– Davanti ai plurali:

Gentlemen Prefer Blondes
Gli uomini preferiscono le bionde
(USA 1953, con Jane Russel e Marilyn Monroe)

Ma la bionda, nel senso di «quella bionda», si dice *the blonde*:

The Blonde from Peking
La bionda di Pechino
(USA / Francia 1968, di Nicholas Gessner)

– Davanti ai nomi di lingue:

French without Tears
Il francese senza lacrime
(GB 1939, di Anthony Asquith)

– Davanti a tipiche espressioni di tempo:

It Always Rains on Sunday
Piove sempre di domenica
(GB 1947)

They Live by Night
Vivono di notte (La donna del bandito)
(USA 1948, con Farley Granger)

– Davanti a nomi quali:

hospital	ospedale
church	chiesa
prison	prigione
school	scuola
bed	letto

se ci si riferisce alla funzione che è loro propria. Ad esempio:

He went to prison.	È andato in prigione.

Ma:

He went to the prison to meet his brother.	È andato in prigione (in quella prigione) a trovare il fratello.

– Davanti ai nomi dei pasti:

Breakfast at Tiffany's
Colazione da Tiffany
(USA 1961, con Audrey Hepburn, da un romanzo di Truman Capote)

L'ARTICOLO INDETERMINATIVO (un, uno, una) viene tradotto in inglese con «*a*». Quando il sostantivo che segue inizia per vocale, si usa «*an*».

A Touch of Class
Un tocco di classe
(GB 1973, con Glenda Jackson)

An Angel at My Table
Un angelo alla mia tavola
(Nuova Zelanda 1990, di Jane Campion)

Se vogliamo però sottolineare che l'angelo è proprio uno, e non sono due o tre, dobbiamo utilizzare il numerale.

Il titolo in questo caso diventerebbe:

One angel at my table.

Anche alcune espressioni di tempo e di costo utilizzano l'articolo indeterminativo:

Four times a week	quattro volte alla settimana
50 pence a litre	50 pence al litro

L'articolo indeterminativo, infine, si usa nelle esclamazioni davanti a sostantivi numerabili singolari.

What a Woman!
Che donna!
(USA 1943, con Rosalind Russell)

Oh, What a Lovely War!
Oh! Che bella guerra!
(GB 1969, con Laurence Olivier)

Il nome

L'inglese è molto logico: le parole hanno genere (maschile, femminile) solo se si può determinarne il sesso. Se non è possibile – cioè quasi sempre – si ricorre al neutro. Una canzone, ad esempio, in italiano è femminile. In inglese *song* è neutro. Il pronome che vi si riferisce è perciò il neutro «*it*».

Play It Again, Sam
Suonala ancora, Sam (Provaci ancora, Sam)
(USA 1972, con Woody Allen)

Il plurale di un sostantivo si ottiene aggiungendo una «s» al singolare: *song – songs.*

Le eccezioni non sono molte, e sono facili da ricordare. Con tutta la buona volontà, è difficile non sapere che il plurale di *man* (uomo), è *men* (uomini). Un altro esempio è *mice* (topi), plurale di *mouse* (topo).

Of Mice and Men
Uomini e topi
(USA 1939, dal romanzo di John Steinbeck)

Così:

– *woman / women* (donna / donne)

Women on the Verge of a Nervous Breakdown
Donne sull'orlo di una crisi di nervi
(Spagna 1988, di Pedro Almodóvar)

– *child / children* (bambino / bambini)

Children of a Lesser God
Figli di un dio minore
(USA 1986, con William Hurt)

– *foot / feet* (piede / piedi)

Feet First
Prima i piedi
(USA 1938, con Harold Lloyd)

Pochi nomi hanno invece il singolare uguale al plurale. Tra questi:

sheep pecora / pecore
deer cervo / cervi

The Deer Hunter
Il cacciatore di cervi (Il cacciatore)
(USA 1978, con Robert De Niro)

Alcuni sostantivi hanno solo il singolare:

information	informazione / informazioni
advice	consiglio / consigli
news	notizia / notizie

News Is Made at Night
Le notizie si fanno di notte
(USA 1939)

Se si vuole precisare la quantità si deve ricorrere a una costruzione particolare:

I've got an extraordinary piece of news.	Ho una notizia straordinaria (letteralmente: ho un pezzo di notizia straordinaria).

L'aggettivo

Anche per l'aggettivo le difficoltà sono minime. Gli aggettivi in inglese sono invariabili; non hanno né maschile, né femminile; né singolare, né plurale. L'aggettivo precede il sostantivo a cui si riferisce. La cosa risulta abbastanza naturale: nessuno dice *rock hard* al posto di *hard rock* («rock duro») e, per restare in campo cinematografico, *Blue Velvet* era il *Velluto Blu* su cui si rotolava la bella Isabella Rossellini.

Quindi, se una bella ragazza in Italia può essere anche una ragazza bella, in inglese è soltanto:

Pretty Woman
(USA 1990, con Richard Gere e Julia Roberts)

Come in italiano, l'aggettivo segue invece verbi quali: *to be* (essere), *to seem* e *to look* (sembrare), *to appear* (apparire), *to smell* (profumare).

I Am Frigid... Why? (Je Suis Frigide... Pourquoi?)
Sono frigida... Perché?
(Francia 1972)

I GRADI DELL'AGGETTIVO

Comparativo di uguaglianza:

Il comparativo di uguaglianza indica somiglianza. È molto facile da costruire. Per esempio:

Clinton is as *smart* as *Dole*.	Clinton è furbo come Dole (letteralmente: Clinton è tanto furbo quanto Dole).

Comparativo di minoranza:

Clinton is less *smart* than *Dole*.	Clinton è meno furbo di Dole.

Il secondo termine di paragone è introdotto da *than*. Gli italiani, traducendo dall'italiano, spesso sbagliano e usano *of*.

Ricordiamo che in inglese – lingua cortese – spesso si preferisce usare il comparativo di uguaglianza, alla forma negativa, piuttosto che il comparativo di minoranza. Ci spieghiamo meglio: se «Clinton è meno furbo di Dole» non si tradurrà *Clinton is less smart than Dole*, ma *Clinton is not as smart as Dole* («non è tanto furbo quanto Dole»).

Comparativo di maggioranza e superlativo relativo:

Ci sono due forme per il comparativo di maggioranza (Clinton è più furbo di Dole) e per il superlativo relativo (Clinton è il più furbo):

– Gli aggettivi monosillabici (o bisillabici che si pronunciano però come fossero monosillabici) aggiungono la de-

sinenza «er» per il comparativo di maggioranza, e la desinenza «est» per il superlativo.

cold (freddo) *colder* (più freddo) *the coldest* (il più freddo)
smart (furbo) *smarter* (più furbo) *the smartest* (il più furbo)
big (grande) *bigger* (più grande) *the biggest* (il più grande)
strange (strano) *stranger* (più strano) *the strangest* (il più strano)
great (grande) *greater* (più grande) *the greatest* (il più grande)

Love Is Colder than Death
L'amore è più freddo della morte
(Germania 1969, di Rainer Werner Fassbinder)

The Adventures of Sherlock Holmes' Smarter Brother
Le avventure del fratello più furbo di Sherlock Holmes
(USA 1975, di Gene Wilder)

Bigger than Life
Più grande della vita (Dietro lo specchio)
(USA 1956, con James Mason, Walter Matthau e Barbara Rush)

Stranger than Paradise
Più strano del paradiso
(USA 1984, di Jim Jarmush)

The Greatest Show on Earth
Il più grande spettacolo del mondo
(USA 1952, di Cecil B. de Mille, con Charlton Heston)

– Gli aggettivi più lunghi di due sillabe seguono un'altra
regola molto facile da ricordare. Poiché «*interesting*est», per
dire «il più interessante», sarebbe impronunciabile, il comparativo di maggioranza si forma mettendo *more* (più) prima dell'aggettivo. Il superlativo si forma premettendo
most.

pericoloso   più pericoloso   il più pericoloso
dangerous   *more dangerous*   *the most dangerous*

The Most Dangerous Game
Il gioco più pericoloso (Doctor X. Partita pericolosa)
(USA 1932, con Fay Wray)

Veniamo alle eccezioni. Ci sono alcuni aggettivi – più o meno gli stessi dell'italiano – che hanno forme proprie per il comparativo di maggioranza e per il superlativo.

good	(buono)	*better*	(migliore)	*the best*	(il migliore)
bad	(cattivo)	*worse*	(peggiore)	*the worst*	(il peggiore)
little	(piccolo)	*less*	(minore)	*the least*	(il minimo)
many	(molti)	*more*	(più)	*the most*	(il più, i più)
much	(molto)				

Good Guys Wear Black
I bravi ragazzi si vestono di nero
(USA 1977, con Chuck Norris)

The Best Years of Our Lives
I migliori anni della nostra vita
(USA 1946, con Myrna Loy)

I pronomi personali

Il pronome, come si sa o si dovrebbe sapere, sostituisce il nome. I pronomi inglesi non richiedono particolari doti di memoria, e sono facili da pronunciare.

Come in italiano, i pronomi personali possono essere soggetto (*io* sono buono) oppure complemento (tu *mi* baci).

PRONOMI PERS. SOGGETTO		PRONOMI PERS. COMPLEMENTO	
I	io	*me*	me, mi
you	tu	*you*	te, ti
he	egli, lui	*him*	lui, lo, gli
she	ella, lei	*her*	lei, la, le
it	esso	*it*	lo, la, esso
we	noi	*us*	noi, ci
you	voi	*you*	voi, vi
they	essi, loro	*them*	loro, gli, le, li

Da ricordare:

1. Il pronome personale «*I*» (io) viene sempre scritto con la maiuscola.

The King and I
Il re ed io
(USA 1956, con Yul Brinner e Deborah Kerr)

2. Il soggetto non può essere sottinteso. Se in italiano si può dire «sono buono», in inglese la stessa frase sarà *I am good*.

I Am a Thief
Sono un ladro
(USA 1934)

3. Il pronome di terza persona *it* si riferisce a tutte le cose delle quali non si può determinare il sesso. Il grande rispetto degli inglesi per le navi, però, fa sì che un'imbarcazione sia spesso *she*.

Da notare. La seconda persona singolare (tu) e la seconda plurale (voi) sono uguali. Questo porta a una lodevole semplificazione dei rapporti sociali nei paesi di lingua inglese. Non c'è bisogno di decidere se dare del tu, del voi o del lei, e neppure di scervellarsi per trovare un modo di evitare le scelte («Salve! Come va?»). La confidenza, tra due persone, si mostra usando il nome di battesimo. Per questo «darsi del tu» si traduce *to be on first name terms*.

I possessivi

Il concetto di possesso e di appartenenza viene espresso con:

1. AGGETTIVI POSSESSIVI

my	mio
your	tuo
his	suo (di lui)
her	suo (di lei)
its	suo (di esso)
our	nostro
your	vostro
their	loro

Importantissimo: gli aggettivi possessivi *non* vengono *mai* preceduti dall'articolo. Tradurre «Anna e le sue sorelle» con «*Hannah and* the *her sisters*» (al posto di «*Hannah and her sisters*», USA 1985, di Woody Allen con Mia Farrow e Michael Caine) è forse il più abominevole errore che si possa commettere in inglese.

Un altro esempio:

The Cook, the Thief, His Wife and Her Lover
Il cuoco, il ladro, sua moglie e l'amante (di lei)
(GB 1989, di Peter Greenaway)

2. PRONOMI POSSESSIVI

mine	il mio
yours	il tuo
his	il suo (di lui)
hers	il suo (di lei)
its	il suo (di esso)
ours	il nostro
yours	il vostro
theirs	il loro

Anche il pronome possessivo non è mai preceduto dall'articolo.

This Land Is Mine
Questa terra è (la) mia
(USA 1943, di Jean Renoir)

Take Her, She Is Mine
Prendila è mia
(USA 1963)

3. PREPOSIZIONE *OF* (DI)
usata soprattutto quando il possessore è una .cosa.

Slaves of New York
Schiavi di New York
(USA 1989, di James Ivory, dai racconti di Tama Janowitz)

The Spirit of the Wind
Lo spirito del vento
(USA 1987, di Ralph Liddle)

4. GENITIVO SASSONE *'S*
quando il possessore è una persona (o un animale).

È una tipica forma inglese, molto usata. Il nome del possessore viene apostrofato e fatto seguire da una «s».

White Man's Burden
Il fardello dell'uomo bianco
(Francia/USA 1985, con John Travolta e Harry Belafonte)

One Flew Over the Cuckoo's Nest
Qualcuno volò sul nido del cuculo
(USA 1975, con Jack Nicholson)

Sophie's Choice
La scelta di Sofia
(USA 1982, con Meryl Streep)

Se il sostantivo è già al plurale o finisce per «s», si aggiunge solo l'apostrofo:

The Adventures of Sherlock Holmes' Smarter Brother
Le avventure del fratello più furbo di Sherlock Holmes
(USA 1975, di Gene Wilder)

Il genitivo sassone si utilizza anche con espressioni di tempo:

a day's work	il lavoro di una giornata
today's paper	il giornale di oggi
a week's holiday	una vacanza di una settimana
two years' pay	la paga di due anni

– I nomi casa, ufficio, studio, chiesa, ristorante, negozio ecc. vengono spesso sottintesi dopo un genitivo sassone. Forma elegante, ne riparleremo.

I went to my brother's	a casa di mio fratello
I went to my lawyer's	nell'ufficio del mio avvocato
I went to St. Peter's	nella chiesa di San Pietro

Dimostrativi, indefiniti, interrogativi, relativi

DIMOSTRATIVI

Aggettivi e pronomi dimostrativi indicano una posizione rispetto a chi parla.

this / that	questo/a - quello/a
these / those	questi/e - quelli/e

Who's That Girl?
Chi è quella ragazza?
(USA 1987, con Madonna)

Those Magnificent Men in Their Flying Machines
Quegli uomini meravigliosi nelle loro macchine volanti (Quei temerari sulle macchine volanti)
(GB 1965, con Sarah Miles, James Fox e Alberto Sordi)

INDEFINITI

Some / any: indicano «una certa quantità», corrispondono agli articoli partitivi italiani del, dello, della, dei, degli, delle. Si usano davanti a nomi *uncountable* (non numerabili) o davanti a nomi *countable* (numerabili) al plurale.

Some: – viene usato soprattutto in frasi affermative.

There is some milk in the fridge.   C'è un po' di latte nel frigorifero.

Some Girls Do
Alcune ragazze lo fanno
(GB 1969, con Sydney Rome)

– Si usa però anche in domande che hanno significato di offerta o per le quali ci si aspetta una risposta affermativa.

Would you like some tea?   Vuoi un po' di tè?

Any: – usato nelle frasi negative e interrogative.

Is there any milk in the fridge?   C'è del latte nel frigorifero?

I'm sorry, there isn't any milk in the fridge.   Mi spiace, non c'è latte nel frigorifero.

– Nel significato di «qualsiasi» nelle frasi affermative.

Ask Any Girl
Chiedi a qualsiasi ragazza (Tutte le ragazze lo sanno)
(USA 1959, con David Niven e Shirley Maclaine)

No: ha valore negativo.

No Sex Please, We're British
Niente sesso, siamo inglesi
(GB 1973)

I composti seguono le stesse regole:

something	anything	nothing
somebody	anybody	nobody
someone	anyone	no one
somewhere	anywhere	nowhere
somehow	anyhow	nohow

Something Wild
Qualcosa di travolgente
(USA 1986, con Melanie Griffith)

Anything Goes
Qualunque cosa va (Quadriglia d'amore)
(USA 1956, con Bing Crosby)

Nothing Sacred
Niente di sacro (Nulla sul serio)
(USA 1937, con Carole Lombard)

Somebody Up There Likes Me
Lassù qualcuno mi ama
(USA 1956, con Paul Newman)

Has Anybody Seen My Gal?
Qualcuno ha visto la mia ragazza? (Il capitalista)
(USA 1952, con Charles Coburn e Rock Hudson)

Nobody Ordered Love
Nessuno ha ordinato l'amore
(GB 1971)

A lot of, lots of, many, much:

A lot of / lots of: «molto/a, molti/e» davanti a nomi numerabili e non numerabili.

| *I have a lot of friends* | Ho molti amici |
| *Lots of people came* | Venne molta gente |

Many: «molti/e», davanti a nomi numerabili; può essere usato anche nelle forme negative.

| *I have many friends* | Ho molti amici |
| *I haven't many friends* | Non ho molti amici |

Much: «molto/a», ed è usato davanti a nomi non numerabili, quasi sempre nelle forme negative.

| *We haven't much money* | Non abbiamo molto denaro |

Little / few:

Little: «poco/a» usato davanti a nomi non numerabili.

| *little sex* | poco sesso |

Few: «pochi/e» usato davanti a nomi numerabili.

| *few dollars* | pochi dollari |

Few e *little* possono venire preceduti dall'articolo indeterminativo. In questo caso stanno ad indicare «un piccolo numero», «una piccola quantità».

A Little Sex
Un po' di sesso
(USA 1982, con Tim Matheson e Kate Capshaw)

For a Few Dollars More
Per qualche dollaro in più
(It / Germ / Spagna 1965, di Sergio Leone con Clint Eastwood, Klaus Kinsky e Gian Maria Volontè)

Each / every:

Each: «ogni», «ciascuno».

Each Dawn I Die
Ogni alba io muoio (Morire all'alba)
(USA 1939, con James Cagney)

Every: il significato è vicino a «tutti».

Every Day's a Holiday
Ogni giorno è (una) vacanza
(USA 1937, con Mae West)

I composti sono:

everything, everyone, everybody

Everything You Always Wanted to Know About Sex, But Were Afraid to Ask
Tutto quello che avreste voluto sapere sul sesso (ma non avete mai osato chiedere)
(USA 1972, di e con Woody Allen)

One / ones:

Viene utilizzato per evitare la ripetizione del sostantivo.

There are two cars in the street. The pink one is awful.	Ci sono due auto sulla strada. Quella rosa è orribile.

Da ricordare anche: *other* (altro), *another* (un altro), *both* (entrambi).

Another Country
Un altro paese (Another Country-La scelta)
(GB 1984, con Rupert Everett)

INTERROGATIVI

Who?, chi? – chiede informazioni su persone.

Who Framed Roger Rabbit?
Chi ha incastrato Roger Rabbit?
(USA 1988, con Bob Hoskins)

What?, cosa? – chiede informazioni su cose (quando la scelta è vasta).

What's New Pussycat?
Cosa c'è di nuovo Pussycat? (Ciao Pussycat)
(USA / Francia 1965, con Peter O'Toole e Ursula Andress)

Whose?, di chi? – chiede informazioni sul possessore.

Whose Life Is It Anyway?
Di chi è la vita, dopotutto? (Di chi è la mia vita)
(USA 1981, con Richard Dreyfuss)

Which?, quale? – chiede informazioni su chi o quale fra persone o cose (quando la scelta è limitata).

Which Way to the Front?
Qual è la strada per il fronte? (Scusi, dov'è il fronte?)
(USA 1970, con Jerry Lewis)

Aggettivi e pronomi interrogativi hanno la stessa forma per maschile e femminile, plurale e singolare.

RELATIVI

	PERSONE	COSE	GENERICO
il quale	*who*	*which*	*that*
del quale	*of whom*	*of which*	–
che	*who(m)*	*which*	*that*
al quale	*to whom*	*to which*	–
per il quale	*for whom*	*for which*	–

The Spy Who Loved Me
La spia che mi amava
(GB 1977, con Roger Moore)

For Whom the Bell Tolls
Per chi suona la campana
(USA 1943, con Gary Cooper e Ingrid Bergman)

Preposizioni & avverbi

Gli errori altrui con le preposizioni rappresentano, per gli inglesi che viaggiano, un delizioso passatempo. Il regista di un documentario della BBC sul Giappone, Peter Grimsdale, racconta ad esempio di questa scritta trovata sul sacchetto per la biancheria in un albergo di Tokio: *Put laundry in bag and hand over the bell boy*. Traduzione: mettete la biancheria nel sacchetto, e consegnate *il* ragazzo d'albergo. Manca la preposizione *to*, grazie alla quale la seconda parte della frase avrebbe voluto dire «consegnate *al* ragazzo d'albergo». I giapponesi avevano pensato che una preposizione dopo il verbo *to hand* (consegnare) fosse sufficiente, e naturalmente non era così.

Anche gli italiani, segnala un amico britannico, devono rendersi conto che gli errori con le preposizioni possono diventare imbarazzanti. «Prendiamo ad esempio le preposizioni di movimento e di stato in luogo. Un verbo di movimento, come è logico, è seguito da una preposizione di moto a luogo (*Come to England*, Vieni in Inghilterra); usato con una preposizione di stato in luogo fa scattare un altro significato (*Come in England*): in questo caso il significato sessuale. Chissà quante fanciulle ignare hanno scritto al *pen-pal* inglese, attizzando con una preposizione passioni inconfessabili. Il verbo *to have* nasconde insidie simili poiché, mentre *to have someone to dinner* non è che l'espletamento di un obbligo sociale, *to have someone at dinner* (farsi qualcuno a cena) abbina libidine e ingordigia in una maniera degna del miglior Fellini.»

Perché le preposizioni sono difficili da usare? Innanzitutto, perché spesso non esiste corrispondenza tra italiano e inglese, e perché gli inglesi sembrano giocarci. In italiano siete «interessati a qualcosa», in inglese «*interested in something*»; in Italia tutto sempre «dipende dalla situazione», in Inghilterra «*it depends on the situation*» (sulla situazione); ma una notizia a Roma si legge sul giornale, a Londra nel giornale (in *the newspaper*). Alcuni verbi reggono una preposizione e solo quella. Altri, invece, possono essere seguiti da varie preposizioni, e il loro significato viene stravolto. Sono i cosiddetti *phrasal verbs*, considerati dagli studenti d'inglese, non a torto, una sorta di campo minato. Li vedremo più avanti (capitolo 8).

LE PREPOSIZIONI DI TEMPO

At: si usa per indicare il tempo e l'ora
On: si usa per indicare il giorno o la data
In: si usa per indicare un periodo di tempo

Se si considerano le tre preposizioni, si può notare che in realtà *at* indica un tempo specifico, *on* un tempo più generale e *in* un tempo ancora più generale.

I was born at three o'clock	Sono nata alle tre
I was born on (a) Wednesday, on March 30th, 1962	Sono nata (un) mercoledì, 30 marzo 1962
I was born in the morning	Sono nata di mattina
I was born in 1962	Sono nata nel 1962
I was born in the 60s	Sono nata negli anni Sessanta

Così:

Dinner at Eight
Pranzo alle otto
(USA 1933, di George Cukor)

Home at Seven
A casa alle sette
(GB 1952)

It Always Rains on Sunday
Piove sempre di domenica
(GB 1947)

In a Year With 13 Moons
Nell'anno con 13 lune
(Germania 1978, di Rainer Werner Fassbinder)

Le inevitabili eccezioni:

di notte	si dice	{ *at night* / *by night* }
a Natale	si dice	*at Christmas*
a Pasqua	si dice	*at Easter*
on time	vuol dire	puntuale
in time	vuol dire	in tempo
in the beginning	vuol dire	all'inizio
in the end	vuol dire	infine

News Is Made at Night
Le notizie si fanno di notte
(USA 1939)

They Live by Night
Vivono di notte (La donna del bandito)
(USA 1948, con Farley Granger)

Terror by Night
Terrore di notte
(USA 1946)

Altre preposizioni di tempo sono:

Before, prima

Home Before Dark
A casa prima di sera
(USA 1958, con Jean Simmons)

After, dopo

Meet Me After the Show
Vediamoci dopo lo spettacolo
(USA 1951)

Before and After Sex
Prima e dopo il sesso (Prima e dopo l'amore... Un grido d'allarme)
(Italia 1972)

From, da

From Hell to Victory
Dall'inferno alla vittoria
(Francia / Italia / Spagna 1979)

To, a

From Here to Eternity
Da qui all'eternità
(USA 1953, con Burt Lancaster e Deborah Kerr)

Until / till, fino a

From Noon Till Three
Da mezzogiorno alle tre
(USA 1976, con Charles Bronson)

About / round, circa

Round Midnight
A mezzanotte circa
(Francia 1986, di Bernard Tavernier)

Stato in luogo:

In: si usa per regioni, nazioni, continenti, grandi città, edifici e luoghi in cui ci si trova.

Death in Venice
Morte a Venezia
(Italia 1971, di Luchino Visconti)

Last Tango in Paris
Ultimo tango a Parigi
(Francia / Italia 1972, di Bernardo Bertolucci con Marlon Brando e Maria Schneider)

Murder in the Cathedral
Assassinio nella cattedrale
(GB 1951)

Barefoot in the Park
A piedi nudi nel parco
(USA 1967, con Robert Redford e Jane Fonda)

At: si usa per indicare villaggi e cittadine, luoghi ed edifici con riferimento alla loro funzione.

Picnic at Hanging Rock
Picnic a Hanging Rock
(Australia 1975, di Peter Weir)

A Night at the Opera
Una notte all'opera
(USA 1935)

Moto a luogo:

To: per indicare il movimento verso un luogo, anche figurato.

Night Train to Munich
Il treno (della notte) per Monaco
(GB 1940, con Rex Harrison)

3.10 to Yuma
Tre e dieci per Yuma (Quel treno per Yuma)
(USA 1957, con Glenn Ford)

Back to the Future
Ritorno al (nel senso di *verso il*) futuro
(USA 1985, con Michael J. Fox)

Into: movimento verso e dentro un luogo.

Into the Night
Dentro la notte (Tutto in una notte)
(USA 1985, con Michelle Pfeiffer)

La parola *home*, nel caso segua un verbo di moto, non viene preceduta da alcuna preposizione.

Coming Home
Tornando a casa
(USA 1978, con Jane Fonda)

Lassie Come Home
Torna a casa Lassie
(USA 1943, con Elizabeth Taylor)

Moto da luogo:

From: indica la provenienza.

Escape from Alcatraz
Fuga da Alcatraz
(USA 1979, con Clint Eastwood)

From Beyond the Grave
Da oltre la tomba
(GB 1973)

Altre preposizioni di luogo sono:

Between, fra / tra (fra due cose o persone, o due gruppi di cose e persone)

The War Between Men and Women
La guerra tra uomini e donne
(USA 1972, con Jack Lemmon)

Among, fra / tra (fra più di due, in mezzo a)

Love Among the Ruins
Amore tra le rovine
(USA 1975, con Katharine Hepburn)

Strangers Among Us
Stranieri in mezzo a noi
(Italia 1989)

On, sopra (se c'è contatto)

Cat on a Hot Tin Roof
La gatta sul tetto che scotta
(USA 1958, con Paul Newman e Elizabeth Taylor)

Over, sopra (se non c'è contatto)

Seagulls Over Sorrento
Gabbiani sopra Sorrento
(GB 1954, con Gene Kelly)

Under, sotto (in generale)

Under Your Hat
Sotto il tuo cappello
(GB 1940)

Police Academy 6 - City Under Siege
Accademia di Polizia 6 - La città sotto assedio (la città è assediata)
(USA 1989)

Out of, fuori

Out of Africa
Fuori dall'Africa (La mia Africa)
(USA / GB 1985, con Meryl Streep e Robert Redford)

Out of the Past
Fuori dal passato (Le catene della colpa)
(USA 1947, con Robert Mitchum)

Beyond, al di là
Beyond the Clouds
Al di là delle nuvole
(Francia, It., Germ. 1995, di Michelangelo Antonioni)

Towards, verso

Towards the Unknown
Verso l'ignoto
(USA 1956)

Near, vicino

The school is near the shop.	La scuola è vicina al negozio.

Along, lungo

We have never been along this road.	Non siamo mai stati lungo questa strada.

In front of, davanti

The bus stop is in front of the school.	La fermata dell'autobus è di fronte alla scuola.

Behind, dietro

Behind the school there is my house.	Dietro la scuola c'è casa mia.

Preposizioni indicanti mezzi di trasporto:

By: si usa quando si indica genericamente il mezzo con cui si arriva a una destinazione.

I will travel by car / by train / by ship / by taxi / by bus.	Viaggerò in automobile / treno / nave / taxi / bus.

In: si usa quando il mezzo di trasporto è specificato.

I arrived in my new car.	Arrivai con la mia macchina nuova.

On: si usa nell'espressione *on foot*, a piedi.

Altre preposizioni indicano i complementi di:

– specificazione: *of*

The Jewel of the Nile
Il gioiello del Nilo
(USA 1985, con Michael Douglas e Kathleen Turner)

– compagnia: *with*

Gone With the Wind
Via col vento
(USA 1939, con Clark Gable e Vivien Leigh)

– causa: *because of*

Because of You
A causa tua
(USA 1952)

– scopo: *for*

For Your Eyes Only
Solo per i tuoi occhi
(GB 1981, con Roger Moore e Carole Bouquet)

AVVERBI

L'avverbio modifica il significato di un verbo, di un aggettivo o di un altro avverbio. Di regola si forma aggiungendo la desinenza «ly» all'aggettivo qualificativo:

dangerous (pericoloso) – *dangerously* (pericolosamente)

The Year of Living Dangerously
Un anno vissuto pericolosamente
(Australia 1982, di Peter Weir, con Mel Gibson)

Gli avverbi possono essere:

di modo (*quickly*, velocemente; *hard*, duramente...)
di tempo (*now*, adesso; *soon*, presto...)
di quantità (*very*, molto; *too*, anche...)
di luogo (*here*, *there*, *everywhere*, qui, là, dovunque...)
interrogativi (*When?* Quando? *Where?* Dove?)
relativi (*where*, dove; *when*, quando; *why*, perché...)

Alcuni avverbi hanno la stessa forma dell'aggettivo corrispondente:

high	alto	in alto
low	basso	in basso
deep	profondo	in fondo
near	vicino	vicino
far	lontano	lontano
fast	veloce	velocemente
hard	duro	duramente
early	primo (appena iniziato)	presto
late	tardo	in ritardo

141

L'avverbio di *good* (buono) è *well* (bene). Un esempio, sebbene leggermente al di fuori dello *standard English*, è:

Went the Day Well?
È andata bene la giornata?

(GB 1942, di Alberto Cavalcanti, tratto da un racconto di Graham Greene)

Per il comparativo e il superlativo, gli avverbi seguono (in genere) le stesse regole degli aggettivi.

Better Late Than Never
Meglio tardi che mai
(GB 1983, con David Niven)

Faster, Pussycat! Kill! Kill!
Più veloce, Pussycat! Uccidi! Uccidi!
(USA 1965, di Russ Meyer)

The Harder They Fall
Più duramente essi cadono (Il colosso d'argilla)
(USA 1956, con Humphrey Bogart - l'ultima interpretazione)

Esercizi:
SHOPPING METAFISICO

NEGOZI (1) – CHE COSA VENDONO?

I negozi elencati qui sotto in ordine alfabetico (ci siamo limitati alle province di Bergamo e Udine) hanno scelto nomi (pseudo)inglesi. Segue un elenco, anch'esso alfabetico, dei rami di attività. Spetta a voi abbinare ogni negozio con il suo ramo di attività, tenendo presente che mentre alcuni abbinamenti sono ovvii, altri appariranno sorprendenti.

NEGOZIO

1) ALL CARS («Tutte le macchine») Remanzacco, UD
2) ANYWAY («In ogni modo») Treviglio, BG
3) BLUE JEANS Scanzorosciate, BG
4) EUROSPORTVIL Sarnico, BG
5) FRIGID («Frigido») Udine
6) HOLMES (*il noto Sherlock?*) Bergamo
7) INTERNATIONAL TRADE COMPANY («Impresa commerciale internazionale») Gandino, BG
8) JOLLY («Affabile») Bergamo
9) OLD EUROPE («Vecchia Europa») Caravaggio, BG
10) POINT («Punta») Urgnano, BG
11) THE OLD DOG («Il vecchio cane») Chiusaforte, UD
12) THRILLER Curno, BG

RAMO DI ATTIVITÀ

a) abbigliamento
b) agenzia investigativa
c) arredamenti
d) arredamento d'epoca

143

e) articoli regalo
f) bar
g) biancheria intima
h) discoteca
i) frigoriferi industriali
j) parrucchiere
k) pizzeria
l) pneumatici

SOLUZIONI:

NEGOZIO		RAMO DI ATTIVITÀ
1) ALL CARS	l)	pneumatici
2) ANYWAY	j)	parrucchiere
3) BLUE JEANS	f)	bar
4) EUROSPORTVIL	h)	discoteca
5) FRIGID	i)	frigoriferi industriali
6) HOLMES	b)	agenzia investigativa
7) INT. TRADE CO.	g)	biancheria intima
8) JOLLY	e)	articoli regalo
9) OLD EUROPE	d)	arredamento d'epoca
10) POINT	c)	arredamenti
11) THE OLD DOG	k)	pizzeria
12) THRILLER	a)	abbigliamento

NEGOZI (2) – CHI CI ANDREBBE A FARE LA SPESA?

Indovinate chi si rivolgerebbe ai seguenti negozi, se essi si trovassero in un paese anglòfono.

1) BOX AND MIX (abbigliamento) Bonate Sotto, BG
2) NAUTISERVICE (nautica) Lignano Sabbiadoro, UD
3) FAN-KY (parrucchiere) Bergamo
4) NEW WIND (parrucchiere) Ghisalba, BG

5) PHONE HOUSE (parrucchiere) Adrara S. Martino, BG
6) BIMBO STORE (abbigliamento per bambini) Bergamo
7) PEOPLE MAGAZINE (abbigliamento) Bergamo
8) SPEEDY SPORT (articoli sportivi) Ranica, BG
9) SNAPPY (cartoleria) Pontirolo Nuovo, BG
10) FREE SHOP (articoli regalo) Curno, BG

RISPOSTE:

1) Pugili (*boxers*) con forti tendenze socializzanti (*to mix*).
2) Chi cerca emozioni proibite. Il nome di questo negozio si pronuncia infatti nella stessa maniera di *naughty service* («servizio birichino»).
3) Gli appassionati (*fan*) dello stato americano del Kentucky (sigla KY), dei suoi distillati e della sua musica *blue grass*. Il motivo del nome bizzarro di questo esercizio è tuttavia la parola *funky*, che si pronuncia «fanchi» e vuole dire «bello, eccellente».
4) Sembra il posto ideale per sportivi a corto di fiato (*wind*).
5) Fanatici del telefonino? Il «fon» dei parrucchieri si dice invece *hair-dryer*.
6) Vecchi divi della musica rock in cerca di ragazze formose e un po' stupide (*bimbo* in inglese – con la «o» finale).
7) Forse chi cerca una copia della nota rivista americana «People». «Magazzino» si dice *store* o *warehouse*.
8) Un atleta frettoloso (*speedy* = veloce). Poi correrà in un *fast food*?
9) Un masochista in cerca di umiliazioni (uno dei significati di *snappy* è «permaloso» o «irritabile»).
10) Un ottimista che ha dimenticato il portafoglio (*free* = gratis).

Lettura:
INGLESE & POLITICA

La politica italiana, in attesa di somigliare alle democrazie anglosassoni, ha deciso di parlare inglese. Non si spiega altrimenti perché il *tax day* non sia stato chiamato «giorno delle tasse», e il *labour day* «giornata del lavoro». E neppure il motivo per cui il raduno dell'Ulivo a Milano – fenomeno inspiegabile, da un punto di vista botanico – sia stato definito *convention* o, peggio ancora, «convenzione» (che vuol dire tutt'altro: la convenzione è un contratto, non un raduno). Si fosse riunito il Polo, avremmo avuto una *kermesse* (che è un termine di origine religiosa: dall'olandese *kerkmisse*, festa patronale). Si fosse trattato di un raduno di cattolici, sarebbe stato un *meeting*.

Agli oratori più convincenti, in queste occasioni, viene tributata una *standing ovation*. Pippo Baudo ha consacrato l'espressione a Sanremo, quando ha ordinato al pubblico di rendere omaggio a Bruce Springsteen (il quale aveva appena suonato una canzone tristissima, e non capiva il perché di tutta quell'ilarità). Se i comizianti italiani, invece di una *standing ovation*, ricevessero un'ovazione in piedi – che è la stessa cosa – non sarebbero altrettanto contenti. Per lo stesso motivo, tra un viaggio-premio e un viaggio *incentive*, i piazzisti di aspirapolveri sceglieranno sempre il secondo.

Sia chiaro: non ce l'abbiamo con la lingua inglese. È evidente che molti termini si sono imposti perché l'equivalente italiano era inadeguato. Un esempio tra i tanti: «fax», nel dizionario Devoto-Oli edizione 1971, non esisteva; c'era però «teleautografia» («trasmissione a distanza di scritti e disegni per mezzo di circuiti telegrafici»), che avrebbe potuto funzionare, ma soltanto come scioglilingua. La genialità di alcuni vocaboli inglesi non giustifica, tuttavia, l'uso indiscriminato di tutti gli altri. Accade invece che il virus dell'«italiese» (italiano/inglese), a differenza di quello delle carni bovine britanniche, sia ormai diffuso; resta da stabilire chi sono le mucche pazze.

Gli esempi di malcostume linguistico – restando nel campo della politica e dell'economia – sono numerosi. Scegliamone un paio. Il TG3, due anni fa, titolò *Fiscal Drug* (droga fiscale?) anziché *Fiscal Drag* («trascinamento fiscale»). Durante lo stesso telegiornale, il 16 gennaio 1996, è comparsa una scritta: «Out-out di Fini». Nessuno sosteneva che il presidente di Alleanza nazionale fosse fuori-fuori dal Polo (al contrario: appariva dentro-dentro). Gianfranco Fini si era limitato a porre la controparte davanti a una scelta (in latino: «aut-aut»).

Questi errori dimostrano che il vezzo di inglesizzare ha una certa tradizione, in Italia. L'inizio della campagna elettorale ha portato però una brusca accelerazione nel fenomeno: dopo il *tax day*, le *conventions* e le discussioni sul *copyright* (dei programmi elettorali), chissà cosa ci aspetta (prima degli *exit-polls*). Per difenderci, ricordiamo la frase con cui Enzo Biagi ha chiuso una delle ultime puntate di «Il fatto»: «*Una tantum* e *par condicio*. Quando parlano in latino, dietro c'è sempre qualche fregatura». Sostituite «latino» con «inglese». La morale è la stessa.

(«Corriere della Sera», marzo 1996)

* * *

Purtroppo non ero presente, a Roma, alla cena delle beffe, nella quale l'ospite d'onore Bill Gates – l'uomo più ricco d'America – non sapeva con chi conversare, per mancanza di interlocutori che parlassero inglese. Posso però dire questo: l'inglese è un cruccio per i potenti, non solo italiani. Non lo possono ignorare, non lo possono comprare, non sempre lo possono delegare. Lo possono improvvisare, però. Esistono due categorie di improvvisatori: coloro che, potendo inventare, si divertono; e quelli che, dovendo inventare, si innervosiscono.

Ai primi – trapezisti della parafrasi, acrobati dell'anacoluto – ripeto ciò che Ezra Pound scrisse a un critico italiano, nel 1942: «Avete senso poetico; ma non conoscete l'inglese». Per un verso, tuttavia, li ammiro. In quindici anni di giornalismo ho visto – meglio: ascoltato – di tutto. Ricordo gli avveniristici *at the limit* del ministro degli esteri Gianni De Michelis (sua personale traduzione di «al limite»); i *gamberetts and fagiols* di un democristiano a New York; il *free land* (terra libera?) con cui Silvio Berlusconi liquidò Antonio Di Pietro, *free-lance* della politica (accadde a «Linea Tre», quando Berlusconi e Lucia Annunziata si parlavano).

Fin qui gli entusiasti. Altri, invece, nell'improvvisazione mettono una sorta di rivalsa rancorosa: «Ma come, io sono qui che divento matto, e quelli lì (americani, inglesi, australiani) parlano nella propria lingua, sereni e rilassati?». È un atteggiamento comprensibile, ma sbagliato. Non essere di madrelingua inglese è un vantaggio. Una volta imparato questo idioma – si può: basta studiarlo – saremo infatti padroni di *due* lingue: una di comunicazione, e

148

una di riserva (che diventerà all'occorrenza un lusso, un vezzo, un codice, un rifugio). Di quest'«altra lingua» Bill Gates – sì, l'uomo-Microsoft – sarà profondamente geloso. Il suo idolo Leonardo, in fondo, non parlava come lui (*Jeez! Cool! Superneat!*). Parlava come noi («Tristo è quel discepolo che non avanza il maestro», *Pensieri*, 110).

(«Sette», novembre 1996)

6

ALTRO CINEMA

«Se vi svegliate e vi portano la prima colazione con le patatine fritte siete a New York.
Se ve la portano con il riso siete a Tokio.
Se la cameriera non sa parlare inglese, siete
a Londra.»

BBC *Radio Five*, 1990

Quando George Orwell, cinquant'anni fa, affermò «La lingua inglese è in uno stato pietoso», aveva in mente i connazionali. Oggi, senza dubbio, se la prenderebbe con noi stranieri. Le brutalità che l'inglese subisce quotidianamente nel mondo, come abbiamo detto, sono però lo scotto che la lingua deve pagare per affermarsi. Questo non toglie che i madrelingua soffrano – o ridano, a seconda dell'umore e delle circostanze.

Tra coloro che soffrono vanno annoverati Carlo, principe di Galles, e l'ultraconservatore britannico Enoch Powell, uomo di grande perspicacia (fu il primo a dire in pubblico «Margaret Thatcher non è un'intellettuale»). L'anziano parlamentare, parlando nel 1988 di fronte alla Royal Society of St. George, si lamentò in questo modo: «Possono fare all'inglese quello che vogliono. Ma rimane la nostra lingua, non la loro. È stata creata in Inghilterra dagli inglesi e, indipendentemente da quanto e come viene usata nel mondo, rimane di nostra proprietà».

Tra coloro che ridono, ci sono migliaia di conduttori di autobus, custodi di musei e proprietarie di *bed and breakfast*, che nel corso degli anni hanno incontrato contabili di Osaka, geometri di Ferrara e liceali di Siviglia, e ormai hanno sentito dire di tutto. L'estrema semplicità delle forme verbali inglesi, ad esempio, rappresenta per molti stranieri una sorta di tranquillante: poiché l'unica terminazione diversa dalle altre nel presente indicativo è la «s» alla terza persona singolare (*I write, he writes*), molti pensano di ignorare anche quella. Poiché «io voglio», come vedremo, si può tradurre con *I want, I wish, I would like, I will* e *I would*, gli stranieri spesso scelgono a caso, come sceglierebbero una marca di shampoo sugli scaffali di un supermarket, convinti che in ogni modo servirà per lavare i capelli.

Le cose sono semplici, in inglese, ma non *tanto* semplici. Partendo da zero – ovvero dal presente del verbo «essere» e del verbo «avere» – cercheremo di fornire qualche regola, illustrata dai soliti esempi cinematografici. Avete il diritto di dire che non vi interessano. Nessuno – a parte Carlo, Enoch e pochi amici – potrà obiettare: come uno shampoo qualsiasi lava i capelli, «qualsiasi inglese» permette di comunicare. Ma suggeriamo di acquistare uno shampoo discreto, e di puntare a un inglese decente.

Essere e avere

Come in italiano, anche in inglese il verbo «essere» e il verbo «avere» possono avere funzione di verbi principali:

I Am Suzanne
Sono Susanna
(USA 1939)

The Mirror Has Two Faces
Lo specchio ha due facce
(USA 1996, con Barbra Streisand)

oppure, nelle forme composte del verbo, di verbi ausiliari:

Stop, You Are Killing Me
Fermati, mi stai uccidendo
(USA 1953)

Where Love Has Gone
Dove se ne è andato l'amore
(USA 1964, con Bette Davis)

VERBO ESSERE

A differenza dell'italiano, dove per ogni persona esiste una forma diversa del verbo, l'inglese ha tre voci per il presente del verbo essere (*am*, *is*, *are*), e due per il passato (*was*, *were*).

Esistono anche forme contratte, molto usate nella lingua parlata e sempre più frequenti nella lingua scritta.

She's the One
Lei è quella giusta
(USA 1996, di Edward Burns)

Presente (*simple present*)

		FORMA CONTRATTA
I am	io sono	*I'm*
you are	tu sei	*you're*
he is	egli è	*he's*
she is	ella è	*she's*
it is	esso è	*it's*
we are	noi siamo	*we're*
you are	voi siete	*you're*
they are	essi sono	*they're*

Passato (*simple past*)

I was	io ero
you were	tu eri
he was	egli era
she was	ella era
it was	esso era
we were	noi eravamo

you were	voi eravate	
they were	essi erano	

Il participio passato (che corrisponde a «stato») si traduce con *been*.

Il passato prossimo (*present perfect*), contrariamente all'italiano, si forma utilizzando l'ausiliare «avere».

FORMA CONTRATTA

I have been	io sono stato	*I've been*
you have been	tu sei stato	*you've been*
he has been	egli è stato	*he's been*
she has been	ella è stata	*she's been*
it has been	esso è stato	*it's been*
we have been	noi siamo stati	*we've been*
you have been	voi siete stati	*you've been*
they have been	essi sono stati	*they've been*

Si ricorre al verbo «essere» anche in alcune espressioni molto usate, come ad esempio:

C'è / ci sono: *There is / there are*

There's No Business Like Show Business
Non c'è altro business come lo show business (Follie dell'anno)
(USA 1954, con Marilyn Monroe)

There Is a Girl in My Soup
C'è una ragazza nella mia minestra (Mi è caduta una ragazza nel piatto)
(GB 1970, con Peter Sellers)

Ecco: *Here* + verbo essere

Here Is My Heart
Ecco il mio cuore (La granduchessa e il cameriere)
(USA 1934, con Bing Crosby)

Alcune espressioni idiomatiche:

ho fame   *I am hungry*
ho sete   *I am thirsty*
ho paura   *I am afraid*

Who's Afraid of Virginia Woolf?
Chi ha paura di Virginia Woolf?
(USA 1966, con Elizabeth Taylor e Richard Burton)

VERBO AVERE

Presente (*simple present*)

		FORMA CONTRATTA
I have	io ho	*I've*
you have	tu hai	*you've*
he has	egli ha	*he's*
she has	ella ha	*she's*
it has	esso ha	*it's*
we have	noi abbiamo	*we've*
you have	voi avete	*you've*
they have	essi hanno	*they've*

Passato (*simple past*)

		FORMA CONTRATTA
I had	io ebbi	*I'd*
you had	tu avesti	*you'd*
he had	egli ebbe	*he'd*
she had	ella ebbe	*she'd*
it had	esso ebbe	*it'd*
we had	noi avemmo	*we'd*
you had	voi aveste	*you'd*
they had	essi ebbero	*they'd*

Il participio passato (che corrisponde ad «avuto») si traduce con *had*.

Passato prossimo (*present perfect*)

I have had	io ho avuto	*I've had*
you have had	tu hai avuto	*you've had*
he has had	egli ha avuto	*he's had*
she has had	ella ha avuto	*she's had*
it has had	esso ha avuto	*it's had*
we have had	noi abbiamo avuto	*we've had*
you have had	voi avete avuto	*you've had*
they have had	essi hanno avuto	*they've had*

Ricordiamo che alla forma contratta di *to have* (avere) e *to have to* (dovere, vedi p. 177) viene spesso aggiunto *got* (participio passato di *to get*).

She's Gotta Have It (= *She has got to have it*)
Lei deve averlo
(USA 1986, di Spike Lee)

Sia «essere» che «avere» formano tutti gli altri tempi e modi come normali verbi (l'unica eccezione è il congiuntivo di «essere»). Vedremo in seguito come.

FORMA NEGATIVA DI ESSERE E AVERE

Si fa seguire la negazione *not* al verbo.

We Are Not Alone
Non siamo soli
(USA 1939, con Paul Muni e Flora Robson)

Le forme contratte – usatissime – si coniugano così:

SIMPLE PRESENT	SIMPLE PAST	PRESENT PERFECT
I'm not	*I wasn't*	*I haven't been*
you aren't	*you weren't*	*you haven't been*

he		he		he	
she	isn't	she	wasn't	she	hasn't been
it		it		it	
we aren't		we weren't		we haven't been	
you aren't		you weren't		you haven't been	
they aren't		they weren't		they haven't been	

I haven't		I hadn't		I haven't had	
you haven't		you hadn't		you haven't had	
he		he		he	
she	hasn't	she	hadn't	she	haven't had
it		it		it	
we haven't		we hadn't		we haven't had	
you haven't		you hadn't		you haven't had	
they haven't		they hadn't		they haven't had	

Ain't – molto colloquiale e americaneggiante, fuori dello Standard English – è la contrazione di: *am not / is not / are not / has not / have not.*

Ain't Misbehaving (*= I am not misbehaving*)
Non mi sto comportando male
(USA 1955)

FORMA INTERROGATIVA DI ESSERE E AVERE

Si forma invertendo la posizione del verbo e del soggetto.

Are Husbands Necessary?
Sono necessari i mariti?
(USA 1942)

FORMA INTERROGATIVA-NEGATIVA DI ESSERE E AVERE

Si forma invertendo la posizione del verbo e del soggetto. Il verbo è spesso usato nella forma contratta.

Isn't Life Wonderful?
La vita non è meravigliosa?
(USA 1924)

Verbi regolari e irregolari

In inglese, come in italiano, esistono verbi regolari e verbi irregolari.

I VERBI REGOLARI formano tutti i tempi dall'infinito togliendo il *to*.

I VERBI IRREGOLARI hanno il passato e il participio passato diversi dall'infinito. Occorre, quindi, conoscere il paradigma del verbo (infinito, passato e participio passato) per poter costruire tutti i tempi.

Segue una lista di verbi irregolari, in ordine di importanza. Questo ordine non ha basi statistiche – uno studio francese con queste pretese metteva *to speak*, parlare, dopo *to sweep*, spazzare – ma si fonda sul buon senso e sull'esperienza. I primi trenta sono fondamentali, e vanno imparati subito. I secondi trenta sono quasi altrettanto importanti. Nell'ultimo gruppo c'è qualche verbo di cui un principiante può fare probabilmente a meno.

INFINITO	PASSATO	PART. PASS.	TRADUZIONE
to be	*was*	*been*	essere
to have	*had*	*had*	avere
to do	*did*	*done*	fare
to make	*made*	*made*	fare
to say	*said*	*said*	dire
to tell	*told*	*told*	dire, raccontare
to see	*saw*	*seen*	vedere
to think	*thought*	*thought*	pensare
to get	*got*	*got*	ottenere, diventare

to take	took	taken	prendere
to put	put	put	mettere
to go	went	gone	andare
to meet	met	met	incontrare
to give	gave	given	dare
to speak	spoke	spoken	parlare
to come	came	come	venire
to know	knew	known	sapere
to begin	began	begun	cominciare
to keep	kept	kept	tenere
to read	read	read	leggere
to find	found	found	trovare
to mean	meant	meant	significare
to write	wrote	written	scrivere
to bring	brought	brought	portare
to sell	sold	sold	vendere
to choose	chose	chosen	scegliere
to let	let	let	permettere
to leave	left	left	lasciare
to feel	felt	felt	sentire, provare
to set	set	set	mettere, fissare
to fall	fell	fallen	cadere
to buy	bought	bought	comperare
to run	ran	run	correre
to become	became	become	diventare
to send	sent	sent	spedire, mandare
to spend	spent	spent	spendere
to hold	held	held	tenere
to hit	hit	hit	colpire
to lose	lost	lost	perdere
to break	broke	broken	rompere
to drive	drove	driven	guidare
to cost	cost	cost	costare
to build	built	built	costruire
to seek	sought	sought	cercare
to lead	led	led	condurre
to arise	arose	arisen	alzarsi
to lend	lent	lent	prestare
to cut	cut	cut	tagliare

to catch	caught	caught	prendere
to deal	dealt	dealt	trattare, negoziare
to fight	fought	fought	combattere
to freeze	froze	frozen	congelare
to flee	fled	fled	fuggire
to grow	grew	grown	crescere
to rise	rose	risen	aumentare, sorgere
to stand	stood	stood	stare in piedi
to throw	threw	thrown	gettare
to win	won	won	vincere
to pay	paid	paid	pagare
to fly	flew	flown	volare
to steal	stole	stolen	rubare
to bear	bore	borne	sopportare
to bind	bound	bound	legare
to draw	drew	drawn	tirare, disegnare
to forbid	forbade	forbidden	proibire
to lay	laid	laid	mettere, posare
to shoot	shot	shot	sparare
to sink	sank	sunk	affondare
to slide	slid	slid	scivolare
to split	split	split	dividere
to spread	spread	spread	spargere, diffondere
to strike	struck	struck	colpire, scioperare
to strive	strove	striven	sforzarsi
to shake	shook	shaken	scuotere
to sweep	swept	swept	scopare, spazzare
to swing	swung	swung	dondolare, oscillare
to withdraw	withdrew	withdrawn	ritirare, ritirarsi
to bite	bit	bitten	mordere

FORMA NEGATIVA

Per questa forma l'inglese ricorre al verbo *do*, che al passato diventa *did* e alla terza persona singolare del presente diventa *does*. Il verbo perde il suo significato originario («fare») e diventa un vero e proprio ausiliare, e cioè qualcosa che «aiuta» a costruire le proposizioni negative. La forma contratta – come si vede negli esempi qui sotto – è di gran lunga più usata della forma estesa (*do not, does not, did not*) anche nella lingua scritta.

(presente)

Alice Doesn't Live Here Anymore
Alice non abita più qui
(USA 1974, di Martin Scorsese)

(passato)

I Didn't Do It
Non lo feci
(GB 1945)

(imperativo)

Please, Don't Eat the Daisies
Per favore, non mangiate le margherite
(USA 1960, con Doris Day e David Niven)

FORMA INTERROGATIVA

Anche per la forma interrogativa si ricorre all'ausiliare *do*, che precede il soggetto.

(presente)

Do You Like Women?
Ti piacciono le donne?
(Francia / Italia 1964, scritto da Roman Polanski)

(passato)

Did You Hear the One about the Travelling Saleslady?
Hai sentito quella della commessa viaggiatrice?
(USA 1967)

È come la forma negativa, ma l'ausiliare precede il soggetto. Di solito vengono usate le forme contratte di *do*.

Don't You Answer the Phone?
Non rispondi al telefono?
(USA 1979)

Didn't You Kill My Brother?
Non hai ucciso mio fratello?
(GB 1987)

Tempi e modi

L'INFINITO

La caratteristica dell'infinito è la particella *to* premessa alla radice del verbo. Molti verbi reggono dopo di sé l'infinito.

I Want to Live
Voglio vivere (Non voglio morire)
(USA 1958, con Susan Hayward)

Altri, come i verbi modali che vedremo in seguito, vogliono l'infinito senza il *to*.

You Can't Take It with You
Non puoi portarlo con te (L'eterna illusione)
(USA 1938, di Frank Capra)

IL PARTICIPIO PASSATO

Nei verbi regolari si forma aggiungendo «ed» all'infinito.

to call (chiamare)   *called* (chiamato)

A Fish Called Wanda
Un pesce chiamato Wanda (Un pesce di nome Wanda)
(GB 1988, con Jamie Lee Curtis e John Cleese)

I verbi irregolari hanno forma propria. Il participio passato è la terza voce nel paradigma del verbo.

to go (andare) - *went* (andai) - *gone* (andato)

Gone with the Wind
Andato con il vento (Via col vento)
(USA 1939, con Clark Gable e Vivien Leigh)

IL PARTICIPIO PRESENTE E IL GERUNDIO

Si formano aggiungendo la desinenza «ing» alla forma dell'infinito senza il *to*. Da questo momento queste due forme verranno chiamate «forma *ing*».

to bathe – bathing   (che si bagna)
to come – coming   (che torna, tornando)

Bathing Beauty
Bellezza che fa il bagno (Bellezze al bagno)
(USA 1944, con Esther Williams)

Coming Home
Tornando a casa
(USA 1978, con Jane Fonda)

IL PRESENTE

Deriva dalla forma dell'infinito senza il *to*. È uguale in tutte le sue forme, tranne che alla terza persona singolare dove aggiunge una «s». Il verbo «chiamare», ad esempio, si coniuga così:

I call	io chiamo
you call	tu chiami
he ⎫	egli ⎫
she ⎬ *calls*	ella ⎬ chiama
it ⎭	esso ⎭
we call	noi chiamiamo
you call	voi chiamate
they call	essi chiamano

In inglese si distingue tra la forma del presente abituale (*simple present*) e la forma del presente progressivo (*present continuous*). Il presente abituale si usa per indicare qualcosa che avviene abitualmente, o che è sempre vero.

Everybody Says I Love You
Tutti dicono I love you
(USA 1996, di e con Woody Allen)

The Postman Always Rings Twice
Il postino suona sempre due volte
(USA 1946, con Lana Turner e John Garfield)
(USA 1981, con Jack Nicholson e Jessica Lange)

Il presente progressivo (*present continuous*) si usa per indicare un'azione che sta avendo luogo. Si forma usando il presente del verbo essere + la «forma *ing*» del verbo.

Bells Are Ringing
Suonano (stanno suonando) le campane (Susanna, agenzia squillo)
(USA 1960, di Vincent Minnelli, con Dean Martin)

Il presente progressivo viene anche usato per indicare un'azione futura, soprattutto con i verbi di moto, o quando ci si riferisce ad un evento progettato, o a un futuro prossimo.

Guess Who's Coming to Dinner
Indovina chi viene (verrà) a cena
(USA 1967, con Spencer Tracy, Katharine Hepburn e Sydney Poitier)

IL PASSATO (*SIMPLE PAST*)

Si forma aggiungendo la desinenza «ed» alla forma dell'infinito per i verbi regolari (*to want* - *I wanted*).

I verbi irregolari hanno forma propria: occorre prendere la seconda voce nel paradigma del verbo (cantare = *to sing* - *sang* - *sung. I sang*, io cantai). La coniugazione del passato è un capolavoro di semplicità: è uguale in tutte le forme.

I sang	io cantai
you sang	tu cantasti
he sang	egli cantò
we sang	noi cantammo
you sang	voi cantaste
they sang	essi cantarono

L'inglese ha un'unica forma per tradurre il passato remoto e l'imperfetto. A volte il *simple past* traduce anche il passato prossimo. Tra poco, vedremo quando.

They Knew What They Wanted
Sapevano quello che volevano
(USA 1940, con Charles Laughton e Carole Lombard)

They Died with Their Boots On
Morirono con gli stivali ai piedi (La storia del generale Custer)
(USA 1941, con Errol Flynn)

Per descrivere un'azione abituale nel passato, esiste una

forma molto semplice e molto usata. Si ricorre al passato del verbo *to use* (essere soliti, essere abituati a) + l'infinito del verbo:

I used to play football when I was Giocavo a calcio quando ero
a child bambino

Anche il passato ha la sua forma progressiva (*past continuous*) per indicare un'azione in corso di svolgimento nel passato. Si costruisce col passato del verbo «essere» + la «forma *ing*» del verbo.

We Were Dancing
Stavamo ballando
(USA 1942)

PASSATO PROSSIMO (*PRESENT PERFECT*)

È formato dal presente del verbo «avere» a cui si aggiunge la forma del participio passato. In inglese *tutti* i tempi composti, nella forma attiva, si formano con l'ausiliare «avere». La regola vale anche per i verbi di movimento, che in italiano richiedono l'ausiliare «essere» (da qui innumerevoli errori, come vedremo nell'ultimo capitolo).

Where Love Has Gone
Dove se ne è andato l'amore
(USA 1964, con Bette Davis)

Simple past o *present perfect?*

Per esprimere un'azione avvenuta nel passato, gli italiani del nord usano quasi sempre il passato prossimo, gli italiani del sud quasi sempre il passato remoto. In inglese questo non si può fare. Si usa il *simple past* (passato remoto) quando l'azione è avvenuta ed è finita (di solito, ma non sempre, il fatto è segnalato da un avverbio di tempo).

It Happened One Night
Accadde una notte
(USA 1934, di Frank Capra, con Clark Gable)

Si usa il *present perfect* (passato prossimo) quando l'azione, iniziata nel passato, continua fino al presente, oppure ha una qualche validità presente:

I've Always Loved You
Ti ho sempre amata
(USA 1946)

LA FORMA DI DURATA (*DURATION FORM*)

Si usa la *duration form* quando si vuole sottolineare la durata di un'azione. Può trattarsi di un'azione iniziata nel passato e continuata fino al presente, oppure un'azione continuata fino a un certo momento del passato.

Se si tratta di verbi di *stato* o di *sentimento* si usa il passato prossimo (*present perfect*) o il trapassato prossimo (*past perfect*).

I have known him for three years.   Lo conosco da tre anni.

I had known her for years when I   La conoscevo da anni quando
met you.   ti incontrai.

Per gli altri verbi si usa il passato prossimo continuo (*present perfect continuous*) che si forma col passato prossimo del verbo essere + la «forma *ing*» del verbo, oppure il trapassato prossimo continuo (*past perfect continuous*), che si forma col trapassato prossimo del verbo essere + la «forma *ing*» del verbo.

| *I have been running for three hours.* | Corro da tre ore. |

| *I had been reading since the morning when you came in.* | Leggevo dal mattino quando entrasti. |

Who's (has) Been Sleeping in My Bed?
Chi sta dormendo nel mio letto?
(USA 1963, con Dean Martin)

Per tradurre la preposizione temporale «da» (spesso presente nella *duration form*) si usano:

for per esprimere la durata
since per esprimere il momento preciso.

IL FUTURO

Un capitolo della grammatica inglese *Thomson & Martinet*, vangelo dei laureandi in lingua inglese, si intitola «I sei modi per esprimere il futuro». Non essendo questa una grammatica, e non essendo voi laureandi in lingua inglese, vedremo di semplificare. Ci limiteremo a tre modi:

1. Il futuro si forma ricorrendo agli ausiliari *shall* e *will* seguiti dall'infinito del verbo (senza il *to*). Usatissima è la forma contratta «'ll», uguale sia per *shall* che per *will*.

You'll Never Get Rich
Non diventerai mai ricco (L'inarrivabile felicità)
(USA 1941, con Rita Hayworth e Fred Astaire, canzoni di Cole Porter)

Le grammatiche tradizionali assicurano che la forma *shall* si usa soltanto alla prima persona singolare e plurale, in tutti gli altri casi si usa *will*. In realtà, nella lingua parlata, si usa *will* per tutte le persone. I venditori di souvenir sparsi per il mondo ricorrono a formule ancora più semplici: *You get rich tomorrow*, diventi ricco domani. Errato, ma comprensibile.

La forma negativa di *will* può essere *will not* oppure – molto comune – la forma contratta *won't*.

They Won't Forget
Non dimenticheranno (Vendetta)
(USA 1937, con Lana Turner)

2. Un altro modo di esprimere il futuro lo abbiamo visto parlando del presente progressivo. Sappiamo perciò che, quando vogliamo indicare un futuro imminente o un evento progettato, possiamo usare questa forma.

Guess Who's Coming to Dinner
Indovina chi verrà (viene) a cena
(USA 1967, con Spencer Tracy, Katharine Hepburn e Sydney Poitier)

3. C'è poi un futuro che utilizza una forma particolare, il *to be going to* seguito dall'infinito (senza il *to*, ovviamente). Letteralmente significa «stare andando a» e viene usata quando c'è un'intenzione, quando «si sta per», «si è sul punto di» fare qualcosa, oppure l'avvenimento futuro è una conseguenza delle circostanze attuali – ad esempio *It's going to rain* se vediamo già le nuvole.

We Are Going to Be Rich
Saremo ricchi
(GB 1938)

Ricordiamo che anche il futuro ha una sua forma progressiva. Si costruisce col futuro del verbo «essere» + la «forma *ing*».

I'll Be Seeing You
Ti starò vedendo / Ti vedrò (Al tuo ritorno)
(USA 1944, con Ginger Rogers e Joseph Cotton)

Per ora – e per comunicare con il prossimo – è sufficiente. Per gli altri modi di costruire il futuro, rivolgersi ai succitati Thomson e Martinet.

L'IMPERATIVO

L'imperativo ha la stessa forma dell'infinito (senza il *to*). Come in italiano, il pronome non viene espresso. È l'unico caso in inglese in cui il verbo non richiede il soggetto.

Love Me Tender
Amami teneramente
(USA 1956, con Elvis Presley)

Kiss Me Stupid
Baciami stupido
(USA 1964, con Dean Martin e Kim Novak)

Per la forma negativa si ricorre all'ausiliare *do* (questo vale, stranamente, anche per i verbi «essere» e «avere»).

Don't Look Now
Non guardare adesso (A Venezia, un dicembre rosso shocking)
(GB 1973, con Donald Sutherland e Julie Christie)

Per la prima persona plurale si ricorre al verbo *let* (lasciare, permettere), che in questo caso acquista valore di ausiliare. Usatissima, la forma contratta *let's* invece di *let us*.

Let's Dance
Balliamo
(USA 1950, con Fred Astaire)

Let's Make Love
Facciamo l'amore
(USA 1960, con Yves Montand e Marilyn Monroe)

Per la forma negativa si usa *let's not*:

Let's not dance.   Non balliamo.

IL CONDIZIONALE

Il modo condizionale si forma ricorrendo all'ausiliare *would* (*would not*, *wouldn't*) seguito dalla forma dell'infinito senza il *to*. Molto usata è la forma contratta.

		FORMA CONTRATTA
I would go	andrei	*I'd go*
you would go	andresti	*you'd go*
he / she / it would go	andrebbe	*he'd go*
we would go	andremmo	*we'd go*
you would go	andreste	*you'd go*
they would go	andrebbero	*they'd go*

Would You Kill a Child? (Quién Puede Matar a un Niño?)
Uccideresti un bambino?
(Spagna 1975)

Il condizionale viene usato per la costruzione di frasi ipotetiche, per formulare inviti e richieste in modo educato, e per esprimere un desiderio, una possibilità:

If I were you, I would help him. Se fossi in te lo aiuterei.

Would you mind closing the door? Ti spiacerebbe chiudere la porta, per favore?

I would like to go to New York. Mi piacerebbe andare a New York.

Nell'inglese della Gran Bretagna sono rare le vere e proprie forme di congiuntivo, eccetto quelle del verbo «essere», che sono:

be (per tutte le persone del congiuntivo presente)
were (per tutte le persone del congiuntivo passato)

Let It Be
Lascia che sia
(GB 1970, con i Beatles)

Wish You Were Here
Vorrei che tu fossi qui
(GB 1987, con Emily Lloyd)

Per tutti gli altri verbi, il congiuntivo presente corrisponde all'infinito senza il *to* (non c'è la «s» alla terza persona singolare) e il congiuntivo passato corrisponde all'indicativo passato.

Long Live the Lady!
Viva a lungo la signora! (Lunga vita alla signora!)
(Italia 1987, di Ermanno Olmi)

If I Had a Million
Se avessi un milione
(USA 1932, con Gary Cooper)

Verbi modali

I verbi modali – «potere», «dovere», «volere» – sono chiamati anche verbi difettivi poiché mancano di alcuni tempi e modi.
   In inglese hanno queste caratteristiche in comune:

1. Non prendono la «s» alla terza persona singolare del presente (sono, quindi, uguali in tutte le forme).

2. Non sono mai preceduti dall'ausiliare poiché funzionano essi stessi da ausiliari nelle frasi negative, interrogative e interrogative negative.

3. Sono sempre seguiti dal verbo all'infinito senza il *to*.

Semplificando al massimo, iniziamo da:

POTERE

Can / Could: nel significato di: «essere in grado di», «essere capace», «saper fare». Si usa anche per chiedere permessi in modo informale.

a) *Can* (forma negativa: *cannot / can't*) traduce l'indicativo e il congiuntivo presente (posso / possa).

Heaven Can Wait
Il paradiso può attendere
(USA 1978, con Warren Beatty)

The Girl Can't Help It
La ragazza non può farne a meno (Gangster cerca moglie)
(USA 1956, con Jane Mansfield)

Can She Bake a Cherry Pie?
Sa cuocere una torta di ciliegie?
(USA 1983, di Henry Jaglom)

b) *Could* (forma negativa: *couldn't / could not*) traduce il passato remoto, l'imperfetto e il condizionale.

The Boy Who Could Fly
Il ragazzo che sapeva (poteva) volare
(USA 1986)

It Couldn't Happen Here
Non poteva (potrebbe) accadere qui
(GB 1987)

I Could Go On Singing
Potrei continuare a cantare (Ombre sul palcoscenico)
(GB 1963, con Judy Garland)

Essendo *can* un verbo difettivo, si ricorre alla perifrasi *to be able to* (essere in grado di) per formare i tempi e i modi mancanti. Partendo dall'ultimo esempio:

Will you be able to go on singing?	Potrai continuare a cantare?
We haven't been able to go on singing.	Non abbiamo potuto continuare a cantare.

May / Might nel significato di: richiesta formale di permesso, possibilità, probabilità, eventualità e augurio.

a) *May* (forma negativa: *may not*) traduce l'indicativo e il congiuntivo presente (posso / possa). Facciamo notare che la forma negativa di *may* non è molto usata. Si preferisce sostituirla con *can't*.

May I go out?	Posso uscire?
Yes, you may.	Sì, puoi.
No you can't.	No, non puoi.
I hope he may come back soon.	Spero che possa tornare a casa presto.

b) *Might* (forma negativa: *might not / mightn't*) traduce il passato remoto, l'imperfetto e il condizionale (potei, potevo, potrei).

Careful, He Might Hear You
Attento, potrebbe sentirti
(Australia 1983)

May, come *can*, è un verbo difettivo. Per la formazione dei tempi mancanti si ricorre a perifrasi come queste:

To be allowed: essere permesso
To be likely: essere probabile

He will be allowed to come tomorrow.	Egli potrà (gli sarà permesso di) venire domani.
He is likely to come tomorrow.	È probabile che arrivi domani.

DOVERE

To have to: traduce «dovere» inteso come obbligo e forma regolarmente tutti i tempi. Per l'interrogativa e la negativa utilizza l'ausiliare *do*.

We have to get married.	Dobbiamo sposarci.
Do we have to get married?	Dobbiamo sposarci?

They Just Had to Get Married
Dovevano proprio sposarsi
(USA 1933)

Must (presente), amatissimo dagli italiani, che spesso lo usano a sproposito, risultando offensivi. Il verbo infatti esprime

– obbligo (imposto da chi parla)

You must go   devi andare (perché lo dico io)

ma anche

– supposizione ed eventualità

You Must Be Joking
Devi star scherzando
(GB 1965)

– necessità

Baby, the Rain Must Fall
Bambina, la pioggia deve cadere
(USA 1964, con Steve McQueen)

– consiglio

You must be careful!   Devi stare attento!

La forma negativa *mustn't* è usata solo per esprimere un divieto

You mustn't park here!   Non devi parcheggiare qui!

Shall (presente). Viene utilizzato *solo* alla prima persona (singolare e plurale) nella forma interrogativa. È usatissimo: serve per esprimere una proposta o un'offerta.

Shall We Dance?
Balliamo? (Voglio ballare con te)
(USA 1937, con Fred Astaire)

Should (forma negativa: *shouldn't / should not*). Questo condizionale viene usato soprattutto per esprimere un consiglio o una probabilità.

A Nice Little Bank That Should Be Robbed
Una graziosa piccola banca che dovrebbe essere rapinata
(USA 1958)

It Should Happen to You
Dovrebbe succedere a te (La ragazza del secolo)
(USA 1954, con Jack Lemmon)

VOLERE

I verbi modali che traducono «volere» sono *will* (presente e futuro) e *would* (passato e condizionale). Si usano solo in alcune forme.

Will (forma negativa: *won't*) nella forma interrogativa esprime un invito o una richiesta.

Will you come with us?   Vuoi venire con noi?

Will Any Gentleman?
Vuole (vorrebbe) qualche gentiluomo?
(GB 1953)

Nella forma affermativa esprime una promessa o una forte volontà.

I will do it   Lo voglio fare / lo farò

I Will... I Will... For Now
Lo farò... Lo farò... Per adesso
(USA 1975, con Diane Keaton)

Would (forma negativa: *would not*, *wouldn't*) esprime forte volontà e determinazione.

The Man Who Would Be King
L'uomo che voleva essere re (L'uomo che volle farsi re)
(USA 1975, con Sean Connery e Michael Caine)

The Man Who Wouldn't Talk
L'uomo che non voleva parlare
(GB 1957)

Altre forme per rendere «volere» sono:

to want: desiderare, aver bisogno
to wish: desiderare
to like (usato al condizionale): volere (piacere)

I Want What I Want
Voglio ciò che voglio
(GB 1971)

179

Wish You Were Here
Vorrei che tu fossi qui
(GB 1987, con Emily Lloyd)

I would like to speak to him.	Vorrei (avrei piacere di) parlargli.
Would you like a cup of coffee?	Vuoi una tazza di caffè?

Non è vero?

Per chiedere conferma dopo un'affermazione, l'inglese usa la forma interrogativa dell'ausiliare corrispondente a ciascuna forma. Se il verbo della frase principale è alla forma affermativa, l'ausiliare corrispondente sarà alla forma negativa; e viceversa.

You are sad, aren't you?	Sei triste, non è vero?
You aren't upset, are you?	Non sei arrabbiato, non è vero?
You go to football matches, don't you?	Vai alle partite di calcio, non è vero?
It never rains here, does it?	Non piove mai qui, non è vero?
You can't stay here, can you?	Non puoi stare qui, non è vero?
He could tell you, couldn't he?	Poteva dirtelo, non è vero?

They Shoot Horses, Don't They?
Uccidono cavalli, non è vero? (Non si uccidono così anche i cavalli?)
(USA 1969, di Sydney Pollack)

Può essere interessante sapere che questo sistema di costruire «non è vero?» è considerato cervellotico anche da eminenti linguisti anglosassoni, e viene ignorato da molti madrelingua. Nel Galles – e, per qualche motivo, in

Indocina – dicono sempre e soltanto *isn't it?*. Gli irlande-si, e le classi basse britanniche, usano *is that so?* (è così?) o *isn't that right?* (non è giusto?). Per la maggioranza de-gli americani, «non è vero?» è soltanto *right?*. «Tutte espressioni perfettamente accettabili» assicura il profes-sor Randolph Quirk, autore di una tra le migliori gram-matiche della lingua inglese.

Un altro particolare. Gli inglesi invece di rispondere sem-plicemente sì o no (*yes / no*) a una domanda, spesso ripe-tono il verbo ausiliare. È come se noi, alla domanda «Il mare è blu?», rispondessimo: No, non lo è / Sì, lo è.

Is it raining?	*Yes, it is / No it isn't*
Are you tired?	*Yes, I am / No I'm not*
Have you ever been to Italy?	*Yes, I have / No I haven't*
Do you speak German?	*Yes, I do / No I don't*
Does he write in English?	*Yes, he does / No he doesn't*
Should they come with us?	*Yes, they should / No they shouldn't*
Would you like to come with us?	*Yes, we would / No we wouldn't*

Esercizi:
SCUSA, COSA HAI DETTO?

Ecco alcuni fulgidi equivoci nei quali è possibile incappare a causa dei doppi sensi e dei «falsi amici» (parole inglesi che somigliano a vocaboli italiani, ma hanno un significato diverso). Il gioco è questo: cosa hanno scritto gli autori? Cosa volevano dire? E cosa hanno detto, loro malgrado?

COSA HANNO SCRITTO:

1) *Updike – His last novel.*
   (da una copertina dell'«Espresso»)

2) *For Tourists' Care!*
   (pubblicità apparsa sul «Corriere della Sera»)

3) *Crabby*
   (prodotto ittico al gusto di granchio)

4) *Rome disposes of 10 hospitals*
   (dalla documentazione di «Roma 2004», l'associazione creata per promuovere la candidatura ai giochi olimpici)

5) *Screw*
   (penna stilografica con cacciavite incorporato)

6) *Luhta – Particular sportswear*
   (pubblicità per abbigliamento sportivo)

7) *Minimum progressive bid*
   (da un avviso di asta del Tribunale di Cagliari apparso sul «Financial Times» nel settembre 1993)

8) *Morbid Line Salotti*
   (pubblicità per tessuti)

9) *Only for Man*
(volantino pubblicitario di un «centro estetico» indagato per sfruttamento della prostituzione)

10) *Prawns in spit*
(pietanza proposta sul menu di un ristorante che preferiamo non identificare)

COSA VOLEVANO DIRE:

1) *Updike – His latest novel.* (Updike – L'ultimo romanzo che ha scritto finora.)

2) *For the Attention of All Tourists!* (All'attenzione dei turisti)

3) *Crab-flavour fish sticks*

4) *Rome has 10 hospitals* (Roma dispone di 10 ospedali)

5) *«Pendriver»*, da *pen* (penna) e *screwdriver* (cacciavite)

6) *Luhta – Special sportswear* (abbigliamento sportivo particolare)

7) *Minimum incremental bid* (offerta progressiva minima)

8) *Soft Line Living Room Fabrics* (salotti linea morbida)

9) *Only for Men* (per soli uomini)

10) *Skewered prawns* (gamberoni allo spiedo)

COSA HANNO DETTO (loro malgrado):

1) Updike – L'ultimo romanzo (come se fosse morto)

2) Da affidare ai turisti!

3) Intrattabile, o irascibile.

4) Roma si sbarazza di 10 ospedali.

5) «Scopare» (per peggiorare ulteriormente le cose, la penna Screw viene consigliata *for the Easy Writer* – «per lo scrittore di facili costumi»)

6) Luhta – Abbigliamento sportivo schizzinoso

7) Tentativo minimo di tendenze sinistrorse

8) Salotti Linea Morbosa

9) Solo per la specie umana (*e i porci che lo frequentavano?*)

10) Gamberoni nello sputo.

Lettura:
INGLESE & VIAGGI

Pensavo che la conoscenza dell'inglese fosse necessaria solo per viaggiare in Internet. Sbagliavo: è diventata indispensabile anche per muoversi con valigie e bambini. In Italia questa conoscenza viene data per scontata, ma è un errore. Un agente di viaggio mi raccontava che un cliente, giorni fa, doveva andare a Roma, e pretendeva di prenotare sull'«Enterprise». Dopo un lungo negoziato, si è scoperto che voleva dire «Intercity». Un altro, prima di un volo aereo, si informava «sull'orario del *check-up*» (intendeva dire *check-in*); l'agente di viaggio, pronto, gli ha chiesto se voleva anche l'ecografia. Non sarebbe giusto, tuttavia, prendersela con i viaggiatori. Le colpe stanno altrove. Il mondo del turismo sembra essersi accordato per usare un «italiese» (italiano + inglese) che sarebbe anche comico, se non fosse obbligatorio. Invece lo è, e ci costringe tutti a parlare come personaggi minori in un film di Hollywood. Alla *hostess* e allo *steward* (notate: parole inglesi) che chiedono: «Mi faccia vedere la *card*, così le servo un *drink* in *top class*», dovremmo rispondere «Ehi, parla come mangi». Il guaio è che loro mangiano in quel modo (*snacks* e *airline food*), e sarebbe crudele ricordarglielo.
Gli aerei sono, in assoluto, il luogo più anglicizzato. Dopo aver scritto sul «Corriere della Sera» un corsivo in cui prendevo un po' in giro l'Alitalia per gli immancabili ritardi sulla tratta Milano-Roma, mi sono arrivate le lettere di due piloti che spiegavano il loro punto di vista. Lettere educate e spiritose, devo dire. Ma, per tradurle, ci voleva il vocabolario: termini come *departure slot* e *take-off time*, fi-

185

no a prova contraria, non fanno parte del vocabolario dell'italiano medio. Il guaio è che gli equipaggi usano la stessa terminologia anche quando si rivolgono ai passeggeri. Una volta una signora di Pavia, seduta accanto, mi ha domandato: «Poi ripetono l'annuncio in italiano?». Le ho risposto: «Signora, quello *era* l'italiano».

Credo di sapere perché le compagnie si comportano in questo modo: perché il mondo dei trasporti aerei parla ormai in inglese, e accettando il vezzo si risparmia la fatica della traduzione. Alcuni termini (*check-in*, *duty free shop*, *transfer*) sono ormai entrati nella lingua italiana; contro altri, invece, dovremmo cercare di resistere. *Fly-and-drive* si può benissimo tradurre «volo + auto»: *stand-by*, spesso, è la vecchia, infame lista d'attesa; *overbooking* è un modo di dire che ci hanno imbrogliato, assegnando più posti di quanti ne avevano a disposizione. I termini più odiosi in assoluto, tuttavia, sono quelli che contengono un'enfasi ingiustificata. È il caso delle classi sugli aerei. Per farci sentire importanti (e per giustificare il prezzo del biglietto), le compagnie battezzano le classi superiori con nomi altisonanti come *Top Class*. Mentre la classe in cui si viaggia schiacciati come topi, notoriamente, è la classe economica.

Questo strisciante complesso d'inferiorità, secondo cui il termine italiano non vale quello inglese, non si ferma agli aeroplani: sta ormai inquinando tutti i settori del turismo. Non ho mai capito, ad esempio, perché le società di viaggi insistano per farsi chiamare *tour operators*; né comprendo il motivo per cui il buon vecchio capogruppo – quello che si sgola urlando «Tutti sul pullman, per la miseria!» – sia stato promosso *group leader*. Probabilmente per farlo sentire importante, e convincerci che dobbiamo dargli retta quando cerca di trascinarci nel *sightseeing tour*, che poi non è altro che il solito «giro della città» a bordo di un autobus con i finestrini appannati. Povero turista, poliglotta involontario. Viaggia portando con sé *traveller's cheques* (per non farsi soffiare il *cash*), che rappresentano il *budget* dell'intera vacanza. Nel portafoglio tiene i *voucher* per i pernottamenti (se qualcuno li chiamasse «buoni», si sentirebbe defraudato: gli sembrerebbe d'essere tornato alla mensa aziendale). Durante lo *stop-over*, stravolto dal *jet-lag*, si trascina per la *hall* dell'albergo in cerca della *reception* (se gli dicessero «Vada pure al ricevimento» risponderebbe: «Grazie, non sono stato invitato»). Finalmente, la *receptionist* gli domanda se parla inglese. Lui, smarrito, fa segno di no con la testa. Sbaglia. Alla domanda *Do you speak English?* dovrebbe rispondere: «Certo. Ma non mi chieda cosa dico».

(«Qui Touring», novembre 1996)

7

VITA PRATICA

«La non conoscenza della lingua aggrava il disagio, il sospetto, lo stato di imbarazzo; ci si sbaglia, si han le traveggole, si confonde il diritto con il traverso, ci si immagina chissà che cosa, ci si rovina.»

Bruno Barilli, *Ricordi londinesi*, 1945

Come spedire una cartolina al principe

Se l'inglese è una lingua semplice, gli inglesi sono gente complicata. Prendete, ad esempio, il modo di indirizzare una lettera. Come giustamente scriveva Carlo Maria Franzero alla fine degli anni Cinquanta, e come chiunque può constatare anche nel corso degli anni Novanta, la stesura di un indirizzo su una busta presuppone la conoscenza di un vero e proprio sistema di caste. Guai a chi crede che la corrispondenza sia un'attività da prendere alla leggera. Dio vi guardi, dopo un weekend in villa, dall'indirizzare un biglietto di ringraziamenti al vostro ospite scrivendo sulla busta *Mister* abbreviato in «Mr», come in Italia mettereste «Signor». Sarebbe un disastro, inferiore soltanto al disastro di scrivere sulla busta «*Doctor*», che per gli inglesi è una parolina che anteposta al nome di una persona significa che quella persona è italiana (se è inglese, dev'esser medico, oppure avere un diploma universitario superiore, come il PhD). La forma corretta, se volete fare bella figura, è aggiungere dopo nome e cognome il titolo di cortesia *Esq.*, abbreviazione di *Esquire*, che un tempo voleva dire «scudiero». «Mister John Smith» si può scrivere eventualmente all'idraulico, ma non è escluso che anche lui abbia qualcosa da ridire.

Prender carta e penna e scrivere in inglese – forse l'avete intuito – è solo un po' meno pericoloso che andare in guerra. Anche gli americani, bisogna dire, non scherzano, ma in queste faccende covano sempre un sottile complesso di inferiorità. Ecco perché è meglio imparare quali sono le regole a Londra, sicuri che anche a Tucson, Arizona, lasceranno una buona impressione, provocando al massimo un sorriso. Al contrario, le regole di Tucson, applicate a Londra, rischiano d'essere sbagliate, e provocheranno come minimo una risata.

Possiamo cominciare proprio dalle cartoline illustrate, che rappresentano uno dei pochi terreni sicuri. Introdotte soltanto alla fine dell'Ottocento, fino a non molti anni fa potevano venir firmate soltanto con le iniziali. Oggi, se si è in confidenza, vengono ammesse anche per ringraziare dopo un invito o una gentilezza, un gesto che nella buona società è obbligatorio fare per iscritto, e fare in fretta (Francis Scott Fitzgerald nel 1940 scriveva: «Il destinatario non riceve alcun piacere da una lettera di ringraziamento scritta con tre settimane di ritardo, anche se brulica di scuse»). Oggi, sulle cartoline e i biglietti di ringraziamento, è perfino ammissibile accennare al cibo – cosa assolutamente disdicevole fino a qualche anno fa, quando una pietanza prevedibile era considerata segno di virtù, e la fantasia in cucina indizio di *débauche*.

Su una cartolina illustrata – non su un biglietto – si possono evitare i consueti *Dear John*, *Dear Mary*. Per quanto riguarda il testo, è interessante notare come gli inglesi tendano ad occupare tutto lo spazio a disposizione, scrivendo in sostanza una lettera in miniatura. La cosa senza dubbio è dovuta al fatto che in Gran Bretagna e negli Stati Uniti non c'è mai stata la tariffa «solo saluti» per le cartoline, mentre in Italia sì. Rimane un fatto: quando vedono le nostre cartoline con scritto «A presto. Pinuccio», inglesi e americani pensano si tratti di uno scherzo che non riescono a capire.

Per le lettere, naturalmente, tutto è più complicato. Con encomiabile sadismo, gli estensori dei codici di etichetta britannici hanno combinato regole piene di buon senso e norme esoteriche, e hanno trasferito il tutto nell'universo dei fax (la posta elettronica, fortunatamente, dispensa da questi rituali). Il *Debrett's Etiquette & Modern Manners*, che riassume le regole per vivere senza gaffes nella buona società, elenca per 25 pagine le corrette «*forms of address*» (modi di rivolgersi a una persona). Si comincia dalla Regina – cui non ci si rivolge per niente, perché, volendo scriverle, la lettera va indirizzata a «*The Private Secretary to Her Majesty the Queen*» – e si finisce con i membri della pubblica amministrazione, passando per principi, duchi, contesse, baroni, baronetti, pari del regno, ministri, cancellieri, sindaci, dentisti e ispettori di polizia. Per ogni categoria esiste la formula corretta; altre formule si applicano per coniugi, figli e vedove. Non entreremo in particolari, essendo improbabile che molti lettori italiani debbano scrivere al secondo figlio della vedova di un duca scozzese. Se però qualcuno volesse sollecitare il parere architettonico di Carlo, principe di Galles, prima dell'acquisto della seconda casa, ecco quanto occorre scrivere sulla busta:

His Royal Highness, The Prince of Wales

La lettera, invece, va aperta con

Your Royal Highness,

È però più probabile che dobbiate scrivere ai signori Fox, per implorarli di nutrire vostro figlio durante il soggiorno-studio sulla costa della Manica. In questo caso, le cose sono decisamente più semplici.
    Sulla busta occorre scrivere

John Fox, Esq.	Egregio signor John Fox
Mrs John Fox	Gentile signora Norma Fox (se è sposata o vedova)
Mrs Norma Fox	Gentile signora Norma Fox (se è divorziata)

A meno che non vogliate imitare il drammaturgo inglese Noel Coward il quale, scrivendo a T.E. Lawrence, non lo chiamava per nome ma per numero di matricola militare – *Dear 338171 (May I call you 338?)*, Caro 338171 (posso chiamarti 338?) – la lettera va aperta con:

Dear Mr Fox   caro signor Fox

oppure

Dear Mrs Fox   cara signora Fox

Se i signori Fox sono amici, la formula è:

Dear John, Dear Norma

Se i signori Fox sono un po' amici, e si vorrebbe lo fossero di più, è consigliabile l'espressione *My dear John*, che però non piace agli americani, i quali la considerano paternalistica.

Forse per farsi perdonare la complessità delle aperture, le lettere inglesi sono estremamente semplici in chiusura.

Yours faithfully   (va bene per tutte le lettere d'affari)
Yours sincerely   (va bene per ogni altra lettera)

Yours,
Yours ever,
Yours as ever,
Yours as always,
Yours affectionately,

vogliono dire più o meno la stessa cosa, e sono progressivamente più calorosi.

Queste formule, poste al termine di una lettera dattiloscritta, vanno preferibilmente scritte a mano, come il *Dear John* all'inizio. La pratica si chiama *topping and tailing* (mettere in testa e mettere in coda). Non ha molto senso, ma agli inglesi piace così.

L'americanizzazione della vita britannica ha fatto sì che negli ultimi tempi le lettere di lavoro abbiano assunto un tono amichevole, e le lettere tra amici un taglio piuttosto asciutto. Dagli Stati Uniti è giunta anche l'abitudine di separare i paragrafi; fino a qualche tempo fa gli inglesi si limitavano a far rientrare di qualche battuta la riga iniziale. Comune ad inglesi e americani – e benemerita – l'abitudine ad essere diretti e concisi.

Qui di seguito troverete quattro lettere: la prima è una lettera di scuse, la seconda di ringraziamento, la terza di protesta, la quarta è una richiesta di informazioni. Sono lettere in qualche modo universali: cambiate qualche parola, e potrete comunicare di tutto, dall'ammirazione più sfrenata a una richiesta di rimborso.

1. *APOLOGY* - SCUSE

20, Parkholme Road - London E 8
19 February, 1997

Dear Mr Severgnini,

I regret that I shall not be buying your book «L'inglese-Nuove lezioni semiserie», owing not only to cuts in the budget here at Allied Pencils, but also to the fact that I am from Yorkshire and I already speak English. I do not, therefore, see why an Italian should teach me my own language. May I wish you all the best with your enterprise.

Yours sincerely,

Samantha Sackville-West

Caro signor Severgnini,

Mi spiace non poter comprare il suo libro «L'inglese-Nuove lezioni semiserie», non solo a causa dei tagli alle spese qui alle Matite Riunite, ma anche del fatto che io vengo dallo Yorkshire e parlo già inglese; perciò non vedo perché un italiano debba insegnarmelo. Le auguro molta fortuna per la sua iniziativa.

Cordialmente

S.S.-W.

2. *THANKS* – RINGRAZIAMENTO

20, Parkholme Road - London E 8
19 February, 1997

Dear Mr Severgnini,

I would like to express the appreciation of everyone here at Allied Pencils for the wonderful job done by you and your publisher. Your book is informative and has a pretty dust-jacket. Moreover, the fact that a journalist has not come up with the usual collection of old articles makes a most refreshing change.

I look forward very much to reading your new book next year. Please send a copy to S.S.-W., 25 Parkholme Road, London E 8.

Yours sincerely,

Samantha Sackville-West

Caro signor Severgnini,

Vorrei esprimere l'apprezzamento di ognuno qui alle Matite Riunite per l'ottimo lavoro fatto da lei e dal suo editore. Il suo libro è pieno di informazioni, e ha una bella copertina. Ancora più importante, il fatto che un giornalista non abbia sfornato la solita raccolta di vecchi articoli costituisce una piacevole novità.

Aspetto con impazienza di leggere il suo nuovo libro l'anno venturo. Può inviarne una copia a S.S.W., 25 Parkholme Road, London E 8.

Cordialmente

S.S.-W.

3. *COMPLAINT* – LAMENTELA

20, Parkholme Road - London E 8
19 February, 1997

Dear Mr Severgnini,

On the 14th of this month I had the misfortune to purchase a copy of your book, «L'inglese-Nuove lezioni semiserie», for the equivalent of £ 3.99. The cover promised "invaluable advice" and "unique insights" into the "language of the world".

Unfortunately, it contains nothing but the most basic notions of grammar, many boring remarks from different parts of the world and a lot of plugs for overpriced summer courses in England.

I await a reply and refund at your earliest convenience.

Yours sincerely,

Samantha Sackville-West

Caro signor Severgnini,

Il 14 di questo mese ho avuto la disavventura di acquistare una copia del suo libro «L'inglese-Nuove lezioni semiserie», per l'equivalente di sterline 3 e 99. La copertina prometteva "consigli preziosi" e "rare intuizioni" riguardo alla "lingua del mondo".

Invece, non contiene null'altro se non le più basilari nozioni di grammatica, molte noiose osservazioni da diverse parti del mondo e un sacco di pubblicità per costosissimi corsi estivi in Inghilterra.

Attendo risposta e rimborso appena vi sarà possibile.

Cordialmente

S.S.-W.

4. *ENQUIRY* - RICHIESTA DI INFORMAZIONI

20, Parkholme Road - London E 8

19 February, 1997

Dear Mr Severgnini,

I have just read your book, «L'inglese-Nuove lezioni semiserie», which I found most perceptive. However, I feel it does leave some questions unanswered. I would very much like to know why some countries like the United States have a better knowledge of the language than others, say Laos and Togo.

Could you also tell me how you personally became a success? I would appreciate your advice on which line of work to go into. I have just completed an evening course in business studies and I am a keen collector of beer cans.

I look forward to hearing from you. With thanks in anticipation.

Yours sincerely,

Samantha Sackville-West (Miss)

Caro signor Severgnini,

Ho appena letto il suo libro, «L'inglese-Nuove lezioni Semiserie», e l'ho trovato estremamente acuto. Tuttavia, ho l'impressione che lasci alcune domande senza risposta. Terrei molto a sapere perché alcuni Paesi come gli Stati Uniti hanno una migliore conoscenza della lingua rispetto ad altri, come il Laos e il Togo.

Può anche dirmi in che modo lei personalmente è arrivato al successo? Gradirei il suo consiglio riguardo al settore del lavoro nel quale entrare. Ho appena terminato un corso serale di studi economici, e sono un'appassionata collezionista di lattine di birra.

Aspetto con impazienza una sua risposta. La ringrazio fin d'ora.

Cordialmente

S.S.-W. (signorina)

Lunedì 9 dicembre ore 15 e 30

Dovendo scrivere una lettera si può cercare di essere molto concisi; mai fino al punto di eliminare la data. È buona cosa, perciò, sapere come comportarsi. La regola è che non ci sono regole: si può fare più o meno come si vuole. Gli americani mettono prima il mese e poi il giorno: 7-2-1998 non vuol dire sette febbraio, ma due luglio. In Gran Bretagna, come in Italia, il giorno precede il mese. Per il resto, ogni ufficio e ogni organizzazione – meglio: ogni inglese – osserva proprie norme. Il Royal Institute of International Affairs di Londra (Chatham House) scrive indifferentemente 26 November 1996 e 26th May 1996, come l'editore Hodder & Stoughton; così il Reform Club di Pall Mall, probabilmente a seconda dell'impiegata di turno. Un'altra possibilità è seguire le regole imposte dal settimanale «The Economist» ai suoi giornalisti. Se qualcuno avrà da obiettare, è sempre meglio rispondere «lo dice "The Economist"», piuttosto che citare un cugino che una volta è stato in Inghilterra.

December 9 1997 (senza «*th*»)
December 9th
Monday December 9th
December 1997
1997-98
1990s (gli anni Novanta)

Ancora più necessario è saper chiedere l'ora, e poter rispondere in caso di necessità. La domanda classica è:

What time is it?
What's the time?   Che ore sono?

Per esprimere i minuti che mancano all'ora si usa la preposizione *to*.

It is ten to four   Sono le quattro meno dieci

Per esprimere i minuti dopo l'ora si usa *past*

It's ten past four   Sono le quattro e dieci
It's quarter past four   Sono le quattro e un quarto

Per indicare l'ora esatta si fa ricorso alla formula *o'clock*, che non è obbligatoria, ma agli italiani sembra piacere immensamente

It's five o'clock   Sono le cinque

Per indicare a che ora avviene qualcosa si utilizza generalmente la preposizione *at*

She arrived at ten past one   È arrivata all'una e dieci
The train leaves at four   Il treno parte alle quattro

Un suffisso molto usato è «-ish» per dire «intorno alle»:

See you three-ish   Ci vediamo intorno alle tre

Alcuni modi di dire:

At ten sharp   Alle dieci in punto
My watch is ten minutes fast (slow) Il mio orologio va avanti (resta indietro) di dieci minuti
You are in time for the meeting   Sei in tempo per la riunione
She is always on time   È sempre puntuale
What time is the meeting?   A che ora è la riunione?

S.O.S.: Solite Onnipresenti Sigle

Nell'esercito britannico esisteva – forse esiste ancora – un corso speciale sulle «*Army Abbreviations*», le abbreviazioni militari, destinato agli ufficiali. I giovani delle OCTU (Officer Cadet Training Units) imparavano che CIGS non voleva dire sigarette, ma *Chief of the Imperial General Staff*. Anche oggi gli stranieri avrebbero bisogno di un corso del genere, soprattutto coloro che devono (o amano) leggere riviste e giornali in lingua inglese. Le sigle raccolte di seguito non sono state scelte a caso. Compaiono invece regolarmente sui giornali britannici e americani, rendendoli – immaginiamo – incomprensibili a coloro che hanno studiato l'inglese di Virginia Woolf o Somerset Maugham, nei cui romanzi era difficile trovare frasi come «*CAP and WTO, the EU against the US*».

ABC	*American Broadcasting Corporation* (stazione televisiva americana)
ABM	*Anti-Ballistic missile* (missile antibalistico)
AC/DC	*Alternating Current/Direct Current* (corrente alternata/corrente continua, ma anche «bisessuale»)
AD	*Anno Domini* (dopo Cristo. d.C.)

AIDS	*Acquired Immune Deficiency Syndrome*
AP	*Associated Press* (agenzia di stampa americana)
AT&T	*American Telephone and Telegraph* (società di tele-comunicazioni)
BA	*British Airways* (linee aeree britanniche)
BBC	*British Broadcasting Corporation* (radiotelevisione britannica)
BC	*Before Christ* (avanti Cristo. a.C.)
BSE	*Bovine Spongiform Encephalopathy* (il morbo della «mucca pazza»)
BT	*British Telecom* (azienda telefonica britannica)
BYOB	*Bring your own bottle* («porta una bottiglia» – a un party)
CAMRA	*Campaign for Real Ale* (movimento per la difesa della birra genuina)
CAP	*Common Agricultural Policy* (politica agricola comunitaria. PAC)
CB	*Citizens' Band* (radioamatori)
CBI	*Confederation of British Industry* (Confindustria britannica)
CBS	*Columbia Broadcasting System* (rete televisiva americana)
CIA	*Central Intelligence Agency* (servizi segreti USA)
CNN	*Cable News Network* (rete televisiva americana)
Co	*Company* (società)
CSCE	*Conference on Security and Cooperation in Europe* (Conferenza sulla sicurezza e la cooperazione in Europa)
DA	*District Attorney* (procuratore distrettuale-USA)
DM	*Deutschmark* (marco tedesco)
DMZ	*Demilitarized Zone* (zona demilitarizzata)
Dr	*Doctor* (Dottore)
EC	*European Community* (Comunità europea. CE)
ECU	*European Currency Unit* (unità valutaria europea)
e.g.	*exempli gratia* = per esempio

EMS	*European Monetary System* (Sistema monetario europeo. SME)
EMU	*European Monetary Union* (Unione monetaria europea. UME)
ER	*Emergency Room* (pronto soccorso-USA)
ERM	*Exchange Rate Mechanism* (meccanismo di cambio delle valute)
EU	*European Union* (Unione Europea)
FA	*Football Association* (la Federcalcio inglese)
FBI	*Federal Bureau of Investigation*
FO	*Foreign Office* (Ministero degli Esteri britannico)
FT	*Financial Times* (quotidiano britannico)
GATT	*General Agreement on Tariffs and Trade* (Accordo generale sulle tariffe e il commercio)
GB	*Great Britain* (Gran Bretagna)
GDP	*Gross Domestic Product* (Prodotto interno lordo. PIL)
GM	*General Motors*
GMT	*Greenwich Mean Time* (Ora di Greenwich)
GNP	*Gross National Product* (Prodotto nazionale lordo. PNL)
GP	*General Practitioner* (medico di base-UK)
GPO	*General Post Office* (ufficio postale centrale)
HGV	*Heavy Goods Vehicle* (veicolo per trasporti pesanti, camion)
HIV	*Human Immunodeficiency Virus* (virus dell'immunodeficienza umana)
Hon	*Honourable* (Onorevole, titolo di un parlamentare britannico)
HQ	*Headquarters* (quartier generale)
IATA	*International Air Transport Association*
IBM	*International Business Machines*
ICBM	*Intercontinental Ballistic Missile*
ID	*Identification / identity* (anche carta d'identità)
i.e.	*id est* = vale a dire
IMF	*International Monetary Fund* (Fondo monetario internazionale. FMI)

Inc.	*Incorporated* (società USA)
IOU	*«I owe you»* (un «pagherò» senza valore legale)
IQ	*Intelligence Quotient* (quoziente d'intelligenza)
IR	*Inland Revenue* (il fisco britannico)
IRA	*Irish Republican Army* (Esercito Repubblicano Irlandese)
IT	*Information Technology* (informatica)
ITN	*Independent Television News* (servizio giornalistico della rete britannica ITV)
ITV	*Independent Television* (rete televisiva britannica)
Led	*Light Emitting Diode* (diodo che emette luce)
LSE	*London School of Economics*
Ltd.	*Limited* (società a responsabilità limitata non quotata in Borsa)
MBA	*Master in Business Administration* (USA)
MEP	*Member of European Parliament* (parlamentare europeo)
MI5	*Military Intelligence Section 5* (servizio di controspionaggio britannico)
MI6	*Military Intelligence Section 6* (Intelligence Service Britannico)
MIT	*Massachusetts Institute of Technology*
MoD	*Ministry of Defence* (ministero della difesa britannico)
MP	*Member of Parliament*
N	*Nuclear*
NAFTA	*North American Free Trade Agreement* (accordo di libero scambio nell'America settentrionale. Canada-USA-Messico)
NASA	*National Aeronautics and Space Administration* (ente spaziale USA)
NATO	*North Atlantic Treaty Organization* (Patto atlantico)
NBC	*National Broadcasting Corporation* (rete televisiva americana)
NHS	*National Health Service* (servizio sanitario nazionale britannico)
NIMBY	*Not in my back yard* (detto di chi vorrebbe che ve-

nissero costruite nuove discariche, carceri ecc.,
ma non nei dintorni di casa sua)

OAP	*Old Age Pensioner* (Pensionato)
OECD	*Organization for Economic Cooperation and Development* (Organizzazione per la Cooperazione e lo Sviluppo Economico. OCSE)
OPEC	*Organization of Petroleum Exporting Countries* (Organizzazione dei paesi esportatori di petrolio)
p.a.	*per annum* (per anno)
PA	*Personal Assistant* (assistente personale)
PA	*Public Address (system)* (sistema di amplificazione del suono)
PAYE	*Pay As You Earn* (ritenuta alla fonte)
PC	*Personal Computer*
PIN	*Personal Identity Number* (codice d'identità per tessere magnetiche tipo «bancomat»)
plc	*Public Limited Company* (società per azioni quotata in Borsa)
PLO	*Palestine Liberation Organization* (Organizzazione per la liberazione della Palestina. OLP)
PM	*Prime Minister* (Primo ministro)
POW	*Prisoner Of War* (prigioniero di guerra)
PR	*Public Relations* (relazioni pubbliche)
PR	*Proportional Representation* (rappresentanza proporzionale – sistema elettorale)
PTO	*Please Turn Over* (prego girare pagina – sulle lettere)
QC	*Queen's Counsel* (titolo dato a insigni avvocati nominati dal Lord Chancellor)
RAM	*Random Access Memory* (memoria centrale)
ROM	*Read Only Memory* (memoria di massa)
SALT	*Strategic Arms Limitation Talks* (Negoziati sulla limitazione delle armi strategiche)
SDI	*Strategic Defense Initiative* (Iniziativa di difesa strategica)

SEC	*Securities and Exchange Commission* (Commissione delle operazioni di Borsa USA)
TUC	*Trade Union Congress* (Sindacati britannici)
UEFA	*Union of European Football Associations* (Unione delle Federazioni Europee di Calcio)
UK	*United Kingdom* (Regno Unito)
UNESCO	*United Nations Educational Scientific and Cultural Organization*
UN	*United Nations* (Organizzazione delle Nazioni Unite. ONU)
UPI	*United Press International* (agenzia di stampa americana)
US	*United States* (Stati Uniti)
VAT	*Value Added Tax* (IVA)
VCR	*Video Cassette Recorder* (videoregistratore)
VDU	*Visual Display Unit* (schermo)
VHS	*Video Home System* (sistema di videoregistrazione domestico)
WASP	*White, Anglo-Saxon, Protestant* (bianco, anglosassone, protestante; i «segni particolari» della classe dirigente statunitense)
WEU	*Western European Union* (Unione dell'Europa Occidentale - UEO)
WHO	*World Health Organization* (Organizzazione mondiale della sanità)
WTO	*World Trade Organization* (Organizzazione mondiale del commercio)

Ci sono anche le sigle per risparmiare sul numero di parole nelle *small ads* (inserzioni nei giornali):

ONO	*Or near offer* («o lì intorno», dopo il prezzo)
PO	*Postal order* (vaglia postale)
P&P	*Postage and packing* (affrancatura e imballaggio)
SAE	*Stamped addressed envelope* (allegare busta indirizzata e affrancata per la risposta)

Altre sigle vengono usate nelle inserzioni per «cuori soli-
tari»:

ALA   *All letters answered* (risposta garantita a tutte le let-
          tere ricevute)
ALAWP   *All letters answered with photo* (risposta garantita con
          foto a tutte le lettere ricevute)
GIB   *Good in bed* (bravo/a a letto)
N/S   *Non-smoker* (non fumatore/trice)
SOH   *Sense of humour* (senso dell'umorismo)
TLC   *Tender loving care* (tenero affetto amorevole)
VGSOH   *Very good sense of humour* (ottimo senso dell'umo-
          rismo)
WLTM   *Would like to meet* (gradirebbe conoscere)

Un paio di esempi:

*Soul mate sought by slim, attractive woman 38. You are a n/s gentle-
man with SOH who's GIB.*
Anima gemella cercata da trentottenne snella ed attraente. Tu
sei un gentiluomo non fumatore con senso dell'umorismo e che
ci sai fare a letto.

*Creative male (24) WLTM intelligent woman for wining, dining and
TLC. ALAWP.*
Maschio creativo gradirebbe conoscere donna intelligente da
portare a cena e coccolare. Risposta con foto assicurata.

Anche Internet ha introdotto, o decretato l'affermazione, di alcuni acronimi

AFK   *Away from keyboard* («via dalla tastiera»)
AOL   *America Online* (fornitore di servizi Internet)
BAK   *Back at keyboard* («di nuovo alla tastiera»)
BBL   *Be back later* («torno più tardi»)
BBS   *Bulletin board system* (sistema informativo «tipo ba-
          checa»)
BFD   *Big fucking deal* («bel fottuto affare» – *volgare*)
BFN   *Bye for now* («saluti per adesso»)
BRB   *Be right back* («torno subito»)

BTW	*By the way* («a proposito»)
FAQ	*Frequently asked questions* (elenco di domande poste frequentemente)
FRO	*Fuck right off* («Vai subito aff...» – *volgare*)
GAL	*Get a life* («procurati una vita» – si dice a chi passa troppo tempo «in Rete»)
GTRM	*Going to read mail* («vado a leggere la posta» – elettronica, ovviamente)
HTH	*Hope this helps* («spero che questo serva»)
IMO	*In my opinion* («secondo me»)
IMHO	*In my humble opinion* («secondo il mio modesto parere»)
IYSWIM	*If you see what I mean* («se capisci quello che voglio dire»)
IAE	*In any event* («in ogni caso»)
IOW	*In other words* («in altre parole»)
LOL	*Laughing out loud* («sto ridendo a crepapelle»)
NRN	*No reply necessary* («non è necessario rispondere»)
NFW	*No fucking way* («assolutamente no» – *volgare*)
OIC	*Oh, I see* («Ah, capisco»)
OTOH	*On the other hand* («d'altra parte»)
POP	*Point of presence* («punto di presenza», area dalla quale è possibile collegarsi a un fornitore di servizi telematici)
ROTFL	*Rolling on the floor laughing* («Mi sto rotolando sul pavimento dal ridere»)
RTFM	*Read the fucking manual* («Leggi il fottuto manuale» – *volgare*)
SOL	*Sooner or later* («prima o poi»)
SYL	*See you later* («ci vediamo dopo»)
TTYL	*Talk to you later* («ci parliamo dopo»)
VOD	*Video on demand* («video a richiesta», il sistema televisivo che permette all'utente di scegliere i programmi)
WGAS?	*Who gives a shit* («chi se ne fotte» – *volgare*)

Telefonicamente parlando

Poche cose spaventano gli stranieri come parlare inglese al telefono. Spavaldi giovanotti in vacanza-studio in Gran Bretagna, al pensiero di dover chiedere all'*international operator* una telefonata a carico del destinatario (*I'd like to make a collect/charge call to Italy, please*), vengono presi dall'agitazione. Persone in grado di ordinare la cena in un ristorante di Hong Kong e di capire i mugolii degli altoparlanti nelle stazioni di Londra si sentono a disagio prenotando due posti a teatro per telefono. Non c'è turista che non ricordi con angoscia i vecchi telefoni dove la moneta da dieci *pence* andava appoggiata alla fessura: quando il numero chiamato rispondeva, partiva un isterico suono intermittente; a quel punto, per poter parlare, la moneta andava inserita con decisione. Di solito si rifiutava di entrare e, mentre dall'altro capo del filo qualcuno gridava incoraggiamenti («*Come on*, schiaccia quella moneta, schiaccia la moneta! Più forte! Sei straniero, vero?»), il turista veniva preso dal panico.

Se il panico è certamente una reazione esagerata, bisogna ammettere che una certa apprensione è comprensibile. Non ci sono infatti soltanto i vecchi telefoni-trappola con i dieci *pence* (che ora la British Telecom, bontà sua, ha sostituito); c'è anche il fatto che gli inglesi, al telefono, mantengono quella regola sadica secondo cui si parla con un modenese come si parla con un londinese, senza preoccuparsi se il secondo capisce e il primo molto meno. Bisogna ammettere però che al telefono usano un linguaggio piuttosto preciso, e lo straniero può organizzare le proprie difese.

Non solo. Le forme di cortesia telefoniche – ad esempio: *How can I help you-u?* come posso aiutarla? con gorgheggio finale – sono squisiti capolavori di ipocrisia britannica, e mettono al riparo da sorprese. Nessuna telefonista vi aggredirà se non capite quello che sta dicendo.

Si limiterà a ripetere sempre la stessa frase, come fosse incisa su un nastro, intimamente convinta che al mondo non c'è nessuno che *davvero* non capisca l'inglese. C'è soltanto gente che ha bisogno di qualche ripetizione in più.

Hello (oppure *Hallo*, oppure *Hullo*) è l'equivalente del nostro «pronto», e viene usato nello stesso modo. Un'altra possibilità è *Tony Blair here* (Parla Tony Blair). Qualche sconsiderato, ultimamente, ha preso l'abitudine di rispondere fulminando l'interlocutore con raffiche di numeri (*Four-Eight-One-Four-Three-Seven-One*). Quello naturalmente non è il suo nome – anche se a chi risponde in quel modo starebbe bene un nome del genere – ma solo il numero che avete chiamato. All'atto pratico, serve solo a fare confusione.

Chi chiama, ha il dovere di presentarsi con

Good morning, my name is ..... Buon giorno, mi chiamo ....

oppure

Good morning, this is Luciana Buon giorno, qui è Luciana
speaking.   che parla.

Con ogni probabilità, se chiamate un ufficio verrete anticipati da una segretaria che reciterà il nome della ditta, chiedendo poi come può aiutarvi.

Linklaters and Paines. How can I help you?

A quel punto tocca a voi. La frase più comune è naturalmente

May I speak to .... *please?* Posso parlare con .... per
                                    favore?

Se la persona che cercate è già al telefono, risponderà *Speaking*, che significa: «Sono io all'apparecchio».

A quel punto potete iniziare la conversazione, sempre che siate in grado di sostenerla. Molto utile, in caso di difficoltà, è l'espressione «*Could you repeat that, please?*» (Può ripetere, per favore?), e naturalmente lo *spelling* dei nomi, che abbiamo già visto. Per quanto riguarda i numeri, occorre ricordare che lo zero (0) si pronuncia come la lettera O (iniziale di Oscar). Quindi il prefisso di Milano (*the code for Milan*) diventa «*o-two*» e non «*zero-two*». La prevedibilità e la cortesia delle centraliniste anglosassoni, dicevamo, rendono la vita facile a chi chiama dall'estero. Se non telefonate per vendere un alligatore o per parlare con Paul McCartney – o forse anche se telefonate per vendere un alligatore a Paul McCartney – la conversazione dovrebbe svolgersi in questo modo:

Could you put me through to Paul?	Mi passa Paul?
Do you know the extension?	Conosce l'interno?
Extension 334.	Interno 334.

A seconda dell'importanza vostra, di Paul, della sua reperibilità e del buonumore della centralinista, la risposta potrà essere:

Who's speaking please?	Chi parla per favore?
Just one moment. I'll put you through.	Solo un momento. Glielo passo.
Can you hold on please?	Può attendere per favore?
Please, don't hang up.	Non riattacchi, per favore.
I'm afraid he's busy now (oppure: *He's not here at the moment*). *Could you call later?*	È occupato ora (*oppure*: non è qui al momento). Può chiamare più tardi?
Can I take your telephone number?	Posso prendere il suo numero di telefono?

Paul is in a meeting. He'll call you back as soon as he is free.	Paul è in riunione. Vi richiamerà appena si libera.
Paul doesn't want to talk to you. Go to hell.	Paul non vuole parlare con lei. Vada all'inferno.

Per disfarsi di un interlocutore eccessivamente loquace, soprattutto quando siete voi a pagare la telefonata, possono essere utili queste espressioni:

It was nice talking to you – but I mustn't keep you any longer. I know how busy you are.	È stato bello parlare con te – ma non voglio trattenerti oltre. So quanto sei occupato.
I wish I could talk a little longer, but I must rush now, as I've got to be at the dentist / hospital / pub / my lover's by six.	Vorrei parlare ancora un po', ma devo essere dal dentista / all'ospedale / al pub / a casa del mio amante entro le sei.

E, in extremis:

Alas, I must go now, the doorbell is ringing / the house is burning / my daughter has swallowed a goldfish.	Purtroppo devo scappare ora, suona il campanello / la casa sta bruciando / mia figlia ha inghiottito un pesce rosso.

Se invece di una segretaria in carne, ossa e gorgheggi vi dovesse capitare una segreteria telefonica, il messaggio sarà probabilmente simile a questo:

This is Hugh Grant's answering machine. Please leave your name, telephone number and any message after the bleep (signal). I will call you back.	Questa è la segreteria telefonica di Hugh Grant. Per favore lasciate il vostro nome, numero di telefono e qualsiasi messaggio dopo il segnale. Vi richiamerò.

Al telefono può capitare di dover chiedere di tutto, naturalmente. Pare però che queste siano le frasi essenziali per il turista principiante. Sono semplici e funzionano ovunque. L'importante è non confonderle. Se vi dovesse succedere di prenotare un volo aereo presso la cassiera di un cinema, la signorina rimarrà di buon umore per almeno una settimana.

VIAGGI

May I book a seat on your flight to Milan?	Posso prenotare un posto sul vostro volo per Milano?
I would like a window seat (aisle seat), non-smoking if possible.	Vorrei un posto finestrino (posto corridoio), possibilmente non fumatori.
When does the flight leave?	Quando parte il volo?
From which terminal?	Da che terminal?
When do I have to be there?	Quando devo essere là?
Where can I buy the ticket?	Dove posso comperare il biglietto?

CINEMA E TEATRO

Have you got any tickets left?	Avete ancora biglietti?
May I book two tickets for tonight's show?	Posso prenotare due posti per lo spettacolo di stasera?
I have a query. What time does the show start?	Ho bisogno di un'informazione. A che ora inizia lo spettacolo?
What if I don't understand a word? Will I get a refund?	Cosa succede se non capisco una parola? Ho diritto ad un rimborso?

ALBERGO

I am calling to book a single room. My name is	Chiamo per prenotare una stanza singola. Il mio nome è ...
Could you tell me how much it is per night?	Può dirmi quanto costa per notte?
A hundred pounds? Can I take the chambermaid home as well for that money?	Cento sterline? Dite che posso portarmi a casa la cameriera per quei soldi?

RISTORANTE

May I book a table for two?	Posso prenotare un tavolo per due?
We'll be there at nine.	Saremo lì alle nove.
What do you mean I can't? Are you fully booked?	Cosa vuol dire «non posso»? Siete completi?
No, I don't want a table between the kitchen and the loo.	No, non voglio un tavolo tra la cucina e il bagno.

Esercizi:
AVVENTURE NEL MONDO

Un gioco istruttivo, consigliato ai viaggiatori: annotate gli avvisi che gli alberghi rivolgono alla clientela internazionale. Eccone alcuni raccolti qualche anno fa dalla Air France per il divertimento dei passeggeri. Cosa vogliono dire? Che cosa avrebbero potuto scrivere gli alberghi in questione per spiegarsi meglio?

1) *Please leave your values at the front desk.*
   (Parigi)

2) *Visitors are expected to complain at the office between the hours of 9 and 11 A.M. daily.*
   (Atene)

3) *You are welcome to visit the cemetery where famous Russian and Soviet composers, artists, and writers are buried daily except Thursday.*
   (Mosca)

4) *You are invited to take advantage of the chambermaid.*
   (Giappone)

5) *The flattening of underwear with pleasure is the job of the chambermaid.*
   (Federazione Iugoslava)

6) *Our wines leave you nothing to hope for.*
   (Svizzera)

7) *Ladies may have a fit upstairs.*
   (Hong Kong)

8) *Drop your trousers here for best results.*
   (Tailandia)

1) TRADUZIONE LETTERALE: «Per favore lasciate i vostri valori morali alla reception».

VERSIONE SUGGERITA: *Please leave your valuables at reception.*

(Siete pregati di consegnare gli oggetti di valore al ricevimento per la custodia)

2) TRADUZIONE LETTERALE: «Si prevede che i visitatori si lamentino nell'ufficio dalle 9 alle 11 ogni giorno».

VERSIONE SUGGERITA: *Guests are requested to notify any complaints to the office between 9am and 11am (Monday-Sunday).*

(I gentili clienti sono pregati di comunicare eventuali lamentele all'ufficio tra le 9.00 e le 11.00 – tutti i giorni)

3) TRADUZIONE LETTERALE: «Siete invitati a visitare il cimitero in cui famosi compositori, artisti e scrittori russi e sovietici vengono inumati quotidianamente tranne il giovedì».

VERSIONE SUGGERITA: *You are cordially invited to visit the cemetery where famous Russian and Soviet composers, artists and writers are buried. Open every day except Thursday.*

(Siete gentilmente invitati a visitare il cimitero in cui sono sepolti famosi compositori, artisti e scrittori russi e so-

vietici. Aperto tutti i giorni
tranne il giovedì)

4) TRADUZIONE LETTERALE: «Siete pregati di abusare
della cameriera».

VERSIONE SUGGERITA: *You are invited to use our chambermaid service.*
(Siete invitati a usufruire del
servizio di guardaroba in camera)

5) TRADUZIONE LETTERALE: «Compito della cameriera
appiattire la biancheria in-
tima con piacere».

VERSIONE SUGGERITA: *Your chambermaid will be
pleased to iron your laundry.*
(La cameriera sarà felice di
stirare la vostra biancheria).

6) TRADUZIONE LETTERALE: «I nostri vini vi lasciano
senza speranze».

VERSIONE SUGGERITA: *Our wines are all you could
wish for.*
(I nostri vini: non potete spe-
rare di meglio).

7) TRADUZIONE LETTERALE: «Le signore possono subire
un attacco di convulsioni al
piano di sopra».

VERSIONE SUGGERITA: *Ladies may have a fitting upstairs.*
(Le signore possono provare
gli abiti al piano di sopra).

8) TRADUZIONE LETTERALE: «Calate i pantaloni qui per
i risultati migliori».

VERSIONE SUGGERITA: *Leave your trousers here for best
results.*
(Lasciate qui i pantaloni per
ottenere il risultato migliore).

Lettura:
INGLESE & COMPUTER

Mi vergogno un po', ma devo confessare che l'altra sera ho navigato in Internet. Mi vergogno perché Internet sta diventando come il sesso: se lo fai, non ne parli; se ne parli, non lo fai. Però è accaduto. Non era la prima volta, ed è stato piuttosto divertente. Due naturali tendenze dell'animo giornalistico – curiosità e vanità – sono state soddisfatte: ho saputo i risultati della squadra di basket di Georgetown (ottimi); e ho controllato se nella Biblioteca del Congresso di Washington ci fosse il mio libro sull'America (miracolo: c'era). Mentre vagavo qua e là – i «cybernauti», come i radioamatori, sono inguaribili perditempo – mi sono accorto di una cosa: procedevo senza difficoltà perché tutto era in inglese (spiegazioni, avvisi, notizie, domande). Certo: coloro che usano Internet per spedire la posta elettronica al vicino di casa e poi lo chiamano al telefono per commentare l'episodio (ne conosco), faticano a capirlo. Ma la realtà è questa: chi affronta il cyberspazio senza conoscere bene – sottolineo: *bene* – l'inglese, è come un nuotatore che si presenta alle finali olimpiche col salvagente. Si può fare, ma è piuttosto insolito.
Ne sono convinto: non riflettiamo abbastanza su quella che è stata una delle più straordinarie vicende del ventesimo secolo. La lingua inglese non è più soltanto la lingua di Winston Churchill e dei Beatles, di John Belushi e di Nelson Mandela. Non è soltanto la lingua dell'economia e della diplomazia, della scienza e del trasporto aereo (con qualche minuscolo problema: i controllori di volo britannici si

lamentano perché i piloti americani usano lo slang). Oggi l'inglese è anche la lingua ufficiale della comunicazione elettronica, ovvero di Internet. Una novità, questa della Rete, che in Italia viene affrontata con la solita eccitazione acritica, ma è destinata a diventare una cosa seria.

Quattrocento anni fa John Florio – protestante toscano, profugo a Londra, traduttore di Montaigne – poteva scrivere, a proposito dell'inglese: «È una lingua che vi farà bene in Inghilterra, ma passata Dover, la non val niente». Oggi l'inglese è la lingua del pianeta. È accaduto infatti che alla supremazia della Gran Bretagna nel secolo scorso, sia subentrata quella degli Stati Uniti in questo secolo: due Paesi che parlano la stessa lingua. Nel corso di questa dominazione linguistica – legittima: non sono tra quelli che invocano l'esperanto – è avvenuta la rivoluzione delle comunicazioni: prima il telefono, poi la radio, quindi il cinema e la televisione, infine i computer. L'inglese se ne è avvantaggiato. Oggi la sua presa sul mondo è ferrea, probabilmente irreversibile. In teoria è possibile immaginare che tra cinquant'anni il Padrone del Pianeta imponga all'umanità la lingua urdu (o il dialetto bergamasco). Ma si tratta di fantascienza.

Una delle novità della rivoluzione – per una volta, il termine non è esagerato – è questa: l'inglese, pur di imporsi, ha accettato ogni compromesso. Per gli esseri umani, questa può essere una colpa; per una lingua, è un merito enorme. Imbastardita da tutti gli idiomi del mondo (dal russo al turco, dal giapponese all'italiano), massacrata dall'entusiasmo semplificatore degli americani, *the English language* è ormai un codice per lo scambio di informazioni. A questa allegra violenza, il cyberspazio sta fornendo il suo contributo, attraverso dozzine di espressioni nuove come FAQ, POP, Web, pixel, E-mail, VOD, BBS, bookmarks, Netiquette, Baud (che è l'unità di misura della velocità del modem, non un conduttore televisivo). Se, come immagino, non conoscete tutti gli altri significati, occorre rimettersi a studiare. Senza questi geniali orrori, oggi non si va – scusate: non si naviga – da nessuna parte.

(«Capital», marzo 1996)

8

CORSO (ABBASTANZA) AVANZATO

«Quelli che parlano inglese da vent'anni so-
lamente, e credono di conoscerlo.»

Major Thompson di Pierre Daninos, 1954

Nella giungla dei *phrasal verbs*

Quasi mai gli italiani che sbarcano in Gran Bretagna o negli Stati Uniti sono soddisfatti dell'inglese che hanno imparato in patria. Non tanto perché i corsi fossero male organizzati o i professori impreparati. La lamentela più comune è un'altra: le scuole d'inglese, abbiamo sentito ripetere mille volte, non insegnano l'inglese di tutti i giorni, e l'inglese di tutti i giorni, in fin dei conti, è quello che serve davvero.

L'accusa, bisogna dire, non è del tutto infondata. È statisticamente provato che gli italiani reduci da un corso di inglese sanno dire *Mister Johnson, to whom I sent your papers, is a tutor at my college* (Il signor Johnson, al quale ho mandato il tuo lavoro, è professore nel mio college). Al contrario, sembrano assolutamente disarmati di fronte a una radio troppo alta, un finestrino troppo basso o una discoteca eccessivamente fumosa. Frasi come: Abbassala! (*Turn it down*), Tiralo su! (*Pull it up*) e Andiamocene da qui (*Let's get out of here*), rappresentano spesso problemi insormontabili.

Poiché prima o poi, anche all'estero, le radio vanno abbassate e i finestrini alzati, è buona cosa cercare di capire le ragioni per cui proprio le «espressioni di tutti i giorni» risultano tanto ostiche. Certamente un motivo è l'atteggiamento delle scuole. Un altro è questo: gli inglesi

223

considerano semplici questi modi di dire, e perciò ogni errore viene considerato grave. Ma la vera spiegazione, a nostro giudizio, è un'altra ancora: nell'inglese di tutti i giorni – quello che si usa, in sostanza, non quello che sta sui libri – una funzione fondamentale hanno i «verbi con preposizione». E questi «verbi con preposizione» – la famiglia di *to pull up*, *to get out*, *to move on*, *to turn away* – costituiscono lo spartiacque nella conoscenza della lingua. Gli inglesi – e chi parla bene l'inglese – li conoscono. Il resto del mondo, no.

Impararli tutti a memoria è praticamente impossibile. Ma qualcosa si può fare, sostiene il professor Giles Watson, che insegna da una quindicina di anni nel nostro Paese e ha visto migliaia di italiani annaspare di fronte ai *phrasal verbs*. Lo scozzese Watson suggerisce di prendere una frase qualsiasi:

Andreotti used to breeze through any crisis.   Una volta Andreotti attraversava le crisi con disinvoltura.

Lo studente italiano si sente imbrogliato perché il concetto che noi esprimiamo con un avverbio («disinvoltamente») viene espresso dal verbo (*to breeze*); il concetto che noi esprimiamo con il verbo («attraversare»), in inglese viene espresso con la preposizione (*through*). Fondamentale, perciò, è capire che ogni preposizione esprime almeno un concetto verbale, e spesso più d'uno. Prendiamo queste preposizioni che indicano il moto a luogo:

about	girare intorno
across	attraversare
away	allontanarsi
back	arretrare
down	scendere
into	entrare
off	allontanarsi
on	continuare

over	avvicinarsi
through	attraversare
to	andare fino a
up	salire

Se vengono unite, per esempio, a *to walk* (il cui significato avverbiale è «a piedi»), a *to run* («di corsa») o a *to limp* («zoppicando») formano decine di nuovi verbi: *to walk away* vorrà dire «allontanarsi a piedi»; *to run away*, correr via; *to limp away*, andarsene zoppicando; e così via.

Conoscendo poche preposizioni e il loro «significato verbale», in sostanza, i verbi si possono anche inventare, come fanno i bambini inglesi. E, dice Watson, si potrà perfino tradurre il testo di questa canzone di Bruce Springsteen: *You gotta ride on down in through that Tunnel of Love*, «devi continuare a scendere inoltrandoti fino a percorrere tutto quel tunnel dell'amore» (*on* = continuare; *down* = scendere; *in* = entrare, inoltrarsi; *through* = percorrere).

Prima di passare all'inevitabile elenco, un avvertimento: i *phrasal verbs* rimangono difficili perché, come abbiamo detto, molte preposizioni hanno significati verbali che pochi conoscono (*up* = finire + altri nove significati, ad esempio). Per non riportare quello che è possibile trovare su qualsiasi libro di grammatica – una serie più o meno lunga di verbi che vanno da *account for* (giustificare, soprattutto una spesa) a *work out* (trovare una soluzione) – cercheremo di elencare soltanto i più usati, sia nel linguaggio quotidiano che sulla stampa. Se di *to give up* (rinunciare) non si può fare a meno, infatti, senza *to do up* (ridecorare) si può sopravvivere.

ask someone in	invitare qualcuno in casa
	Ask him in. Invitalo ad entrare.

225

ask someone out	invitare qualcuno fuori (di solito a ce-na) *I'll ask her out.* Le chiederò di uscire con me.
back away	arretrare lentamente *He saw the gun and backed away.* Vide la pistola e arretrò.
back somebody up	appoggiare moralmente o con parole *It's nice of you to back me up.* È gentile da parte tua appoggiarmi.
be away	essere via da casa *I'll be away.* Sarò via.
be back	essere ritornato *I'll be back.* Sarò di ritorno.
be in	essere a casa *Are you in?* Sei in casa?
be out	essere fuori casa *I was out.* Ero fuori casa.
be over	essere finito *It's all over.* È tutto finito.
be up	essere alzato *I'm up at six.* Mi alzo alle sei.
be up to	essere all'altezza (di un'azione) *Are you up to it?* Sei all'altezza di farlo?
be up to something	essere impegnato in qualcosa di losco *The children are up to something.* I bambini stanno facendo qualcosa che non va.
blow out	spegnere soffiando *Blow out the candles.* Spegni le candele.
blow up	esplodere (intr.), riempire d'aria (trans.) *The tyre of my car blew up.* È scoppiata la ruota della mia auto. *Blow up the balloon.* Gonfia il pallone.
break down	cedere, smetter di funzionare, interrompersi (negoziati) *The talks broke down.* I negoziati si sono interrotti.
break in	entrare di forza *The burglar broke in at midnight.* Il ladro fece irruzione a mezzanotte.

break off	rompere (separarsi) *John and Mary are breaking off their engagement.* John e Mary stanno rompendo il fidanzamento.
break out	scoppiare (di guerre) *The Gulf War broke out on January 16th 1991.* La guerra del Golfo scoppiò il 16 gennaio 1991.
break through	sfondare *The allied forces broke through the defences.* Le forze alleate sfondarono le difese.
break up	terminare (riunioni, incontri) *It's time to break up.* È tempo di smettere.
bring someone around	1) portare qualcuno con sé a casa *Bring her around!* Portala a casa! 2) convincere *It took several hours to bring them around.* Ci vollero parecchie ore per convincerli.
bring up	1) educare, allevare *It's hard to bring up children.* È difficile allevare i bambini. 2) menzionare *Who brought it up?* Chi ha accennato alla cosa?
call at (place)	visitare brevemente *I'll call at your place sometime.* Passerò a trovarti prima o poi.
call for	1) andare a prendere *I'll call for you at six.* Ti passerò a prendere alle sei. 2) richiedere *This calls for prompt action.* Questo richiede un'azione immediata.
call in (place)	fare un salto, una scappata *Shall we call in at Mary's?* Facciamo un salto da Mary?
call off	cancellare (un appuntamento ecc.) *Mr Milosevic called off his meeting with EC ministers.* Milosevic cancellò l'incontro con i ministri della Comunità Europea.

call on somebody	visitare qualcuno *I called on Mr Craxi.* Sono andato a far visita al signor Craxi.
care about	preoccuparsi *They don't care about what people think.* Non si preoccupano di ciò che pensa la gente.
care for	prendersi cura di *The Red Cross will care for the wounded.* La Croce Rossa si prenderà cura dei feriti.
carry on	continuare *We must carry on.* Dobbiamo continuare.
carry out	eseguire, portare a termine (un dovere) *The government will require the support of all the major parties to carry out its plans for electoral reform.* Il governo avrà bisogno del sostegno di tutti i partiti più importanti per portare a termine il suo progetto di riforma elettorale.
catch up	raggiungere *Go on, we'll catch you up.* Andate avanti, vi raggiungeremo.
clean up	ripulire, mettere in ordine *Clean up the City.* Ripulite la City.
clear out	andar via *We had better clear out.* Faremmo meglio ad andar via.
close down	chiudere (definitivamente) *That shop closed down last year.* Quel negozio ha chiuso l'anno scorso.
come across	trovare o incontrare per caso *I came across your name while I was reading an article.* Ho trovato il tuo nome leggendo un articolo.
come around	venire a casa *Come around for a drink sometime.* Vieni a prendere un drink a casa mia qualche volta.
come on!	forza!, andiamo!
come up	venire a galla (in un discorso) *The question hasn't come up yet.* La questione non è ancora venuta a galla.

cut down	ridurre, tagliare *We have to cut down on expenses.* Dobbiamo ridurre le spese.
cut off	tagliare, disconnettere (una comunicazione) *The line was cut off.* La linea fu tagliata.
cut out	ritagliare *She cuts pictures out of newspapers.* Ritaglia le fotografie dai giornali.
die away	svanire *The hope died away soon.* La speranza svanì presto.
die out	estinguersi, scomparire *Many old customs are dying out.* Molte vecchie abitudini stanno scomparendo.
draw back	ritirarsi *He draws back in alarm.* Si ritira allarmato.
drop in	fare un salto, fare una visita non annunciata *Nice of you to drop in!* Sei stato gentile a fare un salto da me!
drop out	ritirarsi *Ross Perot dropped out of the presidential race.* Ross Perot si ritirò dalla corsa alla presidenza.
fade away	svanire *The daylight was fading away.* La luce del giorno stava svanendo.
(be) fed up with	essere stanco/stufo di *I'm fed up with you.* Sono stanco di te.
feel up to	sentirsi in grado, all'altezza *I don't feel up to it.* Non mi sento all'altezza.
fill in	compilare (moduli) *Please, fill in this application form.* Per favore, compila questo modulo di domanda.
find out	scoprire *Don't worry, I'll find out about it.* Non preoccuparti, lo scoprirò.
fix up	sistemare *I'll fix it up later.* Sistemerò la faccenda più tardi.

get away	**fuggire** *Thieves were seen leaving the flat but they were able to get away.* I ladri sono stati visti mentre si allontanavano dall'appartamento ma sono riusciti a fuggire.
get away with	**farla franca** *Do you think I can lie and get away with it?* Pensi che possa mentire e farla franca?
get back	**ritornare (a casa)** *We had better get back.* È meglio ritornare a casa.
get on	**1) andare d'accordo** *We get on very well.* Andiamo molto d'accordo. **2) fare progressi** *Anthony is getting on very well at school.* Antonio sta facendo ottimi progressi a scuola.
get out	**lasciare (un posto chiuso)** *Let's get out of here!* Usciamo da qui!
get over	**rimettersi (da una malattia o da una delusione)** *He will soon get over it.* Si rimetterà presto.
get through	**entrare in comunicazione (telefonica)** *Did you get through?* Sei riuscito a metterti in comunicazione?
get up	**alzarsi (dal letto)** *I got up at seven.* Mi sono alzato alle sette.
give in	**arrendersi, cedere** *A successful politician never gives in.* Un politico di successo non si arrende mai
give up	**rinunciare (a un tentativo, a un'abitudine)** *I'm trying to give up smoking.* Sto cercando di smettere di fumare.
go ahead	**procedere** *Please, go ahead.* Per favore, continua.
go for	**attaccare, puntare con decisione** *Once you decide, go for it.* Una volta che hai deciso, buttati.
go off	**1) esplodere** *The bomb went off at night.* La bomba esplose di notte.

2) partire per un viaggio
Tom went off with Sheila. Tom partì con Sheila.

go on continuare
You can't go on like that. Non puoi continuare così.

go out 1) spegnersi (luce)
The light went out. La luce si spense.
2) uscire insieme
Jane and Ted are going out together. Jane e Ted escono insieme.

go through 1) esaminare attentamente
Let's go through the text. Esaminiamo attentamente il testo.
2) sopportare (situazione)
If you only knew what I'm going through. Se solo sapessi cosa sto passando.

grow out of abbandonare (un'abitudine)
He will grow out of it. Gli passerà.

grow up crescere (solo per uomini)
Children grow up. I bambini crescono.

hand in consegnare
Hand in your passport. Consegna il tuo passaporto.

hand out distribuire
Hand out the leaflets. Distribuisci i volantini.

hang around aggirarsi, bazzicare
Jack hangs around with some very pretty girls. Jack bazzica delle ragazze molto carine.

hang on aspettare
Hang on a moment. Aspetta un momento.

hang up riattaccare (telefono)
Don't hang up! Non riattaccare!

hold off tenere a distanza
She holds him off. Lo tiene a distanza

hold on aspettare
Will you hold on, please? Può aspettare per favore?

hold up fermare, ritardare
Come on! you are holding up the whole party. Forza! stai bloccando tutto il gruppo.

keep off	stare alla larga
	Keep off the grass. Non calpestate l'erba.
	Keep your hands off! Giù le mani!
keep on	continuare
	He keeps on talking. Continua a parlare.
keep up	mantenere
	I have to keep up appearances. Devo salvare le apparenze.
lay out	progettare, disegnare
	We laid out the page. Abbiamo disegnato la pagina.
let somebody down	deludere
	Don't let me down! Non deludermi!
look after	sorvegliare, badare
	Can you look after the children please? Puoi badare ai bambini, per favore?
look at	guardare
	Look at that! Guarda!
look for	cercare
	I'm looking for a job. Sto cercando lavoro.
look forward to	aspettare con impazienza
	I look forward to hearing from you. Aspetto tue notizie.
look out	fare attenzione
	Look out for signs. Fai attenzione ai segnali.
look up	cercare, controllare (un nome, una parola, un indirizzo)
	I'll look it up in the dictionary. Lo cercherò sul dizionario.
make up	truccarsi
	Ann is badly made up today. Oggi Anna è truccata male.
make up a story	inventare una storia
	He made up such a silly story. Ha inventato una storia così stupida.
make up one's mind	prendere una decisione, decidersi
	I've made up my mind: I'll become your lover. Ho deciso, diventerò il tuo amante.
move in / into	traslocare in una casa
	We will move into the new flat... Traslocheremo nel nuovo appartamento...

move out	traslocare da un casa ... *when you move out of it.* ... quando voi ve ne andrete.
move on	avanzare, spostarsi *Move on please!* Spostati per favore!
pick out	scegliere *Pick out what you like.* Scegli quello che vuoi.
pick up	passare a prendere in automobile *I'll pick you up at the airport.* Verrò a prenderti all'aeroporto.
point out	indicare, segnalare *The teacher pointed out my mistake.* L'insegnante mi ha indicato l'errore.
pull down	demolire *Why did they pull down the house?* Perché hanno demolito la casa?
pull up	accostare, fermarsi (di veicoli) *The driver pulled up in front of the gate.* Il conducente si fermò davanti al cancello.
put off	1) posporre *Why do you want to put off the meeting?* Perché vuoi posporre la riunione? 2) dissuadere *The threat put him off the idea.* La minaccia lo dissuase dall'idea.
put on	indossare *Why don't you put on your new coat?* Perché non indossi il tuo cappotto nuovo?
put out	1) spegnere, estinguere *The firemen soon put the fire out.* I vigili del fuoco spensero presto il fuoco. 2) disturbare *I don't want to put you out.* Non voglio darti un incomodo.
put someone up	dare ospitalità *Will you put me up for the night?* Mi ospiterai stasera?
put something down to	attribuire a qualcosa *The manager didn't know what to put his team's cup defeat down to.* Il ct non sapeva spiegare la sconfitta della squadra in coppa.

233

put up with	sopportare *Václav Havel had to put up with everything.* Václav Havel ha dovuto sopportare di tutto.
ring off	abbassare il ricevitore (del telefono) *He rang off without a word.* Abbassò il ricevitore senza dire una parola.
ring up	telefonare *I will ring you up as soon as possible.* Ti telefonerò appena possibile.
run after	inseguire *Run after him!* Inseguilo!
run away	fuggire *When she saw me, she ran away.* Quando mi vide scappò via.
run into	1) andare contro (in automobile) *The car ran into a tree.* La macchina andò contro un albero. 2) incontrare accidentalmente *I ran into George at Heathrow Airport.* Mi sono imbattuto in George all'aeroporto di Heathrow.
run out of	esaurire, non averne più *The bus ran out of petrol.* Il bus esaurì la benzina.
run over	investire (con un veicolo) *He ran over a dog.* Investì un cane con l'auto.
see somebody off	accompagnare alla partenza *She saw him off to the station.* Lo accompagnò alla stazione.
see to	provvedere *Don't worry, he'll see to that.* Non preoccuparti, provvederà lui.
sell off	svendere *That shop is selling everything off.* Quel negozio sta svendendo tutto.
sell out	vendere tutto *Sold out.* Esaurito.
send for	mandare a chiamare *Did you send for the doctor?* Hai chiamato il dottore?

set off	partire, iniziare *She has set off on a trip.* È partita per un viaggio.
set out	cominciare un viaggio *They set out at dawn.* Sono partiti all'alba.
set up	impiantare una nuova attività economica *He set up a shop in Bristol.* Ha aperto un negozio a Bristol.
settle down	sistemarsi (in famiglia, in un nuovo lavoro ecc.) *I think it's time to settle down.* Penso che sia arrivato il momento di sistemarmi.
settle up	regolare un conto *We'll settle up everything later.* Regoleremo i conti più tardi.
show off	mettere / mettersi in mostra *Don't show off!* Non metterti in mostra!
sit back	rilassarsi *Sit back and enjoy the show.* Rilassatevi e godetevi lo spettacolo.
stand by	stare moralmente vicino *She stood by him.* Gli è stata molto vicina.
stand for	1) rappresentare, equivalere *P.M. stands for Prime Minister.* P.M. sta per Primo Ministro. 2) candidarsi *Bob Dole stood for President.* Bob Dole si candidò alla presidenza.
stand out	distinguersi *Very few writers today stand out from the crowd.* Pochissimi scrittori oggi si distinguono dagli altri.
stand up to	affrontare a viso aperto *Eltsin stood up to the junta.* Eltsin affrontò la giunta militare.
step up	aumentare *The managing director decided to step up production.* Il direttore decise di aumentare la produzione.

take back	ritirare (un'accusa, un'osservazione) *I take back what I have just said.* Ritiro ciò che ho appena detto.
take off	decollare (aeroplano) *The plane takes off at 5 o'clock.* L'aereo decolla alle 5.
take off	togliere (di vestiti) *Take off your wet shirt.* Togliti la camicia bagnata.
take on	affrontare, fronteggiare *Lebed had to take on Eltsin.* Lebed dovette affrontare Eltsin.
take over	succedere a qualcuno *John Major took over from Margaret Thatcher.* John Major è succeduto a Margaret Thatcher.
talk over	discutere *Let's talk it over!* Discutiamone!
think over	considerare *We had better think it over.* È meglio che ci pensiamo.
throw up	vomitare *There were too many bends. She threw up.* C'erano troppe curve. Ha vomitato.
turn away	rifiutare (ammissione) *He was turned away at the entrance.* È stato mandato via all'entrata.
turn down	declinare, rifiutare un'offerta *The Serbian leader turned down the offer.* Il leader serbo rifiutò l'offerta.
turn into	convertire, trasformare *Gheddafi turned into an hero for many Arabs.* Gheddafi si trasformò in eroe per molti arabi.
turn on	accendere, eccitare *She turns me on.* Mi eccita.
turn off	1) spegnere *Turn off the light, please.* Spegni la luce, per favore. 2) ripugnare *Hardcore films turn me off.* Trovo ripugnanti i film porno.

turn out		riuscire, rivelarsi
		He turned out to be a genius. Si rivelò un genio.
turn over		capovolgere
		The car turned over. La macchina si capovolse.
turn up / down		aumentare / diminuire (gas, radio, fuoco, luce)
		Turn up / down the radio, please. Alza / abbassa la radio, per favore.
turn up		arrivare, apparire
		He turned up two hours later. Apparve due ore più tardi.
wash up		lavare i piatti
		Wash up and shut up! Lava i piatti e stai zitto.
watch out		fare attenzione
		Watch out! Attenzione!
wipe out		distruggere completamente
		The plague used to wipe out entire communities in Medieval Europe. La peste annientava intere popolazioni nell'Europa medioevale.
work out		trovare una soluzione (attraverso calcoli o studio)
		I think we can work it out. Penso possiamo trovare una soluzione.

Dai verbi con preposizione derivano anche molti sostantivi. Alcuni hanno sfondato anche in italiano (o «italiese» che dir si voglia).

break	*breakdown*	collasso, esaurimento
	breakthrough	sfondamento, momento cruciale
bring	*upbringing*	educazione
come	*outcome*	risultato
draw	*drawbacks*	svantaggi
drop	*dropout*	emarginato
fall	*fallout*	polvere radioattiva
feed	*feedback*	effetto, informazione di ritorno

lay	layout	disegno, configurazione
let	outlet	sfogo
look	outlook	prospettiva
mix	mix up	confusione
make	make-up	trucco
sell	sellout	tutto esaurito
take	take-off	decollo
	take-over	scalata (di società)
turn	turnover	fatturato / rotazione (di personale)

A titolo di consolazione, prima di chiudere, vorremmo aggiungere questo. I «verbi con preposizione» – che sono spesso monosillabici o bisillabici, e di radice sassone – hanno quasi sempre un equivalente di origine latina che a noi italiani risulta ovvio, mentre appare sofisticato alle orecchie degli inglesi e soprattutto degli americani. Prendiamo il verbo *to put*, che, preso da solo, significa «mettere». Ecco i significati che assume quand'è seguito da alcune preposizioni, e i verbi equivalenti:

umiliare qualcuno	*to put someone down*	*to humiliate*
dare una sistemazione a qualcuno	*to put someone up*	*to accommodate*
sopportare qualcuno	*to put up with someone*	*to tolerate*
incitare qualcuno a fare qualcosa	*to put someone up to something*	*to incite*

In sostanza: se non ricordate il *phrasal verb*, potete ripiegare sul sostituto. C'è addirittura il rischio di fare bella figura.

Go to that Country, ovvero: i rischi delle forme idiomatiche

Le forme idiomatiche non dovrebbero interessare il principiante che chiede *How are you?* (Come stai?) nella speranza che l'altro non risponda. Questi modi di dire sono utili per fare bella figura, se conoscete la lingua (per dire «Ha paura», *He's got cold feet* – letteralmente, «ha i piedi freddi» – è più efficace di *He's afraid*). Sono invece insidiosi come sabbie mobili per chi tira a indovinare. Se arrivate ad un ricevimento elegante e per dire «fa molto freddo» cominciate a gridare *It's cold enough to freeze the balls off a brass monkey* non farete una gran figura. Il significato è quello, ma il luogo e l'occasione sono sbagliati.

Insidie del genere sono presenti in qualsiasi lingua. Un conoscente di Southport, oggi residente in Italia, ci ha scritto tempo fa per raccontare quello che gli accadde appena arrivato nel nostro paese. «Ero ospite una sera a casa della famiglia di mia moglie – non eravamo ancora sposati all'epoca – e aiutavo mia suocera a sparecchiare. Lei mi chiese qualcosa che non afferrai – capivo poco l'italiano – mentre portava via una pila di piatti sporchi, e io risposi con una frasetta che avevo imparato dal mio padrone di casa, un generale degli alpini in pensione. Per poco i piatti di mia suocera non finirono in frantumi a terra. Pensavo che *tutti* dicessero "non capisco una madonna" in simili circostanze.»

In inglese, come in italiano, è fondamentale conoscere esattamente il «peso specifico» delle espressioni idiomatiche che usate, se proprio volete usarle, ed è una buona cosa conoscerne anche la traduzione letterale. È vero, ad esempio, che *lucky as a bastard on father's day* significa «molto, ma molto sfortunato»; però vuol dire anche «fortunato come un bastardo nel giorno del papà», che è crudele, efficace, e non adatto da usare durante una cerimonia di battesimo.

Un'altra cosa da sapere è che le espressioni idiomatiche sono diverse per origine (le scuole, i pub, il sesso, lo sport eccetera). Quindi, per apprezzarne completamente il significato, può essere utile individuare l'ambiente in cui si sono formate. *Shipshape*, ad esempio, significa «in perfetto ordine» ed è nato sulle navi della marina britannica («in ordine di bordo»: essendoci poco spazio, ogni cosa doveva stare al suo posto). Tra i molti *idioms* di natura sessuale, e tra i pochi che si possono usare, c'è *one-night stands*. Sono le avventure di una notte, di cui americani e inglesi parlano molto, forse perché ormai le praticano poco. Terzo ammonimento: ricordarsi che esistono *idioms* inglesi, americani e australiani. Qualche volta risultano comprensibili solo nel paese di origine. Non è vero, come è stato scritto in un libro recente, che «una frase di commiato americano come *it's been real* si afferma prima o poi in Gran Bretagna, ove comunque viene immediatamente capita». Suggeriamo di provare a Liverpool, e poi guardare le facce.

Tra poco vedremo alcune tra le espressioni idiomatiche più usate in Gran Bretagna. È utile, ripetiamolo una volta ancora, averne almeno una «conoscenza passiva». Capire, cioè, cosa vogliono dire. È rischioso invece inserirle nel discorso, a meno che non siate assolutamente certi di aver sentito un madrelingua usare *quella* forma idiomatica, con *quel* tono, in una situazione simile.

L'inglese, sebbene sia una lingua pronta a perdonare molti errori, non permette l'uso approssimativo degli *idioms*. Il rischio, per chi sbaglia, è quello di infilare assurdità come il personaggio interpretato da Roberto Benigni in *Down by law*, un film di Jim Jarmush. Unico prigioniero italiano in un carcere americano, Benigni gridava al compagno di prigionia *You are a good egg* (letteralmente «sei un buon uovo») per dirgli che in fondo era una brava persona; quando voleva lamentarsi del fatto che la cella fosse stretta, annunciava: *There is no room to swing a cat* (non c'è spazio per far girare un gatto). Abbiamo visto il film a Londra, e possiamo garantire che l'effetto comico, per il pubblico, era strepitoso.

A meno che vogliate divertire gli amici inglesi e americani, quindi, suggeriamo di attenervi alle espressioni elencate qui sotto. Sono forme idiomatiche trascritte da un taccuino tenuto per anni; secondo la nostra esperienza, sono in assoluto le più usate e, soprattutto, sono comprensibili. In una libreria milanese abbiamo trovato un volumetto dove, quasi fossero espressioni di uso quotidiano, venivano elencate forme come l'americaneggiante *the mother and father of* (la madre e il padre di) per dire «il più tremendo» (*When we met I had the mother and father of all headaches*, Quando ci siamo incontrati avevo il più tremendo mal di testa). Ebbene: solo Saddam Hussein, per quanto ne sappiamo, parla della «madre di tutte le battaglie», e ha la scusa di parlare in arabo. Voi, astenetevi.

Quello che stiamo cercando di dire, in sostanza, è questo: meglio conoscere poche espressioni, ma essere certi che vengono effettivamente usate, piuttosto che pescare a caso tra centinaia di *idioms* sconosciuti. Per questo gli elenchi interminabili sono pericolosi: perché accostano espressioni normali, utili e utilizzabili, e forme idiomatiche come *the mother and father of*. Anche in India per indicare che qualcuno è «molto onesto» si dice *honest as an elephant* (onesto come un elefante), e i «grossi errori» si chiamano *Himalayan blunders*; anche l'inglese-africano ha coniato le proprie espressioni idiomatiche: *to eat each other's ears* (mangiarsi le orecchie a vicenda) vuol dire «parlare confidenzialmente». Provate però a dirlo durante un incontro di lavoro a Francoforte o a Manhattan (*May I eat your ears?* Posso mangiarle le orecchie?), e poi scriveteci per raccontare cosa è successo.

Il significato è sulla destra. La traduzione letterale è appena sotto, tra parentesi.

Ace	*To have an ace in the hole*	Avere un asso nella manica (Avere un asso nel buco)

Arm	To keep somebody at arm's length	Tenere qualcuno a distanza (di un braccio)
Bag	To let the cat out of the bag	Lasciarsi sfuggire un segreto (Lasciare uscire il gatto dalla borsa)
Bananas	To go bananas	Diventare pazzo (Andare banane)
Bear	Bear hug	Abbraccio stretto (Abbraccio dell'orso)
Beer	Small beer	Poca cosa (Piccola birra)
Bell	It rings a bell	Mi ricorda qualcosa (Fa suonare un campanello)
Bend	Round the bend	Impazzito (Dietro la curva)
Blue	To feel blue	Essere triste (Sentirsi blu)
Bread	It's my bread and butter	È il mio pane (È il mio pane e burro)
Brush	Daft as a brush	Molto sciocco (Stupido come una spazzola)
Buck	To pass the buck	Fare scaricabarile (Passare il gettone)
Bullet	To bite the bullet	Essere stoico (Mordere la pallottola)
Bush	Stop beating about the bush	Non tergiversare, non menare il can per l'aia (Smetti di battere intorno al cespuglio)
Cake	To have one's cake and eat it too	Volere la botte piena e la moglie ubriaca (Avere il proprio dolce e mangiarselo pure)
	It's a piece of cake	È molto facile (È una fetta di torta)
Chicken	To chicken out	Spaventarsi e abbandonare («Sgallinare» fuori)
Chips	When the chips are down	Al momento cruciale (Quando le fiches sono giù)

Cloud	To be on cloud nine	Essere al settimo cielo (Essere sulla nuvola nove)
Crunch	When it comes to the crunch	Quando si viene al dunque (Quando si arriva allo scontro fisico)
Cucumber	To be as cool as a cucumber	Mantenere il sangue freddo (Essere freddo come un cetriolo)
Day	To call it a day	Dire basta (Chiamarlo un giorno)
Devil	Devil-may-care	Me ne infischio (Il diavolo può preoccuparsene)
Dog	It's going to the dogs	Sta andando alla malora (Sta andando dai cani)
Dutch	To go Dutch	Pagare alla romana (Andare olandese)
	Dutch courage	Coraggio che viene dal consumo di alcolici (Coraggio olandese)
Earth	It costs the earth	Costa un occhio della testa (Costa la terra)
End	A dead end	Via senza uscita (Una fine morta)
Eye	To turn a blind eye	Far finta di non vedere (Girare un occhio cieco)
Face	Stop pulling faces at me	Smetti di farmi le boccacce (Smetti di tirarmi le facce)
Fence	To sit on the fence	Stare in disparte ad aspettare (Sedersi sullo steccato)
Fiddle	To be as fit as a fiddle	Essere in grande forma (Essere in forma come un violino)
Finger	To have a finger in every pie	Avere le mani in pasta dappertutto (Avere un dito in ogni torta)
Fish	That's another kettle of fish	È un altro paio di maniche (Quello è un altro pentolino di pesce)
Foot	To have cold feet	Avere paura, spaventarsi (Avere i piedi freddi)
Gun	He jumped the gun	Ha anticipato i tempi (Ha saltato la pistola)

	Big guns	Pezzi grossi (Grandi pistole)
	I stick to my guns	Rimango del mio parere (Mi incollo ai miei cannoni)
Hell	*To raise hell*	Protestare con veemenza (Alzare inferno)
Home	*Nothing to write home about*	Niente di speciale (Niente di cui scrivere a casa)
Ice	*To cut no ice*	Non fare alcuna impressione (Non tagliare ghiaccio)
Kick	*To get a kick out of it*	Ricavarne uno stimolo (Ricavarne un calcio)
Leg	*To pull someone's leg*	Prendere in giro qualcuno (Tirare la gamba di qualcuno)
Line	*To draw the line*	Stabilire un limite (Tirare la linea)
Leopard	*A leopard doesn't change its spots*	Il lupo perde il pelo ma non il vizio (Un leopardo non cambia le sue macchie)
Moon	*To be over the moon*	Essere al settimo cielo (Essere sopra la luna)
Murder	*To cry blue murder*	Gridare come un forsennato (Gridare omicidio blu)
Nine	*Dressed up to the nines*	Vestito come un damerino (Vestito alle nove)
Nut	*To go nuts*	Impazzire (Andare noci)
	Computer nut	Maniaco per i computer (Noce da computer)
	To put it in a nutshell	Per dirlo in poche parole (Per metterlo in un guscio)
	To know the nuts and bolts	Conoscere a fondo (Conoscere i dadi e i bulloni)
Pain	*A pain in the neck*	Un rompiscatole (Un dolore nel collo)

Pie	To eat humble pie	Doversi scusare in modo umiliante (Mangiare pasticcio di budella di cervo, un piatto di poco pregio)
Rat	To smell a rat	Fiutare l'inganno (Fiutare un topo)
Road	To hit the road	Mettersi in marcia (Colpire la strada)
Salad	In his salad days	Nei suoi anni verdi (Nei suoi giorni dell'insalata)
Ship	Shipshape	In perfetto ordine (In ordine «di bordo»)
Shoulder	To have a chip on one's shoulder	Essere permalosi per un torto subìto (Avere una scheggia sulla spalla)
Skin	By the skin of his teeth	Per un pelo (Per la pelle dei suoi denti)
	He jumped out of his skin	È saltato sulla sedia (È saltato fuori dalla pelle)
Song	He got it for a song	L'ha avuto per una miseria (L'ha ottenuto per una canzone)
Straw	The last straw	La goccia che ha fatto traboccare il vaso (L'ultima pagliuzza)
	Clutching at straws	Aggrapparsi a un filo di speranza (Aggrapparsi a pagliuzze)
Tea	It's my cup of tea	È la mia specialità (È la mia tazza di tè)
Way	By the way	A proposito (Sul bordo della strada)
Yourself	Pull yourself together	Controlla i tuoi sentimenti (Tira te stesso insieme)

Un'ultima annotazione, probabilmente superflua. Le espressioni idiomatiche italiane, tradotte in inglese, otto volte su dieci non hanno significato alcuno. «In quattro e quattr'otto» non si dice *In four and four eight*. Se traducete «conosco i miei polli» (nel senso di «so con chi ho a che fare») con *I know my chickens*, non aspettatevi che vi capiscano a Londra.

Qualcuno ha addirittura trasformato queste «false traduzioni» in un gioco. Un libro francese, qualche anno fa, si intitolava *Sky, my husband!*: in inglese l'esclamazione non vuol dire nulla, mentre «Ciel, mon mari!» e «Cielo, mio marito!» sono frasi che possono trovare ospitalità in una commedia brillante. Con questa lingua bizzarra lo scrittore Giorgio Soavi, tempo fa, ha imbastito un elzeviro per la terza pagina del «Giornale». Raccontava di un viaggio a Londra e negli Stati Uniti, durante il quale una coppia di nostri connazionali, per non farsi capire, traduceva letteralmente in inglese le forme idiomatiche italiane. I due passavano da *It rains that God sends it down* (piove che Dio la manda) a *Let's cut the rope* (tagliamo la corda); e, quand'erano nervosi, fioccavano i *Go to that Country!*, vai a quel paese! La trovata migliore di Soavi è stata ripresa nel titolo del pezzo: «Mai il lesso, darling» diceva lui a lei, traducendo *Nevertheless, darling...* (Nondimeno, cara...).

Abbiamo detto che *otto* volte su dieci le espressioni idiomatiche non si possono trasportare di peso da una lingua all'altra. *Due* volte su dieci, però, questo è possibile. Prendiamo alcune espressioni idiomatiche italiane relative alla parola «occhio». La maggioranza si traduce diversamente (a destra la traduzione letterale dell'*idiom* inglese):

A occhio e croce	*By rule of thumb*	Secondo la regola del pollice
A quattr'occhi	*Between you, me and the lampost*	Tra me, te e il palo della luce

246

| Chiudere un occhio | To turn a blind eye | Girare un occhio cieco |
| Fare l'occhio di triglia | To make sheep's eyes | Fare occhi da pecora |

Una minoranza, però, corrisponde esattamente o quasi:

A occhio nudo	With the naked eye
Gettare polvere negli occhi	To throw dust in someone's eyes
Tienilo d'occhio	Keep an eye on him

La morale è ovvia. Prima di usare una forma idiomatica inglese, siate certi 1) che esista; 2) che sia adatta alla circostanza; 3) di non essere gli unici ad usarla in tutta Europa. A quel punto, in bocca al lupo.

Vecchi insulti e nuovo slang

Nel dopoguerra uno scrittore ungherese immigrato in Gran Bretagna, George Mikes, esasperato dalle difficoltà della nuova lingua, scriveva: «Mi sono accorto che le 500 parole che l'inglese medio utilizza non esauriscono assolutamente il vocabolario. Certo: potrei impararne altre 500, e poi altre 5000, e poi altre 50.000. A quel punto so che ne troverei altre 50.000 che non ho mai sentito prima. E nessun altro ha mai sentito prima».

Tra queste ultime cinquantamila parole, probabilmente, c'erano anche i termini dello slang. Prima di spiegarne i rischi, vediamo cos'è, questo slang. L'*Oxford English Dictionary* offre questa definizione: «Lingua estremamente colloquiale, considerata al di sotto del livello del discorso standard di una persona istruita, e costituita sia di nuove parole che di parole in uso, impiegate in qualche modo speciale». E il dizionario *Webster's*: «Lingua comprendente alcuni termini largamente usati ma normalmente effimeri, dotati di un significato forzato, fantastico o grottesco, o che esibiscono uno humour o una immaginazione eccentrici o stravaganti».

Il poeta americano Carl Sandburg nel 1959 scrisse sul «New York Times» che «lo slang è la lingua che si leva la giacca, si sputa sulle mani e va al lavoro». Nel 1962 lo scrittore inglese John Cecil Moore, nel suo *You English Words*, lo definì «la lingua poetica dei poveracci». Nel 1990 il linguista britannico Philip Howard ha cercato di chiudere così la questione: «Definire lo slang è come cercare di prendere i raggi della luna con un retino per farfalle».

Una definizione meno affascinante, ma più chiara, la fornisce Eric Partridge nel classico *Usage and Abusage*. A suo giudizio, lo slang è il linguaggio che sta *al di sotto* della lingua colloquiale e *al di sopra* del gergo della malavita (*cant*). Partridge fornisce un paio di buoni esempi. Se nell'inglese standard uomo si dice *man*, la forma colloquiale (britannica) è *chap*, mentre l'equivalente in slang è *bloke* (o *cove*, o *cully*, o *guy*, che a sua volta è diventato l'espressione colloquiale americana: non esiste film dove qualcuno non dica di qualcun altro *He's a nice guy*, È un tipo simpatico). Lo stesso vale per «un vecchio»: *old man* (Standard English); *old chap* o *old fellow* (inglese colloquiale); *old buffer* (slang). Eric Partridge prosegue osservando che lo slang «non prende nulla troppo seriamente, eppure implica un certo standard morale o intellettuale, di solito al livello del buon senso» e chiude elencando «sedici ragioni per cui la gente usa lo slang», delle quali i nostri lettori verranno dispensati.

A chi studia inglese come seconda lingua, infatti, piuttosto di sapere sedici ragioni per usare lo slang, conviene conoscere il motivo – unico, ma ottimo – per cui è meglio lasciar perdere. Lo slang – ancora più delle espressioni idiomatiche, dalle quali è separato da un confine molto incerto – rappresenta il sesto grado della lingua inglese. Usarlo vale un'affermazione: «Io conosco tutte le

sfumature». E a chi conosce tutte le sfumature, naturalmente, non si perdona il minimo errore.

Non solo. Il carattere localistico dello slang fa sì che
espressioni usate correntemente a Londra non abbiano
significato alcuno – o ne abbiano uno totalmente diverso
– in Australia, e viceversa. Il «carattere effimero» di cui
parlava il *Webster's* rappresenta un altro trabocchetto: nello
slang giovanile della Swinging London anni Sessanta,
square (letteralmente: quadrato) voleva dire «conformista»
e *groovy* qualcosa come «bello, piacevole» (poi diventato
smashing e *fabulous* all'inizio degli anni Settanta, *epic* o *magic*
intorno al 1979, *brilliant* o *brill* verso il 1985, di nuovo
smashing alla fine degli anni Ottanta, per poi arrivare a
excellent e *superb* e via inventando). Anche oggi, naturalmente, potete dire *square* e *groovy*. Ma dovete sapere che
equivalgono ad una confessione: sono stato a Londra nel
1967, e non sono più tornato.

Può succedere, però, che alcuni modi di dire abbiano
tanto successo da venir «promossi» definitivamente nel
linguaggio colloquiale. In questo caso, con le opportune
cautele, si possono usare. Queste, ad esempio, alcune delle
espressioni di origine sportiva, tratte da *Super English* di
Renato Proni, un volumetto interamente dedicato agli
idioms.

ATLETICA	
to jump the gun	anticipare i tempi (letteralmen-te: saltare la pistola)
PUGILATO	
to floor	mettere al tappeto
body blow	colpo al corpo, colpo duro
CACCIA ALLA VOLPE	
in full cry	in piena forma, nel pieno del-l'azione (letteralmente: in pie-no urlo)
GIOCO DELL'OCA	
back to square one	tutto da capo (dal «primo qua-drato»)

CRICKET
bowled over — travolto
to catch out — cogliere in flagrante

GOLF
hole in one — azzeccato (letteralmente: buca in uno)

IPPICA
to jockey for position — darsi da fare per guadagnare una buona posizione
dark horse — cavallo sconosciuto (e quindi un'incognita)

SCOMMESSE
against all the odds — contro ogni probabilità

Anche molte espressioni basate sui nomi propri sono ormai entrate nell'inglese di tutti i giorni:

Every Tom, Dick and Harry — l'espressione è usata nel senso di «chiunque»

Flash Harry — individuo dall'aspetto vistoso e volgare

Jack in the box — detto di chi sbuca all'improvviso, come il pupazzetto a molla che esce da una scatola

Jack of all trades (and master of none) — persona che conosce vari mestieri (ma in nessuno eccelle)

Plain Jane — ragazza normale e insignificante

Molto più pericolose – e innumerevoli – sono le espressioni di origine sessuale: mezzo secolo fa il linguista J.Y.P. Greig disse che «sesso, soldi e alcol erano alla base della maggior parte dei termini di slang», e aveva ragione. Elenchiamo alcune di queste espressioni, nella loro versione più aggiornata. Non per invitarvi ad usarle. Solo perché sappiate quando siete stati insultati, in modo da non ringraziare.

pain in the neck	rompiscatole
pain in the ass	rompiscatole (più volgare)
wally, wimp	imbranato
moron, jerk	stupido
asshole	idiota (volgare)
son of a bitch	figlio di buona donna
whore	prostituta
bimbo	ragazza facile, «mantenuta»
sugar daddy	ricco signore che mantiene la «bimbo»
pimp	sfruttatore di prostitute
to be on the make	essere a caccia (di uomini o donne)
to be an easy lay	essere una ragazza facile
bird	ragazza
fag, queer, poof, queen	omosessuale
rent boy	«ragazzo in affitto»
dyke	lesbica
shit	merda
bullshit!	balle (sciocchezze!)
to fuck	avere rapporti sessuali (volgare)
to bonk	idem (più gentile e molto in voga)
fuck off, bugger off	vaff........
fucking	fottuto (volgare, ma usatissimo)
bloody	maledetto (aggettivo)

Per usare queste parole (e tutte le altre che abbiamo preferito evitare) occorre un alto grado di familiarità con la lingua. Incidenti possono però accadere anche alle persone più educate e prudenti. Questo aneddoto, ad esempio, se non è vero, è verosimile. Un italiano in un ristorante chiede *May I have a bloody steak?* (nelle sue intenzioni «Posso avere una bistecca al sangue?»; in effetti «Posso avere una *maledetta* bistecca?»). Il cameriere risponde: *Would you like some fucking chips with it?* Vuole anche qualche fottuta patatina insieme?

Chiudiamo con qualcosa di più leggero: il cosiddetto «slang in rima». Sebbene sia praticamente impossibile da imparare, è buona cosa sapere che esiste. Se infatti parlate un ottimo inglese, ma vi accorgete di non capire, significa che qualcuno si sta divertendo alle vostre spalle con il *rhyming slang*.

In questo tipo di parlata, una o più parole ne sostituiscono un'altra, per il solo fatto che rimano. Talvolta c'è del sarcasmo nella scelta dei vocaboli, ma non sempre. Qualche esempio:

swear and cuss (insulta e maledici)	significa	*bus*
frog and toad (rana e rospo)	significa	*road,* strada
Molly Malone	significa	*telephone*, telefono
grasshopper (cavalletta)	significa	*copper*, poliziotto
bacon and eggs (pancetta e uova)	significa	*legs*, gambe
apple and pears (mela e pere)	significa	*stairs*, scale
apple fritter (frittella di mele)	significa	*bitter*, birra
Auntie Nelly (zia Nelly)	significa	*belly*, pancia

spit an' drag (sputa e tira)	significa	*fag*, sigaretta
trouble and strife (guai e lotta)	significa	*wife*, moglie
cut and carried (tagliato e portato via)	significa	*married*, sposato
bull and cow (toro e mucca)	significa	*row*, litigio
dustbin lid (coperchio del bidone della spazzatura)	significa	*kid*, bambino

Il *Dictionary of Contemporary Slangs*, pubblicato dalla casa editrice Bloomsbury, inserisce anche qualche nuovo arrivato come:

Alans
(da Alan Whicker, noto intervistatore televisivo) significa *knickers*, slip da donna

e infine, assolutamente cervellotico

Pattie, Desmond, Douglas
(da Pattie Hearst, Desmond Tutu e Douglas Hurd)
First, Second and Third

significa: primo, secondo e terzo, classi di voto all'università.

Esercizi:
I *PHRASAL VERBS*

1) Come esprimere il moto a luogo - senza usare verbi

Reinserite le parole che sono state tolte dal seguente brano tratto da un romanzo umoristico inglese; i lettori più volenterosi sono invitati a cimentarsi anche nella traduzione. Si vedrà che le particelle (preposizioni o avverbi) di moto a luogo che sono state rimosse svolgono una funzione comunicativa che in italiano è affidata al verbo.

> *Whenever Henry Wilt took the dog for a walk, or, to be more accurate, when the dog took him, or to be exact, when Mrs Wilt told them both to go and take themselves out of the house so that she could do her yoga exercises, he always took the same route. In fact the dog followed the route and Wilt followed the dog. They went **** **** the Post Office, ****** the playground, ***** the railway bridge and *** on to the footpath by the river. A mile ***** the river and then ***** the railway line again and **** through streets where the houses were bigger than Wilt's semi and there were large trees and gardens and the cars were all Rovers and Mercedes.*

(Tom Sharpe, *Wilt*, Pan editore)

Le parole tolte sono (in ordine alfabetico): *across - along - back - down - out - past - under - under*

> *Whenever Henry Wilt took the dog for a walk, or, to be more accurate, when the dog took him, or to be exact, when Mrs Wilt told them both to go and take themselves out of the house so that she could do her yoga exercises, he always took the same route. In fact the dog followed the route and*

*Wilt followed the dog. They went **down past** the Post Office, **across** the playground, **under** the railway bridge and **out** on to the footpath by the river. A mile **along** the river and then **under** the railway line again and **back** through streets where the houses were bigger than Wilt's semi and there were large trees and gardens and the cars were all Rovers and Mercedes.*

Per tradurre il brano in un italiano comprensibile è giocoforza aggiungere qualche verbo:

«Ogni volta che Wilt portava il cane a fare due passi, o più precisamente, quando il cane portava lui a spasso, oppure per essere esattissimi, tutte le volte che la Sig.ra Wilt ordinava ad entrambi di togliersi dalle scatole affinché lei potesse fare gli esercizi di yoga, egli seguiva sempre lo stesso itinerario. In verità era il cane che seguiva il percorso mentre Wilt si limitava a seguire l'animale. Scendevano per la strada che passava davanti all'ufficio postale, attraversavano il campo sportivo e proseguivano sotto il ponte ferroviario per imboccare il sentiero che costeggiava il fiume. Continuavano lungo il corso d'acqua per un chilometro e mezzo prima di passare di nuovo sotto la linea ferroviaria e tornare per strade in cui le case erano più imponenti della bifamiliare di Wilt, gli alberi e i giardini erano grandi, e le macchine erano tutte Rover o Mercedes».

2) SE FUNZIONA CON IL MOTO A LUOGO, PERCHÉ NON DEVE FUNZIONARE CON ALTRE NOZIONI «VERBALI»?

Il passo successivo ci conduce ai *phrasal verbs* veri e propri. Nel brano seguente si noterà che le particelle *up* e *down* esprimono il significato verbale di «aumentare» e «ridurre»; e che il verbo *manage* spiega soltanto come tale aumento/riduzione sarà ottenuto («con iniziative di tipo manageriale»). In altre parole, il verbo esprime un significato avverbiale.

MANAGE ONE'S STAFF RE-SOURCES. A term used by the Sun Oil Company when it involuntarily removed five hundred employees. «We don't characterize it as a layoff,» said a Sun spokesperson at the time. «We're managing our staff resources. Sometimes you **manage** *them* **up,** *and sometimes you* **manage** *them* **down.**»

GESTIRE LE RISORSE UMANE. Un termine adoperato dalla Sun Oil Company quando si sbarazzò di cinquecento dipendenti senza il loro consenso. «Noi non lo definiamo licenziamento,» disse un portavoce della Sun all'epoca. «Stiamo gestendo le nostre risorse umane; a volte ti tocca "gestirle" in senso positivo e a volte le "gestisci" in senso negativo.»

(Citato da Henry Beard and Christopher Cerf, *The Official Politically Correct Dictionary & Handbook*, Grafton).

Ci sono circa 50 particelle «frasali» inglesi, di cui una decina usate con molto frequenza; esse vengono associate dall'uso corrente a nozioni verbali o sostantivali diverse (o addirittura contraddittorie: si pensi alle nozioni di «chiusura» e «separazione» associate ad *up* grazie a collocazioni frasali come *tie up*, *close up*, *bottle up*, *lock up* da un lato e *break up*, *cut up*, *split up* dall'altro). Chi parla l'inglese sceglie automaticamente la nozione più appropriata quando incontra un nuovo *phrasal verb*, arrivando così a comprendere dalla sola particella (e naturalmente con l'aiuto del contesto) il significato di verbi decisamente cervellotici. Per esempio

«*Movie stars, they either seem to fade away or James Dean out.*» (Dal romanzo *LaBrava* di Elmore Leonard, Penguin.)

Se sappiamo che la particella *out* viene spesso associata all'idea di scomparsa o distruzione (*drop out*, *rub out*, ecc.), possiamo arrivare al significato:

«I divi del cinema o escono di scena pian piano o si fanno fuori in modo spettacolare come James Dean».

Come spesso accade, il contesto (e la presenza dell'altro, normalissimo *phrasal verb* «*fade away*») ci aiuta a capire. Sfido tuttavia i lettori a trovare un vocabolario inglese-italiano che riporti il verbo «*to James Dean*».

Facile? Onestamente, no. Complesso? Nemmeno. Basta capire il meccanismo.

Lettura:
INGLESE & EUROPA

Secondo Umberto Eco, negli ultimi quattrocento anni sono stati almeno duecento i tentativi di trovare una lingua che potesse unire il mondo e, se il mondo si rivelava troppo grande, riuscisse almeno a far parlare l'Europa. Alcuni dovevano essere piuttosto divertenti. Nel Seicento c'era un francese, tale Guillaume Postel, secondo cui uno dei figli di Noè sfuggì al caos di Babele e fondò la stirpe celtica di Francia, cosicché la lingua universale non poteva che essere quella dei Galli. Seguì un olandese: a suo parere l'idioma perfetto era l'olandese di Anversa. Un polacco e un ungherese proponevano, rispettivamente, il polacco e l'ungherese. Uno svedese, Andreas Kempe, nel 1688 pubblicò un libretto, *La lingua del Paradiso*, nel quale raccontava di un curioso Eden dove Adamo si esprimeva in danese, il serpente in francese e Dio – naturalmente – in svedese.

Alla fine del secolo scorso gli epigoni di costoro si sono buttati sulle cosiddette «lingue artificiali». Non trovando tra quelli esistenti l'idioma perfetto, in sostanza, decisero di inventarlo. Iniziò un vescovo tedesco, nel 1880, creando il Volapük: nonostante la buona accoglienza, venne dimenticato dopo pochi anni, anche perché l'inventore non aveva saputo rinunciare alle dieresi ($\ddot{a}$, $\ddot{o}$, $\ddot{u}$). Nel 1903 arrivò Interlingua (Latino sine Flexione), invenzione del matematico italiano Giuseppe Peano, e quattro anni più tardi toccò all'Ido, creazione di Louis de Beaufront, che ottenne una certa popolarità alla vigilia della prima guerra mondiale. Nel 1922 fu il turno dell'Occidental, lingua che non uscì mai dall'ambito della famiglia dell'autore, Edgar de Wahl. Nel 1928 arrivò Novial, basato sulle radici delle parole tedesche, ma non superò la fase sperimentale. Quattro anni dopo uno psicologo britannico, Charles Kay Ogden, annunciò l'invenzione del Basic English, ovvero un inglese formato da sole ottocentocinquanta parole e poche regole di grammatica. Nessuno lo parlava, e venne abbandonato.

Una menzione particolare va all'esperanto, se non altro per il numero di zeloti che ancora oggi vogliono insegnarlo a chi non ne vuol sapere. Creato nel 1887 da Ludwick Zamenhof, un oculista polacco di Bialystock, viene parlato da centomila persone di ottantatré paesi, e riempie cento periodici e trentamila libri. Derivato dalle radici delle lingue europee, in particolare delle lingue romanze, l'esperanto è relativamente facile da imparare (si favoleggia che Leone Tolstoj ci riuscì in due ore): i verbi sono tutti regolari; l'articolo determinativo è sempre *la*, mentre quello indeterminativo non esiste; i sostantivi non hanno genere e terminano in -*o* , i plurali in -*oj* ; gli aggettivi in -*a* . Il guaio dell'esperanto è che costituisce l'equivalente linguistico dell'economia di piano socialista: là qualcuno voleva imporre costi e prezzi; qui, parole. Quella non ha mai funzionato; questo – l'esperanto – non funzionerà mai.

La scarsa fortuna dell'esperanto non ha intaccato l'entusiasmo di quanti credono alla necessità di una «lingua neutrale». L'ultima trovata si chiama Glosa. Basata sulle radici latine e greche dei termini scientifici, quest'idioma non ha grammatica, né accenti, né irregolarità. Venti particelle servono per indicare, tra l'altro, il tempo dei verbi (*fu* per futuro, *pa* per passato). Creata nel 1943 da un professore di Aberdeen, e rielaborata da due coniugi chiusi dentro un *cottage* in un sobborgo di Londra, il Glosa consta di seimila parole, raccolte in un dizionario. L'europarlamentare laburista britannico Michael Elliot se ne dichiara entusiasta. Sebbene non sappia parlarlo né leggerlo, lo propone come «lingua universale della Comunità Europea».

Il suggerimento, grazie al cielo, cadrà nel vuoto. L'Europa, anche senza il misterioso Glosa, è gia soffocata dalle lingue degli Stati membri. Quand'erano nove, le lingue richiedevano trentasei interpreti. Presto, con l'ingresso di Svezia e Finlandia, saranno undici (l'Austria parla tedesco). Se, com'è probabile, altri Paesi dovessero entrare nella Comunità, le lingue aumenterebbero. Occorrerà trovare schiere di traduttori dal polacco al finlandese e dal turco al portoghese, che non si trovano ad ogni angolo di strada.

I costi di questa Europa che parla molto, ma capisce poco, sono leggendari. Una trovata della Comunità è la creazione di un fondo destinato a finanziare il doppiaggio e la sottotitolazione di programmi televisivi, preferibilmente nelle lingue meno conosciute. Il nome ufficiale dell'iniziativa è Broadcasting Across the Barriers of European Languages (trasmissione attraverso le barriere delle lingue europee). La sigla con cui è conosciuta è l'acronimo dei termini inglesi, e descrive perfettamente il pantano linguistico dentro il quale si è andata a cacciare l'Europa: B.a.b.e.l.

Una soluzione, naturalmente, ci sarebbe. Adottare ufficialmente l'inglese, che già risuona imperioso attraverso tutto il continente, dall'Algarve al Peloponneso. La cosa è stata proposta, ma ha urtato alcune suscettibilità. Se gli olandesi si sono ormai rassegnati, e gli italiani aspettano come al solito di

applaudire il vincitore, tedeschi e francesi protesta-
no. I primi vorrebbero ciò che non hanno, ovvero
pari dignità del tedesco con l'inglese e il francese.
I secondi temono di perdere ciò che hanno: l'illusione di parlare ancora la lingua della politica, della diplomazia e degli affari.
Gli uni e gli altri, con ogni probabilità, dovranno
cedere le armi. La «falsa uguaglianza fra lingue di-
seguali» – espressione usata, con caratteristica mancanza di tatto, da Alfred Sherman, fondatore con
Margaret Thatcher del *Centre for Policy Studies* di Londra – non può, infatti, durare a lungo. All'interno
delle istituzioni della Comunità, sebbene la Gran
Bretagna sia giunta con sedici anni di ritardo, l'inglese sta prendendo il sopravvento. Fuori dalle istituzioni, l'ha preso da tempo. «Su dieci uomini d'affari europei – disse il vicepresidente tedesco della
Commissione, Bangemann – cinque ignorano il tedesco, tre non sanno il francese, ma tutti parlano
inglese.» Il presidente francese Giscard D'Estaing
e il cancelliere tedesco Helmut Schmidt, da questo
punto di vista, sono stati due pionieri: quando s'in-
contravano, parlavano in inglese.
La lingua di Francia appare particolarmente vul-
nerabile. Il francese, all'estero, è al tappeto. In patria, alle corde: *les anglicismes* si intrufolano ovunque. Serve a poco, quindi, che il segretario generale delle Nazioni Unite Boutros-Ghali, egiziano
francòfono, si professi ottimista («Suvvia, non siamo tragici: la francofonia non è morta»); servono
ancora a meno i «campionati mondiali d'ortografia» organizzati nel Palazzo di Vetro dell'Onu, durante i quali i concorrenti devono scrivere sotto det-
tatura frasi come *S'il y avait des oh, c'est qu'il y avait
débat* (finale 1991). Quando le «commissioni di terminologia» presso i ministeri francesi si improvvi-

sano fabbricanti di parole e cercano di imporre i termini *café-couette*, *boutique franche*, *navire transbordeur* e *pret-à-manger*, l'Europa sorride. Poi dice *bed and breakfast*, *duty free*, *ferry-boat* e *fast food*.

(«il Giornale», maggio 1992)

9

GUIDA ALLA COMPRENSIONE

«Why can't the English learn to speak?»
Perché gli inglesi non imparano a parlare?

Professor Higgins (Rex Harrison),
My Fair Lady, 1964

Come capire radio e TV (oppure finger bene)

Tutti sanno – e se non lo sanno, se ne accorgeranno presto – che capire l'inglese è più difficile che parlarlo. Il più volte citato professor Watson ci ha raccontato che la migliore spiegazione di questo fenomeno gli è stata fornita da una allieva di nome Anna Ruocco (all'epoca dodicenne), la quale ha puntualizzato: «Trovo difficile l'inglese perché non capisco quando le persone parlano in fretta. Mi trovo bene, invece, quando parlo io, perché vado alla velocità che voglio».

Il problema sembra impostato correttamente. Capire appare più difficile che parlare e leggere per una serie di motivi: 1. L'ascoltatore, come abbiamo visto, di solito non ha alcun controllo sulla velocità del discorso altrui. 2. Un testo scritto si può rileggere; un discorso, in genere, si ascolta una volta sola. 3. Chi parla ha un accento; chi scrive, no. 4. Un testo è un testo, e al massimo può essere stampato in maniera più o meno chiara; un discorso può invece essere disturbato da vari rumori (basta pensare al telefono, o ai micidiali altoparlanti degli aeroporti).

A queste difficoltà va aggiunto un fatto: chi parla lingue «*syllable-timed*», come l'italiano, il francese o lo spagnolo – nelle quali la velocità di pronuncia corrisponde grosso modo al numero di sillabe che contiene – si trova a malpartito quando deve affrontare una lingua «*stress-*

timed» come l'inglese, dove la durata della frase corrisponde al numero di accenti con i quali chi parla sceglie di scandirla. In inglese, in sostanza, non tutte le parole hanno un accento tonico, e quelle non accentate vengono «mangiate» tra le altre. È questo il motivo per cui, pur conoscendo un po' d'inglese, si capisce poco quando un inglese o un americano parlano, mentre, conoscendo altrettanto francese, un francese diventa quasi comprensibile.

Prendiamo due frasi:

a) SMALL CATS EAT LESS   (4 sillabe - 4 accenti)

b) ARCHibald macALLister is TRAvelling to benBECula
                                 (16 sillabe - 4 accenti)

Un italiano si aspetta che la seconda frase duri quattro volte di più della prima, dal momento che è quattro volte più lunga. Invece un inglese le pronuncia più o meno nello stesso tempo, e non lo fa per dispetto a voi che state ad ascoltare. Se questa spiegazione sembra troppo semplice, rimandiamo a *A Teacher's Guide to Interference and Other Problems* (Cambridge University Press), capitolo dedicato agli «*Italian speakers*»: «Sebbene esistano differenze tra inglese e italiano nella distribuzione dei suoni individuali, le maggiori difficoltà per gli studenti italiani sono costituite da *stress and rhythm* (accento e ritmo)».

La capacità di comprendere la lingua parlata, nel gergo delle scuole d'inglese, si chiama *listening comprehension*. Per anni quest'attività è stata trascurata: la grande maggioranza degli insegnanti sembrava intimamente convinta che capire l'inglese fosse più semplice che parlarlo o leggerlo. Questo atteggiamento ha probabilmente una spiegazione: la comprensione è un'attività molto meno pubblica della lettura, della scrittura o del discorso. Quello che abbiamo capito, in altre parole, lo sappiamo solo noi. Le sciocchezze che diciamo, tutti le possono sentire.

Finché sorridiamo, facciamo occasionali cenni d'assenso

e diamo l'impressione di essere attenti, possiamo immaginare di aver capito l'essenza di quello che abbiamo ascoltato. Molti insegnanti d'inglese incoraggiano queste illusioni, sostengono gli autori di *The Teaching of English as an International Language* (Collins editore): «Entrano in una classe di principianti e dicono *Sit down and listen to me*. A quel punto la classe si siede e appare attenta. Che abbia capito, però, non è provato. Può essere che qualcuno abbia capito e gli altri abbiano seguito l'esempio. O che nessuno abbia capito, ma tutti si comportino come ci si comporta normalmente all'inizio di una lezione: ci si siede e si ascolta».

Queste considerazioni, badate bene, sono tutt'altro che ovvie. Molti italiani sprecano più energie per fingere di aver capito di quante ne consumerebbero per imparare a capire davvero. Se a Milano, al termine di un film americano in lingua originale, non è possibile stabilire quanti tra quelli che ridevano avevano capito le battute, in un congresso o in una riunione di lavoro arriva sempre il momento della verità.

Se è vero che la capacità di comprendere si conquista con lo studio e l'esercizio, come quella di parlare e leggere, è anche vero che la conoscenza di alcuni processi può essere d'aiuto. Il primo si chiama «selezione» (*selection*) e consiste nello scegliere gli elementi-chiave sufficienti alla comprensione di una frase; oppure – ed è lo stesso – nel fare a meno degli «elementi ridondanti»: ogni lingua fornisce infatti più elementi di comprensione di quanti sarebbero necessari, proprio per ovviare ad eventuali difficoltà di trasmissione o ricezione. Ad esempio, nella frase He *flies* to *London* to *buy* his *shirts* (Vola a Londra per comprarsi le camicie), si possono non capire (o non sentire) le parole in tondo, ma il senso della frase rimarrà chiaro. Questo è il motivo per cui un madrelingua, e in genere chi conosce bene una seconda lingua, sarà sempre in grado di capire una radio mal sintonizzata, una telefonata disturbata o un bisbiglio.

«Previsione» (*prediction*) significa invece immaginare cosa verrà detto. Per far questo, conoscere l'argomento aiuta molto. Un ottimo allenamento è ascoltare le *news* del BBC World Service – in Italia si riceve sulle onde corte: 648 kHz (tutto il giorno), 9410 kHz (ore 8 - ore 21), 12095 kHz (ore 7 - ore 19). Ancora più utile, da questo punto di vista, sarebbe un telegiornale (italiano) trasmesso quotidianamente in inglese.

Altrettanto importante è intuire i concetti che stanno per essere espressi; il che vuol dire, in sostanza, capire una frase *prima* che venga pronunciata. In inglese, più ancora che in altre lingue, esistono alcuni «indicatori» molto utili. Dopo *because* verrà una spiegazione; dopo *but* o *however* un elemento di contrasto; dopo *so* e *therefore* una conclusione; dopo *also* un'aggiunta; dopo *in other words* e *that is to say* una ripetizione; dopo *I'm afraid that* un elemento negativo. Anche l'intonazione serve come indicatore. Se dopo *I'd like to help you* la voce scende, sappiamo già che chi parla vuole aiutarci; se sale, sappiamo che arriverà una scusa.

Accenti: buona fortuna a Liverpool

Capire l'inglese, lo abbiamo appena visto, non è sempre facile. E non è un problema solo per i principianti: anche chi conosce bene la lingua si trova qualche volta in difficoltà. Mentre una lettera da Newcastle sarà diversa solo per il timbro postale, una telefonata da lassù può diventare incomprensibile.

Perfino i madrelingua soffrono davanti agli accenti più ostici. Gli inglesi di Londra, soprattutto se sono di cattivo umore, dicono di riuscire a malapena a comprendere l'inglese di Liverpool o di Glasgow. Gli inglesi di Liverpool o gli scozzesi di Glasgow, soprattutto se sono di buon umore, fanno il possibile per non lasciarsi capire dalla gente di Londra.

Alcuni studi condotti recentemente in Gran Bretagna sulle reazioni provocate dagli accenti regionali danno risultati sorprendenti, e dovrebbero convincere noi italiani che gli inglesi non hanno tempo per disprezzare la nostra pesante inflessione meridionale: sono troppo impegnati a disprezzarsi tra loro, come notò a suo tempo George Bernard Shaw («È impossibile per un inglese aprir bocca senza far sì che un altro inglese lo detesti»). A chi parla con l'accento standard della *Received Pronunciation* (RP) – l'inglese della BBC, per intenderci – vengono attribuite doti di intelligenza, onestà e perfino bell'aspetto. Non sorprendentemente, in un paese dove le classi sociali sono tuttora una religione in seconda, lo stesso fenomeno accade per la versione di élite di questo «inglese standard», detta *posh English*, oppure *marked RP*, oppure «parlare con una prugna in bocca» (*bleck het* invece di *black hat*; *house* pronunciato come se fosse scritto *hice*). La versione più provocatoria di questo accento è conosciuta come *Oxonian stuttering* (tartagliamento di Oxford): viene esibita dai professori e dagli ex studenti di quella università per far capire dove insegnano o dove hanno studiato, ed è l'equivalente fonetico di certe cravatte di riconoscimento (*old school ties*).

Seguono, nella considerazione popolare, tre accenti regionali. L'irlandese di Dublino e lo scozzese di Edimburgo sono piuttosto quotati, e sono seguiti a distanza dal *Geordie*, l'accento di Newcastle e del nord-est. Subito dopo arrivano l'accento dello Yorkshire e della West Country. Staccati, vengono il Cockney londinese, l'accento di Glasgow, quello di Birmingham e lo Scouse di Liverpool, frutto – secondo la leggenda – di raffreddori cronici e nasi bloccati.

Avendo frequentato Liverpool, possiamo confermare che l'inglese parlato lassù richiede agli stranieri sforzi e pazienza. Quando nel 1985 un tifoso della squadra di calcio del Liverpool di nome John Welsh venne premiato a Rimini per aver salvato molti italiani nella bolgia dello stadio di Heysel (Bruxelles), gli vennero rivolte alcune domande. La graziosa interprete romagnola, appena Welsh aprì bocca, si accorse di non capire una parola, e abbandonò il palco con le lacrime agli occhi.

Le difficoltà dello «*scouse*» (in origine il nome di un piatto povero a base di montone, patate e cipolle) non sono dovute soltanto all'accento adenoideo – per il quale a Liverpool potrebbero giustificarsi citando Shakespeare: «*If I talk a little wild, forgive me; I had it from my father*», *King Henry VIII*, IV, 26. Lo stesso vocabolario è, a dir poco, singolare. Io si dice *us*; tu, *yer*; voi, *yews*; loro, *dem*. *Me judy* è la mia ragazza, *me feller* il mio ragazzo; *I don know a blind werd e says* vuol dire «non lo capisco»; *I'm made up*, «mi fa davvero molto piacere». Così *bushwa* (importato dall'Australia) significa «sciocchezze», *abyssinia then* (da *I'll be seeing you...*) «ci rivediamo» e *smoked Irishman* (letteralmente, «irlandese affumicato») «uomo di colore». Problemi simili, sia detto per inciso, offrono l'inglese di Manchester (*gobsmacked*, molto stupito), di Glasgow (*awa' and raffle yer doughnut*, vai al diavolo), Newcastle (*wor lass*, mia moglie) e Belfast (*catch yerself on*, non essere sciocco). A chiunque si diriga lassù, quindi, buona fortuna.

Anche negli Stati Uniti esistono gerarchie tra gli accenti, ma sono molto meno marcate. L'equivalente del BBC English, in America, è il «*network standard*», ossia l'inglese comunemente parlato sulle grandi reti televisive nazionali. È una lingua che tende ad evitare le caratteristiche fonetiche dei vari Stati: il texano Dan Rather, uno dei giornalisti televisivi più conosciuti, ha spiegato ad esempio di aver preso lezioni di dizione per evitare di dire *tin* invece di *ten* (dieci) e *nothin'* invece di *nothing* (nulla). Accanto al «*network standard*» esiste un accento più «popolare»: la voce *mid-American*, più nasale e meno morbida, resa celebre da canzoni e film. C'è chi sostiene che queste due versioni dell'inglese-americano siano le sole destinate a resistere: non solo la televisione da un lato e il cinema dall'altro hanno un grande effetto uniformatore, ma – come ha notato Stuart Flexner, curatore del *Random House Dictionary* – le comunicazioni e il continuo movimento degli americani da una parte all'altra del Paese finiranno per diluire le parlate regionali. Non esisterà più una parlata del Texas e una parlata di Boston, in altre parole, ma solo l'inglese della televisione affiancato da una parlata più popolare.

È interessante – e consolante, per gli stranieri – notare come negli Stati Uniti il «*network standard*» non sia legato ad una classe sociale, come accade invece al BBC English. Lo ha dimostrato la guerra del Golfo: nel corpo di spedizione britannico gli ufficiali usavano le vocali eleganti imparate a Winchester e a Eton, e la truppa parlava con l'accento delle *comprehensive schools*; generali e soldati americani, invece, parlavano tutti «lo stesso inglese democratico dell'era della televisione», come ha notato Michael Ignatieff sull'«Observer» di Londra.

Negli Usa, finora, un forte accento regionale non ha mai danneggiato un presidente. Abramo Lincoln parlava con quella che venne definita «una pronuncia all'aria aperta» («*with a wilderness air*») e trascinava le vocali come fanno nel Kentucky (*rah-ly* invece di *really*); Teodoro Roosevelt, educato ad Harvard, parlava con l'accento delle migliori famiglie di New York; Woodrow Wilson con un asciutto accento accademico; Harry Truman non ha mai perso l'accento del Missouri; Dwight Eisenhower, Richard Nixon e Gerald Ford portarono per il mondo quello che gli americani considerano un accento del Mid-West. John F. Kennedy aveva l'intonazione degli irlandesi di Boston, e aggiungeva «r» alla fine delle parole (*Cub-er* invece di Cuba). Lyndon Johnson parlava texano e Jimmy Carter, orgoglioso di venire dalle campagne della Georgia, non ha mai fatto nulla per nascondere il suo accento meridionale. L'unico presidente che parlasse un inglese pulito e suadente molto vicino al «*network standard*» fu Ronald Reagan, ex annunciatore radiofonico ed ex attore. Non per niente venne chiamato «il grande comunicatore». E non per niente, anche da questa parte dell'Atlantico, lo capivamo in molti.

L'inglese, lingua educata

Come abbiamo visto parlando di usi e costumi telefonici, la lingua inglese abbonda di Temo... (*I am afraid ...*), Le spiace se? (*Do you mind if...*) Posso? (*May I?*) e Potrei? (*Could I?*). In un ristorante di Leeds, ad esempio, è inammissibile tradurre il genere di conversazione che potreste avere in un ristorante di Livorno. Affermare *I want to change my table* (voglio cambiare tavolo), fissando negli occhi il cameriere, convincerà tutti i presenti che siete un individuo socialmente pericoloso. La formula corretta è *I am afraid this table is not entirely convenient*, temo che questo tavolo non vada del tutto bene.

È la psicologia dell'inglese, in altre parole, ad essere complessa, forse perché rappresenta un popolo, quello inglese, altrettanto complesso. Non a caso, il fenomeno della «lingua educata» è quasi esclusivamente britannico. Restiamo al ristorante: se a Londra per chiedere una seconda porzione di riso è necessario lanciarsi in una serie di evoluzioni verbali (*This was excellent. Do you think I could have some more?*), a Hong Kong è perfettamente ammissibile gridare «*more rice!*» (ancora riso!) tirando il cameriere per la giacca. Racconta Jason Hartcup, uno scultore britannico con moglie australiana, che in occasione del suo primo soggiorno negli Stati Uniti in più di un'occasione tenne di buon umore l'intero ristorante ordinando le vivande attraverso involuti giri di frase (*I am sorry to bother you but I wonder if, by any chance, I might have two fried eggs*; mi spiace disturbarla ma mi chiedo se, per caso, potrei avere due uova fritte). Dopo qualche tempo – racconta oggi – mi sono reso conto che, in America, se uno vuole due uova fritte dice alla cameriera: «*Two fried eggs*», due uova fritte. Se proprio è un gentiluomo, aggiunge «*Please*».

La cosa importante – ed il motivo per cui ne parliamo in questo capitolo – è questa: per capire l'inglese non è sufficiente comprendere le parole superando l'ostacolo dell'accento. Occorre sapere d'avere a che fare con gente che impara a destreggiarsi con i condizionali e le forme di cortesia subito dopo aver imparato a respirare.

Le cose da dire e da non dire, e i modi di dirlo e di non dirlo, sono infiniti. Ci limiteremo agli infortuni più comuni. Occorre ricordare innanzitutto che l'inglese è una lingua deliziosamente ipocrita, e non costringe chi la parla all'imbarazzante franchezza dell'italiano. Da decenni gli umoristi ricordano come la frase «messo sotto torchio dalla polizia» si traduca con «*he's helping the police with their enquiries*», quando è chiaro che l'interrogato – nove volte su dieci – non ha alcun desiderio d'essere d'aiuto. La terminologia sportiva non è meno eufemistica: un calciatore o un giocatore di rugby può essere *physical* (violento), *robust* (molto violento), *committed* («impegnato», quindi omicida) e *over-committed* (psicotico).

Anche nella lingua di tutti i giorni è bene sapere che l'eufemismo trionfa. *You may have a problem* non vuol dire «potresti avere un problema»; significa che sei già nei guai fino al collo. Allo stesso modo, *I'm a bit tired* non vuol dire «sono un po' stanco» ma «sono a pezzi», mentre *a bit worried* significa «terrorizzato». Chi vuole vivere serenamente tra gli inglesi ha bisogno di sapere che alla domanda *How are you?* (Come stai?) non deve rispondere descrivendo i propri problemi digestivi. Basta che dica *Very well, thank you* se sta discretamente, e *Not too bad* (Non troppo male) anche se è in punto di morte.

A fare dell'inglese una lingua psicologicamente complessa contribuiscono molti fattori. La buona educazione, una lodevole dose di ipocrisia, una certa timidezza – l'*embarrassment* resta la malattia nazionale britannica – ed infine il famoso *understatement*. I dizionari traducono questo termine come possono (affermazione troppo modesta, dichiarazione attenuata), ma non rilevano come intorno all'*understatement* ruoti, di fatto, la lingua inglese.

Facciamo qualche esempio. Nessuna ragazza, in Inghilterra, è «bassa». Ci sono soltanto ragazze *not very tall*, non molto alte. Le persone «antipatiche», in pratica, non esistono, sebbene chi ha un po' di consuetudine con l'Inghilterra tenda a suggerire il contrario; esistono invece «persone non molto simpatiche» (*not very nice*). L'ungherese George Mikes, subito dopo la guerra, sosteneva che le dichiarazioni d'amore dei giovani inglesi suonavano pressappoco così: *I don't object to you, you know* (non ho obiezioni contro di te, sai). Quando proprio era amore folle – scriveva – il ragazzo poteva arrivare ad ammettere *I rather fancy you, in fact* (anzi mi interessi abbastanza). Nell'ottobre 1987, poche ore prima dell'uragano che avrebbe devastato Londra e l'Inghilterra meridionale, il meteorologo della BBC annunciò in televisione l'arrivo di una *southwesterly breeze*, una brezza da sud-ovest. Ancora non si è capito se fosse solo una previsione disastrosamente sbagliata, o invece l'estremo *understatement*.

Per le piccole bugie giudicate indispensabili alla vita sociale (sono stato trattenuto, ho avuto un contrattempo, ho telefonato ma era occupato) è stato inventato addirittura un nome: *little white lies*, le «piccole bugie bianche». Ma anche quando non si tratta di bugie resta il fatto che gli inglesi non sempre vogliono dire quello che dicono, e quasi mai dicono quello che vogliono dire. Così la frase *We should have lunch together sometime* non significa che l'interlocutore inglese voglia davvero invitarvi a colazione, come le sue parole sembrano fare intendere. Vuole soltanto manifestare un tiepido interesse a rivedersi, se proprio non se ne potrà fare a meno.

Allo stesso modo, come abbiamo già avuto occasione di scrivere, una normale conversazione al termine di un *party*, in Inghilterra, diventa una *pièce* teatrale. Questo è quello che accade, e quello che un italiano di passaggio deve sapere, anche se è un principiante in grado a malapena di chiedere un bicchier d'acqua. Se un inglese, andandosene, dice affabilmente *You should come around for a drink sometime* (Passa a bere qualcosa da me), non vi sta invitando; vuole solo essere genericamente gentile. Se volete traumatizzarlo, presentatevi il giorno dopo a casa sua, possibilmente in un orario sconveniente come le otto del mattino o le sette di sera. Se volete farlo felice, invece, rispondetegli *I'll give you a ring*, Ti darò un colpo di telefono. L'ospite inglese sa che non lo farete mai, e per questo vi sarà riconoscente. È possibile però che, nella foga della recitazione, vi chieda di rimando *Do you want my telephone number?* (Vuoi il mio numero di telefono?), temendo segretamente una risposta affermativa. Se saprete chiudere la conversazione con un grande sorriso esclamando *I'm sure you're in the book*, sono certo che sei nell'elenco del telefono, ve lo sarete conquistato per la vita.

La lingua inglese è talmente impastata di buone maniere che spesso perfino gli insulti diventano moine. Bisogna conoscerle, però, in modo da sapere quando arrabbiarsi. Se qualcuno vuol farvi capire che il vostro inglese è spaventoso, ad esempio, dirà con un sorriso *Your English is somewhat unusual* (Il Suo inglese è insolito). L'equivalente dell'italiano «Che stupidaggine!» è *I agree up to a point* (Sono d'accordo fino ad un certo punto) o *I can see a few problems in doing this* (Posso vedere alcuni problemi così facendo). Qualunque frase inizi con *I'm afraid...*

(Ho paura), *How strange...* (Che strano) e *I'm sorry, but...* (Mi spiace, ma) è un segnale preciso: significa che il vostro interlocutore sta pensando male di voi.

L'abilità di noi stranieri sta nel non stupirci. Dobbiamo ricordare che ogni lingua ha le sue caratteristiche, e la caratteristica – meglio: lo scopo – dell'inglese è prevenire la sincerità imbarazzante di chi parla italiano. Dobbiamo ricordare anche un altro particolare: non da ieri l'inglese è una lingua educata. Il giorno in cui la regina Vittoria si arrabbiò moltissimo con un suddito non decapitò il malcapitato, come avrebbe fatto uno zar o un imperatore qualsiasi, ma disse *We are not amused* (Non ci siamo divertite). La frase, giustamente, passò alla storia. E piacque ai sudditi, che compresero bene quanto la sovrana fosse furibonda.

Esercizi:
I VIRTUOSISMI

Capita, di tanto in tanto, di imbattersi in piccoli capolavori di fantasia bilingue. Giochi di parole e suoni che mescolano inglese e italiano, con risultati talvolta strepitosi. Alcuni, come il negozio «Sexapel» segnalato altrove in questo libro, sono voluti. Altri, invece, non lo sono: la loro genialità è del tutto involontaria.
Quello che segue non è un vero esercizio. Godetevi semplicemente i virtuosismi dell'estro «italiese»:

1) Free ... volezze
Negozio di articoli regalo, Modena. Gioco di parole tra l'italiano «frivolezze» e l'inglese *free* (libero). Apprezzabile o mostruoso: decidete voi.

2) Animals' Shop
Un negozio di animali a Muggia (Trieste). Autogestito? (il nome vuol dire infatti «negozio che appartiene agli animali»).

3) Moby Baby
Questo negozio friulano non vende cuccioli di balena bianca, come farebbero credere il nome e l'insegna, bensì abbigliamento per bambino.

4) Bot-people
«... Il ministro delle finanze propone una sorta di salvagente per il Bot-people.» «*Bot-people*» è apparso sui giornali intorno al 1992. Successivamente il termine, che abbina in maniera provocatoria i buoni del tesoro e la disperazione degli sfortunati *boat people*, ha avuto fortuna. Com'era inevitabile.

5) Safe heavens

«In un mercato ancora ferragostano, marco e yen restano gli unici *safe heavens*, paradisi sicuri, per gli operatori» («il Giornale», 17 agosto 1993). Una gustosa confusione di *safe haven* («rifugio sicuro») e *heaven* («paradiso»), suggerita probabilmente dal termine «paradiso fiscale» (in inglese *tax haven*, o «rifugio fiscale»).

6) Agnus Day

Graffito apparso nel 1996 sui muri di Gallarate (Varese). Dopo «*tax-day*» e «*donna-day*», non poteva mancare questa ricorrenza (spiritosa o spirituale?).

7) Uova d'ostriche

Meraviglia zoologica descritta (e fotografata) su «Io Donna» (4 gennaio 1997). In realtà erano uova di struzzo (*ostrich*).

Lettura:
INGLESE & COMMERCI

Se vi dicessi che, tra vent'anni, manderete un figlio a studiare inglese a Kuala Lumpur, non creder-ci. Ma se vi dico che in Malesia (in Cina, in India, in Corea) il ragazzo potrà imparare la lingua del mondo – un idioma che *somiglia* all'inglese, ma farebbe inorridire un professore di Oxford – dovete fidarvi. Due elementi, in questa fine secolo, stanno infatti accelerando la diffusione – e, quindi, la corruzione – della lingua di Shakespeare (e, in qualche misura, di Bill Clinton): i commerci e le telecomunicazioni. In un campo e nell'altro, l'Asia guida la carica.

Cominciamo dai commerci. A Shenzen o a Shanghai non rispettano la grammatica più di quanto rispettino i diritti umani: ma si fanno capire. Le «tigri asiatiche» (Singapore, Taiwan, Corea del Sud) ruggiscono in una lingua curiosa, fatta di pressappochismi, espressioni insolite, strafalcioni. Provate a leggere le istruzioni dei giocattoli (quasi certamente cinesi) dei vostri bambini: sono scritte in un idioma surreale (*This is one concepted game for child age 3 up, of great practicity*), che è la vera, nuova «lingua franca». Un inglese rudimentale, molto più *basic* del *Basic English*, eppure ancora comprensibile.

Ricordiamolo sempre. L'inglese in questo secolo si è imposto non solo perché – come intuì l'anziano Otto von Bismarck nel 1898 – la Gran Bretagna e gli Stati Uniti parlano la stessa lingua; né perché si tratta di un idioma ricco, con una grammatica e una sintassi di base elementare. Si è imposto soprattutto perché accetta di essere manomesso, storpiato, piegato a qualsiasi esigenza. E gli asiatici, in questo, sono imbattibili.

Delle istruzioni per l'uso, abbiamo detto. Ma anche i marchi e i nomi dei prodotti mostrano, spesso, la felice incoscienza dei conquistatori. Qualche anno fa la Repubblica Popolare Cinese esportò negli Stati Uniti una grande partita di dentifrici marcati «Darkie»; gli americani fecero notare che si trattava di un termine denigratorio («negrillo», più o meno) e la rispedirono al mittente. Cosa direbbero, oggi, dei «Ladies' Portable Panties» di cui ho visto la pubblicità (gli slip da donna – *panties* – non sono *tutti* portabili?). Problemi, in America, le ebbe anche una fornitura di biciclette cinesi «Golden Cock» (che non vuol dire solo «*gallo* d'oro», ma ha un significato più piccante). Perplessità susciterà, di certo, una società di Hong Kong segnalata dalla «Far Eastern Economic Review»: «Puking Company» (società che vomita?).

Il fenomeno – al di là degli aspetti comici – è affascinante perché rappresenta la vendetta dell'Oriente verso la «lingua imperiale». Prendiamo l'India (dove l'inglese ha svolto la funzione di «lingua neutra» tra centinaia di dialetti diversi). A Bombay chiedono «*How is your good self?*» per dire «Come stai?». Utilizzano espressioni ormai cadute in disuso: a Nuova Dehli usano ancora *thrice* per dire «tre volte». È giusto, è sbagliato? Non ha importanza: accade. E accadrà sempre di più. Questo «inglese di levante» è destinato ad aumentare di peso, man mano che le economie dell'Asia guadagnano posizioni nell'economia mondiale. Le telecomunicazioni faranno il resto. L'85% dei cento milioni di siti della World Wide Web, la parte più frequentata di Internet, sono scritti in inglese (ovviando così all'unica, vera debolezza di questa lingua: la pronuncia). Si tratta, anche qui, di un «inglese mondiale», più vicino alla lingua brutale dei commerci che all'idioma raffinato di Oxford e Cambridge. Una lingua in cui saltano gli accenti, le vocali insolite, gli *spelling* complessi (niente *colour*; solo *color*). Una lingua che privilegia le parole corte (di orgine sassone, dunque, non latina) e gli acronimi arditi. Una lingua che l'America ha lanciato, l'Asia ha sposato. E l'Europa teme.

Un linguista britannico – Jerry Knowles, autore di *A Cultural History of the English Language* – sostiene che «siamo come gli antichi soldati romani che difendevano le frontiere settentrionali dell'impero: mai avrebbero creduto che un giorno i loro discendenti finissero per parlare la lingua dei barbari. Invece è accaduto». È una profezia un po' emotiva – gli inglesi non si sono mai rassegnati che qualcuno prenda la *loro* lingua e ne faccia polpette – ma contiene un'intuizione. Le economie orientali hanno capito che le loro lingue, a differenza dei loro prodotti, non erano esportabili; e hanno scelto di *infiltrare* l'inglese, la lingua degli importatori. Tra qualche decennio potrebbero renderlo irriconoscibile (è già accaduto, in Africa e nei Caraibi, con i pidgin e i creole). Ogni giocattolo cinese nel mondo, ogni messaggio di posta elettronica da Singapore, ogni fax dalla Corea è un passo lungo questa strada. Rassegnamoci: lottare contro l'inevitabile sarebbe un errore. Anzi: un *Himalayan blunder* (in India: un errore madornale).

(«Corriere della Sera», gennaio 1997)

10

NON DATE RETTA A OSCAR
(L'INGLESE E L'AMERICANO)

«Perché ogni americano, non importa quanto giovane o bello o ricco o intelligente, parla come se si fosse addormentato nel 1973 e si sia appena svegliato?»

Julie Burchill, *Ambition*, 1989

Quale inglese, *please*?

Quale inglese devono studiare gli stranieri? L'inglese d'Inghilterra o l'inglese d'America? L'inglese «con la prugna in bocca» di un lord o l'inglese perfettibile del popolano John Major, che dice «*speaking for myself personally*» (parlando per me stesso personalmente)? Oppure l'inglese stravagante dell'ex presidente George Bush, definito dal «Wall Street Journal» «un americanese senza forma, pieno di espressioni colloquiali della cultura pop e del vernacolo texano»? L'inglese prevedibile di un uomo d'affari scandinavo o l'inglese fantasioso in uso nelle ex colonie britanniche?

Prima di rispondere, occorre cercare di capire se esiste ancora una lingua che possa servire da punto di riferimento. Anni fa, durante un'intervista nella redazione di «The Times», Philip Howard, un'autorità in materia, suggerì di non preoccuparsi: un «inglese puro», equivalente all'Hochdeutsch o all'italiano di Toscana, non esiste più. Però, nonostante la rapidità con cui cambia la lingua, esiste ancora un «inglese standard» e ha una data di nascita: 1870, l'anno in cui l'Education Act (legge sull'istruzione) fece della *English public school* il luogo d'incontro dei rampolli delle classi medio-alte. Fino ad allora, il fatto di avere un accento regionale non aveva importanza alcuna: Sir Robert Peel, famoso primo ministro conservatore, andò a Oxford ma non rinunciò mai al suo accento delle Midlands; Lord Stanley parlava con l'accento del Lancashire come il liberale William Gladstone, che aveva trascorso l'infanzia a Liverpool. Alla fine dell'Ottocento, tutto era cambiato. Nessun ragazzo di buona famiglia poteva permettersi di pronunciare «*loik*» per *like*; la pronuncia accettata era la *Received Pronunciation* (RP), ovvero l'inglese con l'accento delle classi istruite di Londra e dell'Inghilterra sud-orientale.

Questo «inglese standard» assunse in seguito altri nomi: King's (Queen's) English, l'inglese del re o della regina, Oxford English. Con l'esordio della televisione diventò BBC English, e ogni sera veniva offerto alla nazione da annunciatori in *dinner jacket*; in pratica, si trattava ancora dell'inglese con i vezzi e l'accento dell'*upper-middle class*. Poi anche «l'inglese della BBC» venne travolto dai tempi: negli anni Sessanta in televisione comparvero i primi annunciatori con chiari accenti *lower-middle class* (classi medio-basse) che pronunciavano «Ufrica» quando volevano dire «Africa» e lasciavano trasparire con orgoglio le proprie inflessioni regionali. Ci sono ancora adesso, anche nel glorioso servizio mondiale radiofonico (BBC World Service), dove fino ad un paio d'anni fa un buon accento *upper-middle class* britannico serviva all'ascoltatore per capire di aver trovato la frequenza giusta.

Qualcuno, in tanta confusione, si rifiuta di parlare di inglese come unica lingua, e sostiene che ci sono soltanto «gli inglesi», plurale. Robert Burtchfield, curatore del celeberrimo *Oxford English Dictionary* (22.000 pagine, oppure un CD-Rom), ritiene che all'inglese accadrà quanto è accaduto al latino, che dopo la caduta dell'impero romano si frantumò in vari idiomi: italiano, francese, spagnolo e via dicendo.

Oggi esiste un «inglese pidgin», nato nelle colonie come mezzo di comunicazione tra commercianti, esploratori, soldati, guide e schiavi; la lingua locale può fornire anche l'ottanta per cento del vocabolario; sintassi e pronuncia sono semplificate al massimo. C'è «l'inglese creolo», che è un «pidgin» così sofisticato e diffuso da diventare una vera e propria lingua madre: è il caso del Creole in Giamaica, del Tok Pisin in Papua Nuova Guinea, del Singlish a Singapore e del «pidgin» del Camerun, usato anche per tradurre l'*Amleto* di Shakespeare (*To be, or not to be – that is the question* diventa *Foh di foh dis graun oh foh no bi sehf – dat na di ting wei i di bring plenti ham bag*). C'è un inglese seconda lingua del Commonwealth, delle Filippine, dei sudafricani neri e degli Afrikaner bianchi. Di solito è modellato sull'inglese britannico, e serve spesso come una sorta di lingua franca: lo adottano, ad esempio, le varie tribù della Nigeria (non a caso, in quel paese, ogni colpo di Stato che si rispetti viene annunciato in inglese). Anche l'India, che negli anni Sessanta voleva imporre l'hindi come lingua nazionale al posto dell'inglese, ha dovuto fare marcia indietro: ancora oggi la lingua degli ex padroni coloniali rimane un mezzo indispensabile di comunicazione tra le diverse etnie. Qualcuno sostiene che è diventata una nuova lingua con nuove regole e nuove parole (*to airdash*: spostarsi in aereo).

E negli Stati Uniti? La tentazione è rispondere che le differenze tra inglese britannico – su cui queste «lezioni» sono basate – e inglese americano siano meno marcate di quanto molti vogliono far credere. Quando Oscar Wilde diceva «*We have really everything in common with America nowadays, except, of course, language*» (Abbiamo tutto in comune con l'America, oggigiorno, eccetto, naturalmente, la lingua) era più preoccupato di coniare un buon aforisma che di dire le cose come stavano. Quando G.B. Shaw sosteneva che Gran Bretagna e Stati Uniti erano «due grandi paesi divisi da una lingua comune», commetteva lo stesso peccato; e così tutti quelli che continuano ad amare battute come «*Britain speaks the world's most popular langua-*

ge – so do Americans, up to a point» (La Gran Bretagna parla la lingua più popolare del mondo – e così gli americani, fino ad un certo punto (fonte: «The Economist»).

La verità è un'altra: l'«inglese globale» che ha conquistato il mondo parla con due voci – quella britannica e, sempre più spesso, quella americana – e non tutti sono in grado di distinguerle. L'ipotesi di un inglese-britannico (British English) destinato a distinguersi radicalmente dall'inglese-americano (American English) sembra infondata, come infondata si rivelò la profezia di un linguista britannico, Henry Sweet, che cent'anni fa annunciò: «Nel ventesimo secolo Inghilterra, America e Australia non si capiranno più». Se è vero infatti che l'inglese cambia in fretta, è vero anche che le comunicazioni e gli scambi sono tali e tanti che la lingua tende ormai ad uniformarsi: l'inglese di Londra, ad esempio, ha accettato tranquillamente molte espressioni d'oltreatlantico come *teenager*, *baby-sitter*, *commuter* (pendolare), *brainwash* (lavaggio del cervello) e *striptease*. Negli Stati Uniti si usano vecchi modi di dire ormai scomparsi nel Regno Unito (*pants* e non *trousers* per dire pantaloni; *faucet* e non *tap* per indicare il rubinetto), mentre altri vocaboli britannici sono arrivati recentemente. È il caso di *establishment*, *smog* e *miniskirt* (minigonna), tre invenzioni di cui l'Inghilterra va orgogliosa.

Prima di esaminare in dettaglio le differenze tra American English e British English, diciamo che vanno dalla pronuncia all'ortografia (il centro di Boston è *center*, il centro di Liverpool *centre*); che talvolta nomi diversi indicano la stessa cosa (autocarro: a Londra *lorry*, negli Usa *truck*), mentre altre volte cose diverse sono indicate dallo stesso nome: *the rubber* in Gran Bretagna si compra in cartoleria, perché è una gomma per cancellare; in America in farmacia, perché è un profilattico. Per quanto riguarda l'Australia, le possibilità di equivoco sono abbastanza rare, e decisamente divertenti. Se a Melbourne un uomo appena conosciuto vi invita ad andare con lui all'hotel, ad esempio, non siate imbarazzati: nell'inglese locale *hotel* vuol dire bar.

UK contro US: pronuncia, ortografia, sintassi

Possiamo iniziare dalla PRONUNCIA, che è certamente il campo in cui le differenze tra inglese britannico (che chiameremo UK) e inglese americano (che chiameremo US) sono più evidenti. Avendo rinunciato ad usare i simboli fonetici dobbiamo accontentarci di indicazioni approssimative.

– in US la «o» spesso diventa «a»

stop	UK *stop*	US *stap*

– in US la «a» spesso suona come «æ»

pass	UK *pass*	US *pæss*

– in US la consonante «r» si sente maggiormente che in UK

park	UK *paak*	US *park*

– in US, la «u» che segue d, n, t si pronuncia «u», mentre in UK la pronuncia è «iu»

new	UK *niu*	US *nu*

Alcuni vocaboli si pronunciano in modo diverso:

fragile	UK *fregiail*	US *fregil*
either	UK *aither*	US *ither*
neither	UK *naither*	US *nither*
schedule	UK *sciediul*	US *skediul*
privacy	UK *privasi*	US *praivasi*

Per quanto riguarda l'ORTOGRAFIA – il modo corretto di scrivere le parole – la tendenza dell'americano è verso la semplificazione, ed è questo il motivo per cui l'inglese d'America – e non il British English – guida la conquista del mondo.

Parole che in UK terminano per «re», spesso in US terminano per «er».

UK *centre*   US *center*
UK *theatre*   US *theater*
UK *metre*   US *meter*

Parole che in UK finiscono per «our» di solito in US finiscono per «or».

UK *honour*   US *honor*
UK *humour*   US *humor*
UK *colour*   US *color*

Parole che in UK finiscono per «ough» spesso in US cambiano terminazione.

UK *through*   US *thru*
UK *although*   US *altho*

Altre differenze:

UK *cheque*   US *check*
UK *defence*   US *defense*
UK *dialogue*   US *dialog*
UK *goodbye*   US *goodby*
UK *to practice*   US *to practise*
UK *programme*   US *program*
UK *sceptic*   US *skeptic*
UK *speciality*   US *specialty*
UK *storey*   US *story*
UK *tonight*   US *tonite*
UK *towards*   US *toward*

Quasi sempre, come dicevamo, la forma americana è quella che riesce ad imporsi nel mondo. Da Buenos Aires a Pechino conoscono i *traveller's checks* (non *traveller's cheques*); a Praga o a Varsavia l'inevitabile programma economico del governo è un *economic program* (non *programme*). L'italiana Benetton sbandiera i suoi *United Colors*, non *colours*.

Il terzo campo è quello della SINTASSI. Anche qui, le variazioni apportate dagli americani sono dettate quasi sempre dal desiderio di semplificare. La differenza più nota – e più notevole – riguarda il verbo «*to have*», quando significa sia «avere» sia «dovere». Gli americani lo trattano come un verbo normale, e lo costruiscono con il «*do*» ausiliare.

Se in Inghilterra la frase «non ho amici» si traduce

I haven't any friends   oppure   *I haven't got any friends*

negli Stati Uniti diventa: *I don't have any friends*.

Hai amici?
a Londra: *Have you got any friends?*   a New York: *Do you have any friends?*

Devi andare?
a Londra: *Have you got to go?*   a New York: *Do you have to go?*

Nel caso appena visto, la forma americana sta prendendo il sopravvento su quella britannica. Anche a Londra oggi capita di sentire espressioni come *Do you have any money?*, e non soltanto perché alcuni inglesi, di soldi, ne hanno pochi davvero.

Altre volte le forme britanniche o americane si usano ormai indifferentemente

Posso parlare con Jim?
UK: *Can I talk to Jim?*   US: *Can I talk with Jim?*

Qualche volta è invece la forma britannica che si impone negli Stati Uniti. In America, ad esempio, la forma *it's five of ten* per dire «sono le dieci meno cinque» sta lasciando il passo al classico – e britannico – *it's five to ten*.

Un fenomeno imponente è la trasformazione dei nomi in verbi (*critique*, critica; *to critique*, criticare). È un'invenzione americana alla quale la Gran Bretagna non sembra saper resistere. Un campione della specialità fu il generale Alexander Haig, capo di gabinetto alla Casa Bianca sotto Richard Nixon, e in seguito Segretario di Stato. Frasi come *Not the way you contexted it, Senator* (dal neo-verbo *to context*, mettere in un contesto) divennero il marchio del cosiddetto «Haigspeak». Oggi, in Gran Bretagna, «The Economist» vieta ai propri giornalisti di trasformare in verbi sostantivi quali *author*, *host*, *impact*, *loan*, *party*, *pressure* e *roundtable*. Sul quotidiano «Guardian» di Londra, qualche tempo fa, è comparso un articolo – meglio, un grido di dolore – contro le seguenti forme verbali:

I'll example that for you	Ti faccio un esempio
I am faxing	Sto mandando un fax
I diarise my appointments	Inserisco nel diario i miei appuntamenti
Room-temperatured wine	Vino portato a temperatura ambiente

Su un treno da Londra a Birmingham abbiamo sentito una voce anonima annunciare a nome della (ora defunta) British Rail che la carrozza sarebbe stata *detrained* (presumibilmente, «sganciata dal convoglio». In buon inglese: *uncoupled*).

Il vento d'oltreatlantico ha portato anche altre costruzioni sintattiche, invise ai puristi.

In UK si visitano i negozi *in* Oxford Street
in US si parla di banche *on* Wall Street

In UK pochi lavorano *at* weekends
in US molti riposano *on* weekends

In UK *you meet a person outside a café* (incontri una persona fuori da un caffè)
in US *you meet* with *a person outside* of *a café*

Meno veniale è la tendenza degli americani a dimenticare che la terza persona singolare dei verbi, in inglese, prende la «s» (come dicevano i Beatles: *She loves me*, Lei mi ama). Questa omissione si sta diffondendo nel mondo, com'era prevedibile. Perfino in Gran Bretagna gli immigrati e le classi più basse, per dire «Lui non capisce», usano spesso *He don't understand* al posto di *He doesn't understand*.

Altre volte le costruzioni americane vengono adottate per una questione di moda. Lentamente, ad esempio, *there you go* sta prendendo il posto di *there you are* (ecco); e *that's right*, si lamentava recentemente «The Times», sta facendo scomparire il buon vecchio *yes*.

Le forme

gotta	per *got to*	devo	Es: *I gotta go*	Devo andare
wanna	per *want to*	voglio	Es: *I wanna go*	Voglio andare
gonna	per *going to*	sto per	Es: *I gonna go*	Sto per andare

rese popolari da film, canzoni e fumetti, in Gran Bretagna non si sono ancora imposte, ma hanno già figliato sostantivi. Un esempio, tra i più atroci: *wannabe*, un(a) giovane che scimmiotta le star del rock (da Madonna alle Spice Girls).

UK contro US: il vocabolario

Per quanto riguarda i VOCABOLI, le differenze tra inglese e americano esistono, ma sono meno numerose di quanto molti immaginano. Per avere un'idea del numero, diremo che negli uffici di New York dell'agenzia di stampa britannica Reuters esiste un prontuario di dodici pagine con i termini per i quali si rende necessaria la «traduzione». Tempo fa i film britannici venivano doppiati in americano prima di venir distribuiti negli Stati Uniti. Ora non accade più: non è chiaro se finalmente gli americani capiscano l'inglese d'Inghilterra, o se gli inglesi d'Inghilterra parlino ormai americano.

Ma torniamo al vocabolario. Il settimanale «The Economist» invita – obbliga? – i propri giornalisti a utilizzare le forme britanniche. In generale, per gli europei che non vivono negli Stati Uniti, questo sembra un buon consiglio: l'inglese d'Inghilterra, in fondo, rimane il prodotto originale. Sebbene l'«inglese standard» nato nell'Inghilterra sud-orientale sia in fondo un dialetto come altri, è certamente il più prestigioso, come accento e come vocabolario. Anche molti americani ne sono convinti, e non perdono occasione per dire a chi parla British English «il tuo inglese è migliore del mio».

Ecco un elenco dei più comuni «americanismi», preceduti dal termine britannico. Quelli seguiti dal segno √ vengono ormai accettati nel Regno Unito. Gli altri vengono capiti, ma provocano ancora, di tanto in tanto, qualche (legittima) alzata di sopracciglia.

	UK	US
affittare	*to let*	*to rent* √
agente immobiliare	*estate agent*	*realtor*
alcolici	*spirits*	*liquor* √
antenna	*aerial*	*antenna*
appartamento	*flat*	*apartment* √
ascensore	*lift*	*elevator* √
autocaravan	*caravan*	*camper*
automobile	*car*	*automobile*
autostrada	*motorway*	*freeway*
autunno	*autumn*	*fall* √
avvocato	*solicitor / barrister*	*attorney*
bagaglio	*luggage*	*baggage* √
banconota	*(bank) note*	*bill*
benzina	*petrol*	*gas / gasoline*
biglietto sola andata	*single ticket*	*one-way ticket* √
biglietto andata e ritorno	*return ticket*	*round-trip ticket* √
camion	*lorry*	*truck* √
candidarsi	*to stand for office*	*to run for office* √
caramelle	*sweets*	*candies*
cassettone	*chest of drawers*	*bureau*
centro cittadino	*city centre*	*downtown*
compagno	*mate*	*buddy*
due settimane	*fortnight*	*two weeks* √
fare la coda	*to queue*	*to wait in line* √
farmacia	*chemist*	*drugstore*
ferramenta	*ironmonger*	*hardware store* √
film	*film*	*movie* √
fondo comune	*unit trust*	*mutual fund* √
fornello	*cooker*	*stove* √
guardaroba	*cloakroom*	*checkroom*
interurbana (tel.)	*trunk call*	*long distance call* √
intervallo	*interval*	*intermission*

lattina	*tin*	*can* √
lavare i piatti	*to wash up*	*to do the dishes* √
licenziare	*to make redundant*	*to lay off* √
marciapiede	*pavement*	*sidewalk*
melanzana	*aubergine*	*eggplant*
metropolitana	*underground / tube*	*subway*
normale	*ordinary / normal*	*regular* √
obbligare	*oblige*	*obligate* √
orario	*timetable*	*schedule* √
pacco	*parcel*	*package* √
pannolino	*nappy*	*diaper*
passeggeri	*passengers*	*riders* √
passaggio	*gangway*	*aisle* √
patatine fritte	*chips*	*French fries*
pattumiera	*dustbin*	*garbage / trash can* √
pelle d'oca	*goose pimples*	*goose bumps*
piacere	*to like*	*to dig*
piano rialzato	*ground floor*	*first floor*
portafoglio	*wallet*	*billfold*
prostituta	*whore*	*hooker* √
presidente di socie-tà	*chairman*	*president* √
punto (ortogra-fico)	*full stop*	*period*
quartiere	*district*	*neighbourhood* √
ricevimento (albergo)	*reception*	*front desk* √
risolvere	*to work out*	*to figure out* √
rubinetto	*tap*	*faucet* √
sassi	*stones*	*rocks* √
scuola pubblica	*state school*	*public school*
scuola privata	*public school*	*private school*
semaforo	*traffic light*	*stop light*
società	*company*	*corporation*
spazzatura	*rubbish*	*trash / garbage* √

strada chiusa	cul-de-sac	dead-end street
targa (auto)	number plate	license plate √
telefonare	to ring up	to call √
telegramma	telegram	wire
trasporti	transport	transportation √
vacanza	holiday	vacation
zucchine	courgettes	zucchini

Prima di chiudere, ricordate questo. È vero che alcune scuole come la Berlitz offrono corsi distinti di British English e American English, ma è anche vero che chi conosce veramente l'inglese – qualunque inglese: quello di Londra, di San Francisco, di Melbourne o di Città del Capo – se la cava dovunque. La prova è che inglesi, americani, australiani e sudafricani non solo si comprendono perfettamente tra loro, ma parlano senza difficoltà con il resto del mondo, a patto che il resto del mondo parli inglese (di solito succede). Le mamme italiane che chiedono angosciate «Dove mando mio figlio a studiare la lingua? In Inghilterra o in America?» sono perciò ridicole come chi, davanti ad una montagna da scalare, perde un giorno per decidere se muovere prima il piede destro o il sinistro. Vanno bene tutt'e due. Basta partire.

UK contro US: la tendenza

Non c'è bisogno d'essere particolarmente perspicaci, né occorre conoscere l'intuizione di Thomas Jefferson («Le nuove circostanze in cui ci troviamo richiedono nuove parole, nuove frasi, e il trasferimento di vecchie parole a nuovi oggetti»), per capire che l'America – non l'Inghilterra – è, alla vigilia del Duemila, la «fabbrica dell'inglese». Hollywood, non Oxford, insegna a parlare a cinesi, russi, tedeschi – e agli italiani, quando vogliono imparare.

Per chi ama questa lingua, è sconcertante vedere come l'inglese, in America, venga preso, masticato, strizzato, inghiottito e risputato – restando altrettanto affascinante, e diventando più funzionale. Il comandamento, da queste parti, è «Ridurre & Semplificare» (al contrario della Germania, dove il motto è «Allungare & Complicare»). Perché scrivere *night*, *right*, *light* («notte», «giusto», «leggero»), quando *nite*, *rite* e *lite* sono più brevi, più facili da ricordare e più vicini alla pronuncia? Per quale motivo *although* («sebbene»; origine: 1275) non si può aggiornare in *altho*? Perché sprecare una vocale in *colour* e *honour*, quando *color* e *honor* fanno allo scopo?

Qualche volta, confesso, sono turbato dalla velocità delle trasformazioni. L'inglese che ho cominciato a imparare, quindicenne, per attaccar bottone con le ragazzine sulla passeggiata di Eastbourne (1972), è ormai oggetto di studi filologici. Oggi gli studenti di Georgetown – allo stesso scopo: attaccare bottone con le ragazze – mandano in giro inviti come questo: VIPS RSVP ASAP, ovvero «i vip rispondano il più presto possibile» (*as soon as possible*).

Le novità non sono confinate al mondo giovanile. All'interno di un gigantesco «libero mercato linguistico», l'unica regola è quella dell'efficacia; la prova del valore di un termine è soltanto il suo successo. Folate di parole yiddish, ad esempio, sono entrate nella lingua di tutti i giorni, grazie alla loro espressività. Da ricordare, pena l'ostracismo sociale, sono i seguenti vocaboli:

chutzpah	faccia tosta
schlock	prodotto scadente
schmaltz	sentimentalismo
to schmooze	chiacchierare in modo intimo
schmuck	persona detestabile

I termini collegati ai computer hanno ormai vita propria, e si combinano in una neo-lingua che mi riesce misteriosa. Una rivista della costa occidentale ha proposto ai lettori tre colonne di vocaboli. Prendendo un termine per colonna, si ottengono neologismi che possono voler dire tutto o niente (personalmente, propendo per la seconda ipotesi):

interactive	*multimedia*	*suite*
highspeed	*server*	*architecture*
network	*e-mail*	*engine*
revolutionary	*reality*	*group*
visionary	*protocol*	*site*
virtual	*software*	*agent*
the WELL's	*chat*	*newsgroup*
Mondo	*communications*	*network*
modem	*parallel*	*CD-ROM*
online	*intelligent*	*agent*
realtime	*information*	*teleconference*

Altrettanto affascinante è l'uso dei numeri. Sono simboli efficaci, sintetici, immediatamente riconoscibili. Perché usarli soltanto per far di conto?, ragionano gli americani (anzi, non ragionano; lo fanno e basta). Il numero 2 (*two*) sostituisce spesso la preposizione *to* («a», «per») e l'avverbio *too* («troppo»). Il numero 4 (*four*) indica *for* («per»); 6 (*six*) sta per *sex* («sesso»); 8 (*eight*) sostituisce la sillaba *-ate* in *hate, fate, late*; 9 (*nine*) viene usato in una pubblicità della birra Budweiser per formare l'aggettivo *canine* («canino»), che diventa *K-9*. Il regno di questi esperimenti sono però le targhe delle automobili. La Ferrari bianca di Nichole Brown Simpson – sfortunata, e deceduta, moglie di O.J. Simpson – era targata L84AD8, ovvero *Late for a date*, «in ritardo per un appuntamento». Voi capite che oggigiorno occorrono occhi acuti, e una mente da enigmista, per imparare l'inglese in America.

Alcune innovazioni sono ancora più cervellotiche (o sofisticate; dipende dai punti di vista). I teenager americani stanno imparando a usare i *bleepers* – i «trovapersone» che segnalano un numero telefonico da richiamare – per trasmettere veri e propri messaggi. I numeri che appaiono vanno letti capovolti, in modo da sembrare lettere. Un semplice *hello* è 07734, mentre 50538 riproduce la parola *besos* (baci, in spagnolo).

Esperimenti in grado di gettare nello sconforto qualsiasi purista – ma negli Stati Uniti non ce ne sono, e questo risolve il problema – vengono condotti con le lettere dell'alfabeto: ciò che conta è la pronuncia di ogni lettera. X (pronuncia *eks*) ha ormai sostituito il vocabolo *extra* (*X-Large*, molto grande). B ha rimpiazzato *be* (voce del verbo essere). R (pronuncia *ar*) viene utilizzato al posto di *are* (un'altra voce del verbo essere). U (pronuncia *iu*) è comunemente usato invece di *you* (il pronome personale «tu»). *Are you happy?* («Sei contento?»), in questo modo, diventa *R U Happy?*. Per lo stesso motivo, una catena di negozi di giocattoli si chiama Toys R Us («I giocattoli siamo noi») e il nome del più grande noleggiatore di furgoni d'America – U Haul – suona come «tu rimorchi».

Fin qui il corso per principianti. Esistono anche combinazione più ardite. Il nome della rivendita d'auto usate NU2U, ad esempio, va letto *New To You* («nuove per te»). In una vignetta, la frase *You can* (tu puoi) viene resa con il disegno di una lattina (in inglese: *can*) che porta impressa la lettera U. La metropolitana di Washington si fa pubblicità con questo slogan: EZIN-EZOUT. Traduzione: *easy in*, *easy out*, facile entrare (in città), facile uscirne. Questo perché E si pronuncia *i* e Z si pronuncia *si* (come in «tesi»). Risultato: *isi* – la pronuncia dell'aggettivo *easy* (facile).

Il gusto e il talento per le sigle non sono nuovi. Anche il celeberrimo OK è nato in questo Paese. Interessante è notare che gli americani lo inventarono, poi si dimenticarono perché lo avevano inventato. La ricerca dell'origine di OK è costata a un linguista della Columbia University, Allen Walker Read, vent'anni di lavoro. Scartate le seguenti teorie – viene dall'espressione Only Kissing, dai biscotti Orrin Kendall, dal rum haitiano Aux Cayes, dal greco *olla kalla* (tutto buono), dall'affermazione degli indiani Choctaw (*okeh*) o dal capo indiano Old Keokuk – Read stabilì che OK apparve per la prima volta su un giornale di Boston nel 1839, come abbreviazione scherzosa per «tutto giusto» (*Oll Korrect*). Erano di moda, a quei tempi, gli acronimi, e un «Democratic OK Club» venne fondato per sostenere la campagna di un candidato alla presidenza. Un secolo e mezzo più tardi, OK è l'espressione più comprensibile sul pianeta; gli italiani, dai due anni in su, arrivano qui e sparano *okay* come mitragliatrici (anche quando non hanno capito, o non sono d'accordo). L'unico posto dove il termine viene usato con parsimonia, sono gli Stati Uniti. Probabilmente gli americani, senza avvertirci, stanno inventando qualcos'altro.

(Da *Un italiano in America*, Rizzoli 1995)

Esercizi:
SIETE «*POLITICALLY CORRECT*»?

Sono passati, forse, i tempi della «correttezza politica» di stretta osservanza, anche se il movimento per la «pulizia linguistica» dei Paesi anglòfoni è ancora vivo e vegeto, soprattutto nelle università americane. È difficile spiegare i meccanismi di questa enigmistica semantica, che vieta l'uso di qualsiasi parola o formula in grado di urtare la sensibilità di un gruppo o individuo che si ritiene discriminato dalla società tradizionale. Proponiamo un piccolo esercizio «a scelta multipla» basato su espressioni citate nel libro di Henry Beard and Christopher Cerf, *The Official Politically Correct Dictionary & Handbook* (Grafton). Gli autori garantiscono la genuinità di tutti gli esempi che seguono. Noi garantiamo la loro assurdità.

COSA VUOLE DIRE:

1) *differently interesting* = nuovo e interessante / diverso e interessante / noioso
2) *specially skilled* = un medico specializzato / un operaio specializzato / un incompetente
3) *morally different* = malefico / lodevole / bacchettone
4) *chronologically gifted* = anziano / ricco / paziente
5) *economically marginalized* = povero / a buon mercato / orlato alla meno peggio
6) *socially misaligned* = storto / psicotico / estromesso dal consiglio di amministrazione
7) *charm-free* = grazioso e gratuito / liberamente affascinante / seccante
8) *terminally inconvenienced* = infastidito all'aeroporto / importunato via computer / morto
9) *horizontally challenged* = obeso / supino / offeso e steso per terra

10) *feline-American* = Hillary Clinton / Bill Clinton / «Socks» Clinton

11) *nontraditional shopper* = uno che ruba nei negozi / uno che pratica il baratto / uno che pretende dal fruttivendolo che i pomodori gli siano consegnati in confezione regalo

12) *domestic incarceration survivor* = casalinga / scassinatore / colf

13) *person with difficult-to-meet needs* = molto povero / molto esigente / molto pericoloso

14) *persons presenting themselves as commodity allotments in a business doctrine* = operatori di borsa / agenti immobiliari / prostitute

15) *individual with temporarily unmet objectives* = un perdente nato / un obiettore di coscienza la cui domanda è stata respinta / uno che ha smarrito lo zoom della macchina fotografica.

RISPOSTE:

1) «diversamente interessante» = noioso
2) «qualificato in modo speciale» = incompetente
3) «moralmente diverso» = malefico
4) «cronologicamente dotato» = anziano
5) «economicamente emarginato» = povero
6) «allineato socialmente in modo difettoso» = psicotico
7) «privo di fascino» = seccante
8) «incomodato in modo terminale» = morto
9) «sfidato in senso orizzontale» = obeso
10) «americano felino» = Socks (il gatto della famiglia Clinton)
11) «acquirente non-tradizionale» = uno che ruba nei negozi
12) «sopravvissuta all'incarcerazione domestica» = casalinga

13) «persona con esigenze difficili da soddisfare» = molto pericoloso
14) «persone che si presentano come beni economici nell'ambito di una dottrina commerciale» = prostitute
15) «persona con alcuni obiettivi temporaneamente non raggiunti» = un perdente nato.

Lettura:
INGLESE & LATINO

Un celebre columnist del «New York Times», Russel
Baker, si lamenta perché la parola latina *gravitas* (so-
lennità, decoro) «sta diffondendosi come il vaiolo
attraverso la lingua inglese». Qualche anno fa – spiega – «*gravitas* era il genere di vocabolo che un professore di ermeneutica poteva utilizzare sulla "New
York Review of Books". Ora la usano i cronisti».
Fra un po', si lamenta Baker, il taxista col turban-
te venuto dal Punjab, accompagnandomi a casa, dirà: *gravitas*.
Se ci pensate, la questione è vagamente comica. L'i-
taliano, umiliato giorno dopo giorno dall'inglese onnipotente, si prende una piccola rivincita grazie al
latino. È come se un ragazzino, malmenato da un
compagno più robusto, chiamasse in soccorso il vecchio nonno. Che un aiuto sia opportuno, è fuor di
dubbio: mentre gli anglismi hanno colonizzato la
lingua italiana (vedi la terza parola di quest'articolo: *columnist*), gli italianismi hanno appena sfiorato
l'inglese. Se esistiamo, dobbiamo ringraziare la cucina (*ravioli*, *lasagne*), la musica (*piano*, *sottovoce*) e
– ahimè – la *mafia*.
Il latino, invece, gode di buona salute nel mondo
anglosassone, e non da oggi. Nel Seicento gli scrittori inglesi lo consideravano fonte di ispirazione e
di autorità; Isacco Newton lo usava per lavoro, e
lo trovava particolarmente chiaro. Tramontato come lingua, è rimasto come ricordo: nelle scienze
(*quantum*), nella psicoanalisi (*libido*), nell'economia
(*deficit*), nella politica. Il recente libro di Bob Woodward sugli esordi di Bill Clinton alla Casa Bianca

ha per titolo un gerundivo: *The Agenda* (ovvero: le cose da fare). Un altro terreno dove il latino ha messo radici è la legge. Gli imputati americani non sanno pronunciarlo, ma intuiscono che l'*habeas corpus* può far comodo.

Questi successi sono costati sudore e sangue: la lingua di Orazio, per conquistare il Bronx, ha subìto violenze d'ogni tipo. Come sanno gli amanti dei telefilm polizieschi, *alibi* si pronuncia *ælibai*; *alias* (pseudonimo) diventa *élias* e *modus operandi* – un vocabolo in netta ascesa – è stato ridotto ad una sigla: *m.o.* (*em-o*). Ai tempi di Raymond Chandler, il tenente gridava al giovane poliziotto: «Lascialo, Jack. Non fare il bastardo». Oggi gli dirà: «Jack, hai uno strano m.o.». La cosa straordinaria è che Jack capisce; il telespettatore (americano), anche.

Il latino doveva aspettarsi d'essere maltrattato. La strepitosa violenza che la lingua inglese ha perpetrato verso gli altri idiomi è la prova della sua vitalità, e il segreto del suo successo. Nulla di male, quindi, se *qui pro quo* diventa *quid pro quo*, e da un equivoco si tramuta in uno scambio; o se l'*ad hoc committee*, più che un comitato apposito, sia un comitato messo insieme all'ultimo momento. Poco importa se un esame orale, a Oxford e Cambridge, diventi un *viva* (pronuncia *vaiva* ; abbreviazione di *viva voce*), e a Harvard *magna cum laude* (*mag-na cam laude*) sia un'eccellente votazione. Grave, invece, è il fatto che noi italiani ingurgitiamo questi cocktail d'importazione senza chiederci da dove vengono. *Plus* mortificato in *plas*, *junior* in *giunior*, *sub iudice* in *sab iadis*: Cesare Marchi ne era affranto.

Nel loro entusiasmo per il latino – se alla Pubblica Istruzione ne avessero altrettanto, i licei classici sarebbero salvi – gli americani diventano commoventi. L'espressione *sine qua non*, ad esempio, sta sostituendo il vocabolo *condition*, condizione (per illustrare agli studenti come pronunciare la nuova parola magica, il dizionario Webster scrive: *sin'a kwä non'*). Anche gli inglesi non mancano di rendere alla lingua dei (nostri) padri il loro involontario omaggio. L'ottimo *The Story of English* (prodotto dalla BBC) conclude, dopo trecento pagine: «Mentre ci avviciniamo al Duemila, l'inglese è, *de facto*, la lingua internazionale del mondo». Che delizia quel *de facto*. Pensateci: vuol dire che abbiamo vinto un po' anche noi.

(«Corriere della Sera», ottobre 1995)

11

TRUCCHI E SCORCIATOIE

«E il giorno della fine non ti servirà l'inglese.»

Franco Battiato, *Il re del mondo*, 1979

Quindici errori per gli italiani

Sebbene l'inglese medio sia portato a credere che l'italiano medio, quando parla inglese, commette contemporaneamente tutti gli errori possibili, è accertato che noi sbagliamo con un certo metodo. Gli errori degli italiani, in altre parole, sono caratteristici: i tedeschi e i francesi ne commettono altri, diversi. Così i giapponesi, che quando si tratta di sbagliare in inglese mostrano strepitosa fantasia. Sulla copertina di un quaderno acquistato a Tokio ho trovato ad esempio frasi dal significato misterioso (*This note do much for the advanced of study – Most advanced quality gives in a work*), che sembrano dimostrare come nel Paese del Sol Levante l'inglese venga apprezzato anche in qualità di «ornamento», indipendentemente da quello che vuole dire.

Possiamo iniziare con una considerazione di ordine generale. Il motivo principale per cui un popolo commette alcuni errori e non altri è chiamato *mother-tongue interference*, ovvero «interferenza della lingua madre». In altre parole, abbiamo la costante tendenza a tradurre dall'italiano, o a supplire con forme italiane (grammaticali, sintattiche o fonetiche) quando non conosciamo le forme inglesi.

Non essendo purtroppo possibile riportare in un libro i suoni emessi da un diciassettenne di Mantova mentre cerca di rendersi interessante di fronte a una coetanea di Edimburgo, e avendo rinunciato ad usare i simboli fonetici, dovremo limitarci ad alcune osservazioni. La prima è che gli errori di pronuncia possono provocare splendidi equivoci. Un professore universitario inglese residente in Sardegna ci ha raccontato di uno studioso ragazzo di Nuoro che spiegava: «*Old people from my region always go to the continent with the* sheep: *they are afraid of the* hair», che non vuol dire «le persone anziane della mia regione vanno sempre in continente con la nave (*ship*): hanno paura di volare (*air*)», bensì «...vanno sempre in continente con la *pecora* (*sheep*): hanno paura del *pelo* (*hair*)».

L'errore più comune e veniale è quello di pronunciare parole inglesi all'italiana. Abbiamo già parlato del biscotto «*wafer*» che si dovrebbe pronunciare *ueifa*, dei *jeans Levi's* che andrebbero chiamati *Livais* e dei dentifrici *Close Up* e *Colgate* che sarebbero *clos ap* e *colgheit*. Abbiamo anche notato che qualche volta commettiamo invece l'errore opposto: *flash*, ad esempio, si pronuncia come è scritto. Le nostre «notizie *flesh*» ricordano agli inglesi le fanciulle procaci che straripano dalla terza pagina del quotidiano «Sun» (*flesh*, pronunciato come è scritto, vuol dire «carne viva»).

Alcuni fonemi inglesi non hanno equivalente in italiano, e ci rendono la vita difficile. È il caso del leggendario suono «th», che per decenni ha tenuto impegnate legioni di studenti sputacchianti. Oggi la situazione è cambiata: l'inglese è talmente diffuso che qualsiasi principiante sa come cavarsela, avendo sentito pronunciare l'articolo *the* almeno mille volte in vita sua. Per chi avesse nostalgia degli esperimenti, riportiamo le istruzioni che una scuola di Londra ha preparato per gli studenti italiani: «Mettere la lingua tra i denti. Poi ritirarla rapidamente. Importante: per produrre il suono "th", i denti devono essere separati».

I principianti trovano difficile anche la «h» all'inizio di parola: o non la aspirano e pronunciano *hair*, pelo, allo stesso modo di *air*, aria, invertendo l'errore del ragazzo sardo di cui sopra; oppure la aspirano troppo (pronunciando «Io sono un po' malato», *I am a little ill*, come «Io sono una piccola collina», *I am a little hill*). Complicata viene giudicata la pronuncia della lettera «l» (la punta della lingua è più arretrata rispetto alla «l» italiana); la «r» (in inglese, molto meno arrotata); il cosiddetto «*schwa sound*», che è quello della «e» di *father* (padre): gli italiani pronunciano «e», quando invece il suono è indistinto e più vicino ad «a». Una pronuncia corretta di questi tre suoni, assicurano gli inglesi, fa sembrare meno forestiero chi parla. Noi italiani troviamo difficile anche cogliere la lunghezza delle vocali: così pronunciamo allo stesso modo *to leave* (lasciare, con l'i lunga) e *to live* (vivere, i corta); *late* (tardi) e *to let* (affittare); *sheet* (foglio) e *shit* (merda) – e questo è grave e pericoloso.

Abituati a pronunciare ogni lettera che vediamo scritta, troviamo concettualmente difficile – o ingiusto, chi lo sa – ignorarne qualcuna. Questo vale per la maggior parte delle «r»; per la «k» in *knee* o *knock out*; per la «p» in *psychology* o *pneumonia*; per la «b» di *lamb*. La nostra scarsa abitudine a pronunciare parole che terminano con una consonante, infine, fa sì che la frase *I went home* (sono andato a casa), alle orecchie degli inglesi suoni come *I wenta homa*. Quando ci vogliono imitare, all'estero mugolano più o meno così.

Un cenno soltanto all'intonazione. Molti italiani hanno l'impressione che la lingua inglese, in bocca ad uno straniero, abbia un suono affettato, e temono di rendersi ridicoli. Quindi, si rifiutano di pronunciare correttamente. Prima di vivere in Gran Bretagna credevamo che queste timidezze fossero ingiustificate. Oggi, dopo aver ascoltato comitive di bresciani e pugliesi tentare «il vero accento anglosassone» dentro il British Museum, possiamo dire che una certa reticenza è assolutamente giustificata.

ERRORI DI STILE

Un difetto comune agli italiani è questo: tendiamo a trasferire in inglese le nostre acrobazie sintattiche e i periodi carichi di subordinate. L'inglese – e gli inglesi, e gli americani – non amano invece le costruzioni barocche. Non a caso, ogni volta che ascoltano parlare un uomo politico italiano soffrono e sbuffano. Qualche volta, addirittura, danno forfait. È accaduto, qualcuno lo ricorderà, ad un povero interprete canadese costretto a tradurre l'intervento di un nostro ex·presidente del Consiglio durante un vertice a Toronto.

L'intransigenza di inglesi e americani con chi parla (o scrive) in maniera cervellotica è benemerita, e non è nuova. In Gran Bretagna vengono assegnati ogni anno i *Plain English Awards* (Premi per l'Inglese Semplice) alle organizzazioni che hanno prodotto i documenti più chiari e leggibili. Negli Stati Uniti vengono invece attribuiti i *Doublespeak Awards* ai «personaggi pubblici che hanno perpetrato reati di linguaggio astratto, ingannevole, evasivo, eufemistico, contraddittorio e confuso». Negli USA la campagna per «l'inglese semplice» venne lanciata dal presidente Carter nel 1978; in Gran Bretagna, nel 1979, venne celebrata la «prima distruzione rituale di oscuri formulari governativi», nel bel mezzo di Parliament Square a Londra. Potremmo tentare anche noi con i modelli 740, e vedere se bruciano bene.

Le difficoltà sorgono, in genere, quando la forma inglese è del tutto nuova, e non ha un equivalente in italiano. Possiamo iniziare dai verbi, e segnalare il caso dell'ausiliare *do*, usato per costruire la forma interrogativa e negativa. La tendenza del principiante è segnalare la domanda con l'intonazione della voce, come in italiano. Cosa vuoi?, ad esempio, diventa *What you want?* invece di *What do you want?*, «Non capisco» viene tradotto *I not understand* invece di *I do not understand*.

Un altro errore frequente è trasferire in inglese l'uso della doppia negazione. Se in italiano si può dire «Non vedo nulla», in inglese occorre tradurre «Vedo nulla», *I see nothing*, oppure *I don't see anything*, che sarebbe «Non vedo alcuna cosa».

Un terzo errore comune è l'omissione della «s» alla terza persona singolare del verbo (*he go*, *she tell* invece di *he goes*, *she tells*). Molti insegnanti spiegano l'errore in questo modo: le desinenze in inglese sono così poche, che lo studente tende a lasciar fuori anche le poche che ci sono.

Il quarto errore non è un'esclusiva dei principianti: utilizzare nei verbi composti inglesi lo stesso ausiliare dell'italiano. Così, se nei verbi di movimento italiani l'ausiliare è «essere» (io sono andato), molti traducono *I am gone*. Ma in inglese l'ausiliare nelle forme attive è sempre «avere»; quindi, *I have gone*.

Il quinto errore è più grave, estremamente comune e – pare – inestirpabile. Si tratta della confusione tra passato prossimo (io sono andato) e passato remoto (io andai). In italiano esiste una regola (poco osservata): si usa il passato prossimo per esprimere un'azione compiuta o un avvenimento che «lasciano tracce» nel presente (come diceva Giacomo Devoto); il passato remoto per manifestare il distacco di tali avvenimenti dal momento in cui ne parliamo. Così in inglese: il passato remoto (*sim-*

ple past) si usa quando l'azione è passata ed è finita; il passato prossimo (*present perfect*) quando l'azione, iniziata nel passato, continua a «produrre effetti» fino al momento attuale, in cui si parla. Quindi:

He broke his leg	Si è rotto (o si ruppe) una gamba (sottinteso: ma adesso sta bene)
He has broken his leg	Si è rotto una gamba (sottinteso: e non è ancora guarito)

Sesto errore, insidioso. L'uso del condizionale al posto del congiuntivo. Durante un programma sullo scandalo dei fondi per l'Irpinia trasmesso da BBC Radio Four» è stato detto ad esempio *If we would have given them one billion each...*, che nelle intenzioni dell'intervistato avrebbe voluto dire «se avessimo dato loro un miliardo a testa...». Sbagliato, naturalmente: avrei dovuto dire – l'intervistato, purtroppo, era il sottoscritto – *If we had given them one billion each...*

Settimo errore. Tradurre direttamente dall'italiano forme come «Vivo qui da tre anni» (*I live here since three years*) e «È due anni che sono sposato» (*It's two years that I'm married*). Si dice invece *I have been living here for three years* e *I've been married for two years*, o *since 1989* (Forma di durata, p. 169).

Ottavo errore. Trattare i verbi modali (*can, may, must, will, shall, need*) come fossero verbi normali (Posso andare? *Can I to go?* invece di *Can I go?*) e abusare del verbo *must* (dovere), dimenticando *to have to, ought to, should*.

Errore numero nove. Tradurre letteralmente la formula «per + infinito», molto comune in italiano per indicare uno scopo (proposizione finale). «Esco per vederlo» non si dice *I am going out for to see him* (se non siete a Glasgow tra amici), ma *I am going out to see him*, o *in order to see him*.

Errore numero dieci: imprecisione nell'uso degli articoli. Rimandiamo al capitolo cinque, ricordando che non esiste un motivo per cui «sono insegnante» si debba dire *I am a teacher* (e non *I am teacher*, che suona invece come un'affermazione esistenziale); così non esistono ragioni per cui «vado a teatro» diventa *I'm going to the theatre* (e non *I am going to theatre*).

Errore numero undici, caro ai principianti. Confusione sessuale nell'uso dei possessivi. In italiano la scelta dipende dal genere (maschile, femminile) della cosa posseduta (Marco e il suo cane; Marco e la sua auto); in inglese dipende dal proprietario (*Marco and his dog*; *Marco and his car*). *Marco and her car* viene spontaneo (*her* = sua), ma è sbagliato. Un altro errore è questo: poiché in italiano si dice «il mio libro» e «Di chi è? È mio!» la tentazione è di usare sempre *my*. In inglese, come è noto, ci sono due forme: *my* è aggettivo (*my book*), e *mine* è pronome (*The book is mine!*).

Anche il genitivo sassone serve per indicare il possesso, quando il possessore è una persona: *John's sister*, la sorella di John. Gli italiani lo sanno – in teoria. In pratica, i principianti scivolano facilmente nella traduzione letterale della forma italiana: il ragazzo di Arianna, *the boyfriend of Arianna*.

Il dodicesimo errore riguarda il singolare e il plurale. In particolare, i celebri sostantivi *uncountable* (che non si possono numerare). È praticamente impossibile convincere molti italiani che *information* non è singolare (informazione) e *news* (notizie) non è plurale. Imperterriti, continueranno a dire *I have one information for you* e *The news are good*. Trappole insidiose – anche per chi è provetto – sono *hair*, capelli (sempre singolare; fate conto voglia dire «capigliatura»); *people* (gente) che è sempre plurale (*people are strange*, la gente è strana); *condition* (in italiano si dice «essere in buone condizioni»; in inglese «in buona condizione», *to be in good condition*).

Il tredicesimo errore riguarda le preposizioni. Ne abbiamo già parlato nel capitolo sei. Sentirete dire costantemente *I have read on the paper* perché in italiano si dice «ho letto sul giornale». In inglese, invece, si legge nel giornale (*in the paper*). Si ascolta «alla musica», non «la musica» (perciò, *I listen to the music* e non *I listen the music*).

Quattordicesimo errore. Dimenticare che alcuni vocaboli italiani di uso comune hanno in inglese diverse traduzioni, e utilizzare una o l'altra indifferentemente. È vero però che metà del mondo fa lo stesso, e l'altra metà capisce comunque. Qualche esempio:

ancora	*still, yet, again*
come	*as, how, like*
prima	*before, first, once, earlier*
che	*that, which, what, than*
troppo	*too, too much, too many*
molto	*very, a lot, many, much*
perché	*why, because, as*
anche	*also, too, even, as well*
portare	*bring, take, carry*
dire	*tell, say*
ricordare	*remember, remind*
ciao	*hallo, goodbye*

Quest'ultimo errore – usare indifferentemente *hallo* e *goodbye* – è stato attribuito anche agli iracheni, se la cosa può interessare. Poi qualcuno ha scoperto che, salutando una persona che se ne va, a Bagdad non dicono *hallo*, ma *ahlan wa-sahlan*, che in uno dei dialetti più diffusi vuol dire qualcosa come «benvenuto», e può essere utilizzato sia in un incontro che in un congedo.

Quindicesimo ed ultimo errore, forse il più prevedibile. Parliamo dei «falsi amici», ovvero delle parole inglesi che invitano ad una traduzione mentre vogliono dire tutt'altro. Su questi *false friends* sono stati scritti libri interi. Ci limiteremo qui ad una sorta di hit parade dell'errore. Ricordiamo, dunque, che è sbagliato usare

actually	per dire	attualmente	che si dice	*at present*
according to me	per dire	secondo me	che si dice	*in my opinion*
argument	per dire	argomento	che si dice	*subject*
assist	per dire	assistere	che si dice	*to attend*
comprehensive	per dire	comprensivo	che si dice	*understanding*
conference	per dire	conferenza	che si dice	*lecture*
lecture	per dire	lettura	che si dice	*reading*
control	per dire	controllare	che si dice	*to check*
editor	per dire	editore	che si dice	*publisher*
eventually	per dire	eventualmente	che si dice	*if possible*
in fact	per dire	infatti	che si dice	*indeed*
library	per dire	libreria	che si dice	*bookshop*
mad	per dire	matto	che si dice	*crazy*
morbid	per dire	morbido	che si dice	*soft*
possibly	per dire	possibilmente	che si dice	*if possible*
rude	per dire	rude	che si dice	*rough*
rumour	per dire	rumore	che si dice	*noise*
sensible	per dire	sensibile	che si dice	*sensitive*
sympathetic	per dire	simpatico	che si dice	*friendly*

Per chiudere la sagra degli errori degli italiani, due appunti a titolo di consolazione. Il primo è il parere del professor Randolph Quirk dell'University College di Londra, autore di quella che è comunemente ritenuta la miglior grammatica della lingua inglese. Quirk sostiene di trovare regolarmente, nelle lettere che gli scrivono i professori universitari d'inglese (non madrelingua), tali e tanti svarioni da esser giunto a una conclusione: «Gli errori degli stranieri sono legioni, e apparentemente inestirpabili». Qualche esempio:

You could like to forward the book (invece di *might like...*)
The concert should start (invece di *was due to start...*)
He tells me he must write it last year (invece di *had to write...*)

La seconda annotazione – più casalinga – consiste nel testo inglese delle «istruzioni per l'uso» della «Caffettiera Napoletana A. Passeggio (50 anni di esperienza)», gentilmente forniteci dal già citato William Ward, che le conserva gelosamente e le usa come esercizio per i suoi studenti del Cambridge Proficiency Level («Quando smettono di ridere, devono ritradurre in un inglese un tantino meno kafkiano»). Un inglese peggiore di questo è quasi impossibile da ottenere. Quindi, coraggio.

INSTRUCTION FOR THE USE
1) To fill before the inside part of the coffee-pot of coffee-powder (5 grams each person)
2) To screw in the filter on the inside-part of the coffee-pot.
3) To fill of water the superior-body till the little hole.
4) Introduce the inside-part of the coffee-pot in the superior-body (already filled of water before).
5) Put the coffee-pot with the spout on the superior-body and put it finally on the fire.
6) As soon as the water goes in ebullition, you will see the water coming out from coffee-pot, just from the said little hole. Now, keep out the coffee-pot from the fire, upset it and remain it for some minutes in rest; in the meantime, the water will filter and will transform it in a very exquisite coffee, and you can serve it too. It is well known all over the world that NEAPOLITAN ORIGINAL COFFEE-POT «A PASSEGGIO» is the unique to do a very aromatic coffee.

Per disorientare il signor Smith

Stabilito che esistono innumerevoli modi per fare brutta figura in inglese – ne abbiamo visto alcuni, ma ce ne sono altri: ad esempio indossare magliette con la scritta *Shitty Boy*, sempre di moda a Tokio – vediamo qualche sistema per bene impressionare.

La questione, ce ne rendiamo conto, è complessa e delicata. Le frasi necessarie per diventare popolari in un ritrovo punk di Londra (*Your tattoo has a lovely colour, Mike*; il tuo tatuaggio ha un colore delizioso, Mike) non sono le stesse che servono per guadagnarsi rispetto in una banca della City. Mostrare di sapersi arrangiare – parlare come Alberto Sordi in *Un americano a Roma* – è passato di moda. Non arrangiarsi e parlare solo in italiano a volume crescente, non è mai stato di moda (ma qualcuno continua a farlo).

Qualche scorciatoia, però, esiste ancora. Un modo di far bella figura è immaginare cosa dirà il prossimo in una determinata situazione, in modo da mostrarsi pronti a sostenere una conversazione.

Su questo assunto si basano i frasari turistici attualmente in commercio, i quali, come abbiamo visto, hanno però un difetto: si occupano di situazioni tutto sommato marginali, come l'acquisto di un paio di scarpe o la visita da un dermatologo in seguito al contatto con una medusa. È vero però che esistono un numero limitato di luoghi e di situazioni in cui la gente dice sempre le stesse cose. Una scrittrice e autrice televisiva inglese, Stephanie Calman, sostiene ad esempio che le ragazze in viaggio da sole hanno bisogno di un vocabolario limitato, perché le frasi che sentono dire sono immancabilmente le stesse.

Due esempi, tratti dal suo libro *Dressing for Breakfast* (Fontana-Collins editori):

AL MUSEO / NEI LUOGHI DI INTERESSE STORICO

Where is the sculpture / postcard shop / lavatory?	Dov'è la scultura / negozio delle cartoline / bagno?
Thank you, I can manage.	Grazie, mi arrangio da sola.
No, I'm not travelling alone.	No, non sto viaggiando sola.
I am accompanied by a very large man.	Sono accompagnata da un uomo molto robusto.

He is at the hotel / the café / outside.	È in albergo / al caffè / qui fuori.
Please go away.	Per favore se ne vada.
No, I do not require a lift.	No, non ho bisogno di un passaggio.
My friend does not require a lift.	La mia amica non ha bisogno di un passaggio.
No one requires a bloody lift.	Nessuno ha bisogno di un maledetto passaggio.
Do not push me.	Non mi spinga.
Get off.	Si tolga di mezzo.
Guard! A man has fallen into the water.	Guardia! Un uomo è caduto nell'acqua.

IN DISCOTECA

Two Bacardi and cokes, please.	Due Bacardi e coca-cola, per favore.
Thank you, we shall buy our own drinks.	Grazie, vogliamo comprare da sole i nostri drink.
My friend does not want to dance with you / your friend.	La mia amica non vuole ballare con te / con il tuo amico.
Get your hand off my arm.	Togli la mano dal mio braccio.
Stop that or I shall call the manager.	Smettila o chiamo il direttore.
I am a secretary / student / policewoman / taxidermist.	Sono una segretaria / studentessa / donna poliziotto / tassidermista.
We are staying at the Hotel...	Stiamo all'hotel...
You may walk us back, but you cannot come in.	Potete riaccompagnarci, ma non potete entrare.
I do not wish to ride on your moped.	Non desidero venire sul tuo motorino.
Are we close to the beach?	Siamo vicini alla spiaggia?
I have sand in my eyes / hair.	Ho della sabbia negli occhi / capelli.
Your clothes have been washed away by the sea.	I tuoi vestiti sono stati portati via dal mare.

Se lo scopo è quello di far bella figura, un suggerimento meno divertente, ma più serio, valido per tutti e in ogni situazione, è questo. Se esistono parole difficili per noi e facili per i madrelingua – basta pensare ai verbi con preposizione, e in genere a quell'«inglese di tutti i giorni» che a scuola non insegnano – esistono anche espressioni di origine latina e greca che ad un italiano di media cultura risultano ovvie, e fanno invece immancabilmente colpo sugli inglesi, e soprattutto sugli americani, la cui ultima mania si chiama «*oversyllabification*» (eccesso di sillabe). Vocaboli come *polygamous* o *parasitical*, che a noi sembrano una sorta di italiano storpiato, possono garantirvi un quarto d'ora di celebrità in un salotto. Un altro esempio: è provato che, dopo aver detto a un *hooligan* urlante e manesco *Shut up and piss off* (stai zitto e levati di torno), prenderete un pugno sul naso. Affrontatelo con *I repudiate your petulant expostulations and I invite you to depart* e prenderete ugualmente un pugno sul naso, ma potete star certi che il vostro avversario se ne andrà via turbato.

Molto utili per ben figurare sono anche alcune forme estremamente semplici, che gli italiani, per motivi imperscrutabili, si rifiutano di adottare, ricorrendo invece a complesse perifrasi. Un esempio è l'uso di *at Rose's* per rispondere ad una domanda comune come *Where do you live?* («Dove abiti?» – In Scozia e in Sudafrica *Where do you stay?*). Questo *at Rose's* vuol dire semplicemente «da Rosa»: è un genitivo sassone e sottintende la parola «casa». La frase completa sarebbe *at Rose's house (place, flat)*. L'italiano e il francese hanno una forma simile. La differenza è che gli italiani dicono tranquillamente «Sto da Rosa» e, quando parlano con un francese, *J'habite chez Rose. I stay at Rose's*, invece, non lo dice nessuno.

Due altri trucchi sono questi. Il primo, di sicuro effetto ma un po' a buon mercato, è adottare i cliché linguistici più in voga: *No way*, assolutamente no; *hopefully*, speriamo; *you know*, sai...; *I mean*, voglio dire...; *cheers* al posto di *sorry*; *lovely* invece di *thank you*. Il secondo è imparare frasi di uso comune nella forma più inglese possibile. È vero infatti – lo abbiamo ripetuto per oltre trecento pagine – che per farsi capire si può dire qualunque cosa. Ma è anche vero che esiste sempre una progressione: sui libri di scuola sta scritta una cosa, nel corso d'inglese a Londra insegnano una cosa differente, e alla fine si scopre che gli inglesi dicono due cose ancora diverse, a seconda di chi sono e dove stanno in quel momento. Cinque anni fa, e fra cinque anni, è sicuro che usavano e useranno una forma ancora differente. Facciamo un esempio.

1. *Let's go!* vuol dire «andiamo!»
2. anche *Shall we go?* vuol dire «andiamo?», ma suona «più inglese»
3. *We'd better get going* (è meglio che andiamo) è più disinvolto
4. *Shall we make a move?* (ci muoviamo?) è probabilmente quello che i vostri amici inglesi diranno alla fine della serata per annunciare che è ora di tornare a casa.

In altre parole: se è facile farsi capire, come dimostrano ogni giorno centinaia di migliaia di italiani sparsi negli alberghi del mondo, è difficile dire quello che direbbe un inglese (o un americano) nella stessa situazione. Si può imparare, ma è quasi obbligatorio vivere per qualche tempo in un Paese anglòfono, e avere un discreto orecchio per le lingue.

Non siamo perciò certi che quanto segue possa essere d'aiuto. Si tratta del risultato di un'indagine condotta presso amici inglesi. Ci sono le espressioni di uso quotidiano che, a loro giudizio, gli italiani non usano, e dovrebbero. Quelle su cui noi invece ripieghiamo, e non dovremmo, sono riportate subito dopo. La validità scientifica di questo sistema, teniamo a precisare, è zero. L'interesse, speriamo, leggermente superiore.

ITALIANO	INGLESE	QUASI INGLESE
È di gran lunga il migliore	*He's far and away the best*	*He's absolutely the best*
Ti sta bene	*It serves you right*	*You deserve it*
Hai fatto bene	*You did right*	*You have done very well*
Se tutto va bene	*All being well*	*If everything goes well*
Lo faremo bastare	*We'll make it do*	*We will make sure it is enough*
Ho scoperto a mie spese	*I found to my cost*	*I found by myself*
Un attimo fa	*A bit earlier*	*A (one) moment ago*
È in gioco la nostra reputazione	*Our reputation is on the line*	*Our reputation depends on it*
Tutto sommato	*By and large / all in all*	*All considered*
A proposito...	*By the bỳ / by the way / speaking of...*	*Let's talk about*
Stanno diventando matti	*They're hopping mad*	*They are getting crazy*
A pensarci bene...	*Come to think of it*	*Thinking of it*
Ho bisogno di una informazione	*I've got a query*	*I need some information*
Ne sono rimasti solo due	*Only two are left*	*Only two are still here*
Siamo andati molto d'accordo	*We hit it off famously*	*We got along very well*
No, per quanto ne so	*Not that I know*	*No, as far as I know*
Tenere il muso	*To bear a grudge*	*To remain angry*
Tutti i dettagli	*All the ins and outs*	*All the details*
Finora	*Up to now*	*Until now*
In parole povere	*In short*	*In a few words*
E tra l'altro...	*And besides...*	*And among other things*

Posso vedere gli aspetti controproducenti	I can see the drawbacks	I can see the things against it
È probabile che	The odds are	It is probable (likely)
Un caso isolato	A one-off	An isolated case
È un po' preso (occupato) adesso	He's a bit tied up at the moment	He's a little busy now
Ma cosa ci vuoi fare	But there you are...	What do you want to do about it?
Non mi è mai venuto in mente	It never crossed my mind	I have never thought of it
Non ho la più pallida idea	I haven't the foggiest	I haven't any idea
Non me ne viene in mente alcuno al momento	I can't think of any off-hand	Nothing comes to my mind
Ci hanno pensato loro	They have seen to that	They have thought about it
Si dice che	Rumour has it that	They say that
Lo attribuisco a	I put this down to	I think the cause is
Calcoli approssimativi	Rough back-of-the-envelope calculations	Approximate calculations
Lasciami riassumere brevemente	Let me quickly recap	Let me summarize it briefly
Mi sono confuso	I've got muddled up	I have made some confusion
Ho avuto un contrattempo	I had a bit of a hold-up	I had a problem
Ci mettiamo a posto dopo	We'll fix it up later	We'll arrange it later
Vado a cambiarmi	I'll go and get changed	I'm going to change my clothes
Si è molto agitato	He got into a state	He was very tense
Cavarsela in una lingua straniera	To hobble along in a foreign language	To manage in a foreign language
Sta facendo carriera	He is moving up in the world	He is making a good career
Accidenti!	Good heavens!	My God!

Chiudiamo con tre esempi di «quasi-inglese ufficiale»: i colpevoli, in altre parole, stanno nella pubblica amministrazione. Esempi interessanti, perché mostrano come l'imprecisione possa condurre alla confusione. Tempo fa gli autobus ATAC portavano per Roma il messaggio «*No getting on without a ticket*» (traduzione: non farai mai strada nella vita senza un biglietto ATAC); per dire quello che voleva (non salire a bordo senza biglietto), l'azienda dei trasporti avrebbe dovuto usare invece: «*Buy a ticket before you get on board*». Lo stesso comune di Roma ha poi condotto una «campagna di simpatia» a favore dei vigili urbani. Già lo slogan in italiano «Chiedi e collabori» non era molto chiaro; ma quello inglese – *Ask and Collaborate* – faceva pensare ad una città formicolante di piccoli Quisling.

Terzo esempio, il più spettacolare: il testo inglese della campagna «Così non si può restare», promossa dalla presidenza del consiglio dei ministri nel 1990, per convincere i «clandestini extracomunitari» a mettersi in regola. Eccolo:

As you are now, clandestine and irregular, you cannot stay in Italy and unless you request a «permesso di soggiorno» you'll be pushed out of the country. In order to avoid all this and to be able to work and live regularly in Italy very little is demanded. By the 28 of June you have to present your request for biannual «permesso di soggiorno» to the nearest Questura. It is advisable that you seek for the help of your Consulate, or of your Community, or of the Union patronages, or of the voluntary assistance bodies. A receipt released to you by the Questura, upon presentation of your request for the «permesso di soggiorno», is enough in order to obtain latter on an identity card, a proof of residence, the right to the free medical assistance, enrollment in the unemployment lists, the possibility of attending at schools and to receive recognized professional qualifications.

*Hurry up only a few days are ahead of you before June 28
which is the final useful day. To benefit of equal duties and
equal rights do the right thing. Make your staying in Italy
in line with the italian law.*

Proviamo ad esaminarlo. Il comunicato ha per titolo «*You
can't go on like this*», non puoi continuare così. Il governo
ricorda al clandestino che, se non si mette in regola, sarà
pushed out of the country. Questo linguaggio non è da presidenza del consiglio, ma da buttafuori di discoteca; si dice invece *expelled*. Presentare la domanda si traduce *to apply*, e non *present your request*. Cerca l'aiuto (del tuo consolato) non si dice *seek for the help*, ma *seek help*, o *ask for help*.
Un prigioniero è *released*; una ricevuta della questura è
issued.

Non è finita. *Latter* (doppia «t») vuol dire «il secondo»
(di due); «dopo» si dice *later*; diritto all'assistenza medica
gratuita non è *right to* the *free medical assistance* (il *the* non
è pleonastico, è un errore); *possibility of attending at schools*
(possibilità di studio) è un altro errore; questa volta c'è
at di troppo. Regolarizza il tuo soggiorno si dice *make your
stay in Italy in line with the Italian law*, non *make your staying*
eccetera. Qui mi fermo, perché il testo è finito.

Vi domanderete: si tratta forse dell'opera di un traduttore allegro che riesce a campare solo grazie ai favori
di un politico, e non proprio grazie alla sua conoscenza
della lingua di Albione? L'ipotesi ci sembra perfida, e perciò interessante, ma crediamo ce ne siano almeno altre
sette.

1. Il testo è stato scritto direttamente da un politico.
Forse questo signore è convinto che la lingua inglese sia
come la legge italiana, che si può manipolare all'occorrenza.

2. La traduzione è stata affidata all'estensore dell'opuscolo ufficiale di «Italia 90», che ha fatto rotolare dal
ridere i colleghi stranieri: le indicazioni per la messa del-

la domenica (*Sunday Mass*) erano diventate quelle per la baraonda domenicale (*Sunday Mess*). La Coppa del Mondo (*World Cup*) si era trasformata in Coppa della Parola (*Word Cup*).

3. Il vero autore di «*You can't go on like this*» si nasconde nel ministero della pubblica istruzione. Il testo non è infatti destinato ai clandestini extracomunitari bensì ai ragazzi delle scuole medie, perché si divertano con la caccia all'errore.

4. La vera autrice si nasconde nel ministero dell'agricoltura e foreste. Poiché è una splendida fanciulla e porta la minigonna, le è stato affidato l'incarico, sebbene il suo inglese sia fermo a *sandwich* e la sua specialità sia il rimboschimento.

5. «*You can't go on like this*» (Non puoi andare avanti così) non è il titolo del comunicato, ma il commento aggiunto a matita dall'unico vero traduttore bilingue a disposizione della presidenza del consiglio, quando ha visto il testo preparato da un collega risaputamente tonto. Nella fretta, è stato stampato insieme alla traduzione.

6. Gli errori nel testo sono volontari, e costituiscono un astutissimo test. Gli extracomunitari che si presenteranno sghignazzando nelle questure verranno giudicati istruiti, e potranno restare.

7. Il testo è stato scritto nella convinzione che gli italiani siano un branco di babbuini, e non si sarebbero mai accorti di nulla; che i clandestini non leggano i giornali e, se li leggono, non sappiano l'inglese; che, se lo sanno, lo parlino come i traduttori della presidenza del consiglio. Infine, che al mondo ci siano cose più importanti della grammatica. È vero: c'è, ad esempio, il senso del ridicolo.

Esercizi:
I TESTI ESOTERICI

Provate a tradurre queste traduzioni – se siete capaci!

1) *This garment has been concepted in accordance with an exigence of practicity and sportswear to satisfy all those are reaching for a way to be, live and dream.*
(pubblicità per jeans italiani)

2) *In the endless green the swimming pool is situated, supplied with sweet continuously purified water, it reserves its freshness only for its guests.*
(dalla presentazione di un albergo a San Gimignano)

3) *In this series of works, the artist goes a way which is dear to him: the fusion between the watercolour technique and the terracotta. Moulding and painting represent different techniques which, in this case, contribute to the same result. The covertly ironical pleasure of such operation lies in presenting, for each subject, a «small series», in which the multiplicity annihilates in the unicity of the decorative intervention, that turns out to be always varied and, after all, different.*
(dal catalogo di una mostra a Pieve di Cadore)

TRADUZIONE E COMMENTI:

1) «Questo indumento è stato concepito secondo un'esigenza di praticità e sportività per soddisfare tutti coloro che cercano un modo di essere, vivere, sognare.»

Come si vede, l'italiano rientra nella discutibile norma del linguaggio pubblicitario mentre l'inglese è «esoterico». Infatti, le parole *concepted*, *exigence* e *practicity* esistono solo nella fantasia dell'autore (benché *exigence* si trovi sui vocabolari come forma alternativa della parola *exigency*, è completamente fuori luogo in una pubblicità per jeans). Nel tradurre un testo pubblicitario è sempre necessario tenere presente gli eventuali acquirenti cui il messaggio viene rivolto. Nel nostro caso:

«A practical, good-looking garment designed for busy people who still know how to dream».

2) L'albergo, nello stesso opuscolo, ci offre una versione italiana, dalla quale veniamo a sapere che l'acqua della piscina non è zuccherata (*sweet*) ma dolce (*fresh*):

«La piscina è riservata soltanto agli ospiti, si stende fra il verde ed è dotata di acqua dolce continuamente rigenerata».

Potevano dirlo così, ad esempio:

«The continuously purified freshwater swimming pool nestling in the greenery is reserved exclusively for hotel guests».

3) Il testo originale era:
«In questa serie di opere l'artista segue un percorso a lui caro: quello dell'incontro tra la tecnica dell'acquerello e la terracotta. Modellare e dipingere costituiscono tecniche diverse, che, in questo caso, concorrono allo stesso risultato. Il divertimento velatamente ironico di questa operazione consiste nel proporre, per ogni soggetto, una "piccola serie", dove la serialità stessa si annulla nell'unicità dell'intervento decorativo, sempre variato e, alla fine, "diverso"».

Ed ecco un tentativo (decente) di traduzione:

For this series of works, the artist has chosen a method he knows and loves which brings together watercolour painting and pottery. Throwing clay and painting are very different techniques but here they come together to produce a single work of art. The subtly ironic enjoyment afforded by this approach lies in creating for each subject a "mini-series" in which the unifying decorative element cancels out the sequential nature of the work while itself evolving continuously and remaining fundamentally "different"».

Lettura:
DIECI CONSIGLI (solo per adulti)

I ragazzi che studiano inglese mettono allegria: stanno imparando la «lingua di lavoro» del mondo che amano (musica, computer, film, TV). Gli adulti che imparano l'inglese offrono invece uno spettacolo più malinconico. Spesso studiano per dovere, per disperazione, perché temono d'essere tagliati fuori. In questo modo, senza rendersene conto, coltivano i fallimenti che verranno. Questi consigli sono per loro.

1) Se vi iscrivete a un corso, avete comprato alcune ore di lezione. Non avete comprato *l'inglese*. Senza buona volontà e costanza, non c'è scuola (o metodo) che tenga.

2) Attenzione alle false promesse. Solo nella cura della calvizie e nelle diete dimagranti circolano più illusioni che nei corsi d'inglese.

3) Gli armadi d'Italia sono pieni di corsi acquistati e abbandonati (dischi, cassette, dispense). Buttate via tutto, con un gesto purificatore, e ricominciate.

4) La motivazione è fondamentale. Ovvero: collegate l'inglese ai vostri interessi. Se amate la musica pop, traducete i Beatles e K.D.Lang, e lasciate perdere Shakespeare. Se amate il teatro, fate viceversa.

5) Siate invidiosi. Se quel vostro amico parla inglese, dovete farlo anche voi.

6) Siate presuntuosi. Se quel vostro amico parla inglese, potete farlo anche voi.

7) Siete italiani: non dimenticate la faccia tosta. Parlate inglese appena potete, dove potete, con chi potete. Se dite sciocchezze, non fa niente. Abbiamo governanti che, dicendo le stesse sciocchezze, tengono conferenze in America.

8) L'Italia è piena di gente che sa l'inglese *benino*. Se volete trarre vantaggio da questa lingua, dovete puntare a saperla *bene*. Se volete farne una professione, dovete impararla *benissimo* (e, per far questo, occorre vivere per qualche tempo all'estero).

9) La cosa più importante è capire; parlare viene dopo; scrivere, dopo ancora. Appena possibile, affrontate videocassette e libri in inglese. All'inizio lo sforzo sarà atroce. Ma i progressi saranno rapidissimi. Parola d'onore.

10) Se avete idee migliori, e queste idee funzionano, ignorate tutti i nove consigli precedenti.

(«Io Donna», ottobre 1996)

POST SCRIPTUM

Gli Oscar Italiesi

Intendo premiare qui le più fantasiose interpretazioni linguistiche degli ultimi anni: piccole manomissioni, geniali stranezze, deliziosi pressapochismi. Molte segnalazioni provengono dai lettori, la cui lodevole perfidia mi scalda il cuore.

Ecco, dunque, la cerimonia di assegnazione degli Oscar Italiesi. Ovvero: come strapazzare l'italiano, violentare l'inglese, e vivere felici.

1998

AQUILA D'ORO PER L'INCOSCIENZA ASSOLUTA

Uno degli zainetti scolastici più diffusi porta la scritta «S.O.B.» In piccolo c'è la spiegazione: *Save Our Backs* (salvate le nostre schiene). Si dà il caso, tuttavia, che «S.O.B.» sia l'acronimo (notissimo) di *son of a bitch* (figlio di...). Gli americani arrivano in Italia, passano davanti a una scuola e non credono ai propri occhi.

PREMIO SPECIALE DELLA STAMPA

Giorni fa è comparsa (sul «Corriere della Sera», ahimè) una dichiarazione di Francesco Cossiga: «Il sostegno dell'Udr a Prodi? Sarebbe una cosa da *suck* arabo, una roba da porcelloni, da studio ovale di Washington». Ebbene: il mercato arabo si scrive *suk*. *Suck* (con la «c») vuol dire «succhiare» in inglese. Visto che si parla di Clinton, non sembra il caso.

PREMIO SPECIALE DELLA GIURIA

Motel a Capriate, Bergamo: «GuglielMotel» (chissà se mettono una mela sulla testa dei clienti).

PREMIO DELLA CRITICA (che sono sempre io)

Annuncio del Tg5 (aprile): «Il museo di Capodimonte è *off laimits*». *Off limits* è però una delle poche espressioni inglesi che si pronuncia come si scrive.

GRAN PREMIO DELLA TV

Traduzione di un titolo francese – ma sì, tanto per cambiare – dopo il terremoto dell'Umbria (Tg3 Notte): *«Des joyaux italiens sous les décombres»*, allegri italiani sotto le macerie. Peccato che *joyaux* voglia dire «gioielli».

PREMIO PER LA STUPIDAGGINE PIÙ DIFFUSA

Testimonial è la dichiarazione a favore di un prodotto. Non il personaggio che la rilascia.

MIGLIORE INTERPRETAZIONE COMMERCIALE

Vicino a Gallarate c'è una ditta di abiti da sposa che si chiama «Hymen».

PREMIO «MR BEAN» PER LA MIGLIOR TROVATA

Una pattuglia ferma un'auto, esamina il libretto di circolazione e chiede alla guidatrice: «È lei la signora

Leasing?». La signora spiega che *leasing* è solo una forma di locazione-vendita (racconto dell'interessata).

1999

AQUILA D'ORO PER L'INCOSCIENZA ASSOLUTA

Scuola-guida «Impact» (riferito da una lettrice milanese).

MIGLIORE INTERPRETAZIONE AMMINISTRATIVA

Cartello del Servizio Giardini del Comune di Roma: chi danneggia le aiuole *«will be persecuted»* (sarà perseguitato). Che crudeltà! Non basta perseguirlo a termini di legge (*will be prosecuted*)?

PREMIO PER L'EUFEMISMO TURISTICO

Nei bagni degli alberghi, un cartoncino posto sugli accappatoi recita: *«This item is at your disposal during your stay. Should you be interested in purchasing this item, please contact the reception desk* – Questo articolo è a sua disposizione durante il soggiorno. Per eventuali acquisti, si prega contattare il ricevimento». Io dico: non era più semplice scrivere «Non rubatelo»?

PREMIO AL REALISMO COMMERCIALE

Gelateria «Suitàis» di Gavardo, Brescia (da *Sweet Ice*, immagino).

PREMIO SPECIALE DELLA RADIO

Peak time pronunciato *«pig time»* (il tempo dei maiali?). Suvvia: è vero che la TV nell'ora di punta è un po' volgare, ma non esageriamo (Radio Rai, 17 marzo 1999).

GRAN PREMIO DELLA TV

Il problema della «h». Qualcuno, per favore, potrebbe spiegare ai nostri telecronisti che il pilota Demon Hill non è malato (lo chiamano *ill*), e la Royal Air Force non è una cura rivitalizzante per capelli (viene pronunciata *Hair Force*)?

PREMIO DELLA CRITICA

Le ballerine che si dimenano in braccio ai clienti non sono «*slap dancers*» (danzatrici della sberla?), ma *lap dancers* (Telesogni, marzo 1999).

PREMIO SPECIALE DELLA GIURIA

Annuncio apparso nelle ricerche di personale sul «Corriere della Sera»: «*Primary society in Peschiera Borromeo is looking for a secretary for a post of centralinist*» (centralinist?!).

PREMIO AL MIGLIOR PRODOTTO STRANIERO

Negli Usa, un lavoro al banco d'ingresso viene presentato come «*Director of First Impressions*» (direttore delle prime impressioni).

1999 Speciale Tecnologia

1. Scaricata da un sito Internet (indirizzo italiano): «*Contact me as soon as possible in worth to the matter above brought again*».
SPIEGAZIONE (della lettrice/delatrice): «Da principio ero perplessa, ma ora penso d'aver trovato l'originale: "Mettetevi in contatto con me appena potete in merito

(*in worth*) alla questione sopra (*above*) riportata – anzi ri-portata (*brought again*)"».

2. Letto su un diffuso programma di software (Reader 3.01): «L'installazione era success. Avete installate software che suggere il riavvio del computer. Fare click su Riavvia, o fare clic su Esci per uscire l'Installer. Per elaborare addizionale installazione fare clic su Continua».
SPIEGAZIONE: L'autore era ubriaco.

3. La prova di maturità per periti informatici esordiva così: «*Read the alleged reading...*». Peccato che «allegato» si dica *attached* (*alleged* vuol dire «presunto»).
SPIEGAZIONE: L'estensore era un *alleged* esperto ministeriale, convinto probabilmente che il «perito informatico» sia un informatico morto (dal ridere, per colpa sua).

4. Pagina 605 del Televideo di Raitre, intitolata «*Useful Numbers*», a cura (si fa per dire) del Comune di Milano. Si va dalla «*Incidents Unit*» (incidenti si dice *accidents*), alla formulazione delle date («*from the 30th Oct to the 16 Jan*»).
SPIEGAZIONE: Il lettore-delatore scrive: «Pagina 605 è un cult. Da quando l'ho trovata, non riesco più a staccarmene».

5. Trascrizioni di alcune telefonate ricevute dal 119 (servizio assistenza Tim): «Buongiorno, ho un contratto cessemme» (Gsm?). «Ho un motorola stratrac.» «Senta, ho il telefono in trans.» «La timcard è tloclodita» (clonata?). «Buonasera, sono una tim-card.»
SPIEGAZIONE: Nessuna, ma come vorrei lavorare al 119.

2000 Speciale Viaggi & Commerci

PREMIO «VITA VIP»

«Cameriere, un piatto di *corner-flakes*» (noto accademico, Hotel Monaco & Gran Canal, Venezia. Testimonianza personale).

PREMIO «L'IMPORTANTE È PROVARCI»

Un bocconiano in visita a New York incontra una ragazza carina in un bar e sussurra: «*You yes that know it long!*». Intendeva dire: «Tu sì che la sai lunga!» (testimonianza del lettore Fabio Madonna).

PREMIO «UN ITALIANO IN AMERICA»

La lettrice Maddalena Locati giura di aver sentito chiedere «*Water without glass*» (acqua senza bicchiere?) per ordinare acqua senza ghiaccio. Un dubbio: il connazionale intendeva bere dalla bottiglia? O aveva propositi più ambiziosi?

PREMIO «CALLIDO VIAGGIATORE»

Turista napoletano a Londra imbuca lettere e cartoline in una cassetta con scritto «*Litter*» (ovvero: rifiuti), e si lamenta perché non sono mai arrivate a destinazione (confessione del protagonista).

PREMIO «ISTRUIAMO L'ALBANIA»

Dalla relazione generale Gestione Fondi Privati della Missione Arcobaleno: «Winterizzazione» (sistemazione invernale dei profughi?). «Abitazioni containerizzate» (baracche?).

PREMIO «MIXAGGIO SELVAGGIO»

Milano, scritta sul furgone di un panificio: «Fresh Pan». È il «pane fresco» dei pubblicitari? O una bizzarra «fresca padella» (in inglese: *pan*)? Il dubbio è sorto alla segreteria del «Corriere della Sera», che ringrazio.

PREMIO «EUROPA UNITA»

Un' insegna a Monza: «Pizzeria New Mes Amis». Il proprietario è riuscito a utilizzare tre lingue (italiano, inglese, francese) per quattro parole. Scrive Pepi Cereda, autore della segnalazione: «A meno che si tratti di una scritta in esperanto, e io non me ne sono accorto».

PREMIO «CAPUT MUNDI»

Roma, osteria-pub dalle parti di Campo Dei Fiori. Sul menu bilingue, alla voce «affettati misti»: *«Mixed Affected»*. Segnalazione del lettore Filippo Mazzei, che è rimasto giustamente colpito (*affected*).

2000 Speciale Media

PREMIO «SEVIZIE PUBBLICHE»

La trasmissione «King Kong» (Raitre, 15 aprile) proponeva un servizio sui terremoti in California. Il filmato si intitolava «Il Grande 1» (spericolata traduzione di *The Big One*, «quello grande»). Si chiede la lettrice Emanuela Molini: «A quando l'Enorme 2?».

PREMIO «GLOBALI E FELICI»

Giornale-radio delle 7,30 (aprile). Il cronista, a proposito di uno scivolone della borsa di New York, cita l'indice

«Down Jones». Si domanda il lettore Mauro Gamba: «Quando la borsa risale, citerà l'indice *Up Jones?*».

PREMIO «LOCALI E INCOSCIENTI»

«Il problema potrebbe tornarci indietro come un bungalow» (da *Acqua Fritta*, di Antonio Stefani).

PREMIO «TRADUZIONE FANTASTICA»

Cocco di mamma = *Mom's Coconut* (collega di «Repubblica», ma l'ha fatto apposta. Quindi, complimenti).

PREMIO «LIBERA STAMPA»

«Una cosa *tuchy*. Ovvero cafona, tamarra.» Traduzione esatta, ortografia sbagliata: si scrive *tacky* (collega della «Stampa» di Torino, che non l'ha fatto apposta. Comunque, non male).

PREMIO «DOPPIATORE SENZA PUDORE»

Primo doppiaggio italiano del film *Notorius*. Ingrid Bergman invita Cary Grant a casa per una cena romantica, si sono amati in passato, sul balcone si stanno quasi baciando. Lei sussurra: «Perché non ci facciamo un panino?». In inglese: «*Let's toast first!*», ovvero «Prima, un brindisi» (segnalazione della lettrice Teresa Galli).

PREMIO «FUTURO SICURO»

Esperimento con traduttore automatico reperibile su Internet (http://babelfish.altavista.com/cgi-bin/translate). «Io sono, tu sei» = «*I am, you six*» (segnalazione del lettore Attilio Tafuri).

PREMIO «GENIO COSMICO»

Calendario Anno 2000 dell'ASI (Agenzia Spaziale Italiana). Versione inglese: «*The Italian Space Quintet or a Summary Summary of the Second Millennium*». Summary Summary?! Che vuol dire? La risposta in italiano: «Il Quintetto Spaziale Italiano ovvero un sommario riassunto di fine millennio».

2000 Speciale Vacanze

SIBILLA ROMANA

Cartello all'ingresso del museo di Villa Borghese: «*When you enter the museum you must leave*». Ovvero: quando entrate nel museo, dovete andarvene. Sotto, in piccolo, disegnini di borse, ombrelli, macchine fotografiche. Ovvero gli oggetti da lasciare (*to leave*). Testimonianza di Nicoletta Grill.

CANNIBALI A MILANO

Scrive Valentina Maltese: «Il menù della pizzeria sotto casa è bilingue, e offre Iced Chinese Mandarin (funzionario del Celeste Impero, surgelato?). La versione italiana chiarisce il dubbio: si tratta di "mandarino ripieno di gelato"».

IL LINGUISTA DI VIALE BRIANZA

Bar in viale Brianza, Milano. Panini «Speak & Brie». «Ci ho messo un po' a capire che si trattava di speck. Forse non sono molto sveglia», scrive Nicoletta Minola.

FURIBONDI SULLA MANICA

Vacanza-studio a Eastbourne. Partita di calcio italiani contro spagnoli. Fallo in area per noi, non fischiato dall'arbitro (spagnolo). Principio di rissa. La vittima del torto, alzandosi, urla: «Ahò, whatte do you wante fromme my life?» (delazione di Luca Mocchetti).

OLANDESI SVEGLI E CORTESI

Racconta Wania Ravara: « In un ristorante di Amsterdam, il cameriere ha portato una bottiglietta di ketchup bollente a mio marito che aveva chiesto *hot ketchup* (ketchup piccante)».

GUAI THAI

«Sono orgoglioso d'aver contribuito a battezzare un negozietto d'alimentari thailandese. Una sera ho detto al proprietario che il suo negozio era il mio *pit stop*, la mia sosta per il rifornimento. Dopo qualche giorno mi ha mostrato con orgoglio la nuova insegna luminosa, che in mio onore oggi recita: "Piss Top" (il massimo della pipì?). Devoti omaggi, Davide Campari.»

2000 Collezione Autunno-Inverno

PREMIO «MERENDA TREMENDA»

La pubblicità di Kinder Colazione Più è accompagnata da una canzone dei Cranberries che attacca con: «*Suddenly something has happened to me, as I was having my cup of tea*» (improvvisamente mi è accaduto qualcosa, mentre bevevo una tazza di tè). E a questo punto si vede la tazza di tè. Poi prosegue: «*Suddenly I was feeling depressed...*» (di colpo mi sono sentito depresso). Poi arriva il bello: «*Do you know you make me die?*» (sai che mi fai morire?). Ragazzi, che merendine!, conclude Claudia Zonghetti.

PREMIO «TRADISCO MA NON TRADUCO»

Scrive Gilla Stagno: «Ho partecipato a un convegno sul marketing a Milano. Riferendosi ai *cookies* che il popolo Internet è costretto ad accettare per accedere ad alcuni servizi, l'interprete continuava a parlare di "biscottini"».

PREMIO «DITEMI COSA DICO»

«Caro Severgnini, so che non si è dimenticato del congresso, grazie al nostro *trade union* Iris Parati». Importante: Iris Parati non lavora al sindacato (*trade union*), ma fungeva da intermediaria (*trait d'union*).

PREMIO «BASTA CHE MI CAPISCA MIA CUGINA»

Dalle Pagine Gialle, voce «Porte»: Metalport, Tapex Port, Stylport. Peccato che «porta» si dica *door*, ricorda Franco Mesturini.

PREMIO «UN SITO, UN MITO»

Giù di morale? Visitate www.newway.it. Contiene perle come «Fitness Consulent» (si dice *consultant*) e «Abdominal Gluteos» (non si dice). Segnalazione della perfida e ottima Sabrina Mancini.

PREMIO «IRRADIO CULTURA»

Radio 2, 18 settembre, ore 16. *Birds of prey*, gli uccelli della preghiera. Mai sentito parlare di rapaci, ragazzo?

PREMIO «CI SIAMO ANCHE NOI!»

Dal «Corriere della Sera»: «Erano le classiche *Desert Boats* della Clark». *Desert Boats*? Navi nel deserto? Magari *Desert Boots*, scarpe per il deserto. Da «Sette»: «Cercavamo un posto vicino, senza *jet-leg*». *Jet-leg*? Gamba dell'aereo? O era *jet-lag*, malessere che segue i lunghi viaggi aerei? Da «Io Donna»: «*Dream Time*: perde pezzi la compagine Usa del grande basket». *Dream Time*? Tempo del sogno? Non era per caso *Dream Team*, la squadra da sogno? (Segnalazioni di Mario Rigolio, che aspettiamo in Rizzoli per ringraziarlo. Venga disarmato, se possibile.)

2001 I Classici

OSCAR ALL'ENIGMISTICA COMMERCIALE

In un McDonald's di Milano è stato notato questo cartello: «Cauzione – Pavimento bagnato». Un lettore, che chiede di rimanere anonimo, si domanda: è un errore («cauzione» traduzione sbagliata di *caution*, che significa cautela)? Oppure un espediente assicurativo contro gli infortuni?

OSCAR PER L'IMPRECISIONE TURISTICA

Il signor Gianni Legnani segnala un annuncio per ricerca di personale: «Vacanze nel Mondo, società dei Viaggi del Ventaglio che opera con successo nel mercato del time-shear, cerca giovani intraprendenti». Se lo sono, facciano notare che si scrive *time-share*.

OSCAR TRICOLOGICO-TELEFONICO

Paola (ellebipi@wind.it) segnala un «International Phon Center» (al centro commerciale Kennedy di Brugherio) e il negozio «Phony» (in via Negroli a Milano). Vendono telefoni o asciugacapelli? Questo è il problema. Senza contare che *phony* (o *phoney*) in inglese vuol dire fasullo.

OSCAR «SCRIVIAMOLO COME CAPITA»

Il signor Giorgi di Marghera (Venezia) invia un ritaglio con la pubblicità di «Pole Position. Stilista di taglio, colore e mesc». Sorvoliamo su Pole Position. Ma le ciocche di capelli non si chiamano *mèches*?

OSCAR «AMICI PER LA PELLE»

Suor Stefania (monastero Anima Mundi di Lagrimone, Parma) si adonta per il negozio «New Pell» di Sirmione, ricordando che pelle si dice *leather*. Brava, sorella: quando l'ho letto, un lagrimone è sceso anche a me (dal ridere).

OSCAR AL CORAGGIO GLOBALE

Nella mia amata Crema, all'imbocco di via Mazzini, sulla vetrina di un negozio di abbigliamento: «Destroy» (distruggi). Buon per noi che non siamo sede di un G8.

2001 Speciale Commerci

La genialità linguistica dei commercianti italiani continua a stupire. Ma cosa ci racconta? In altre parole: cosa insegnano le insegne?

L'ambito trofeo per l'anno 2001 va alle ragazze dell'università di Lecce. Quando, in occasione della cerimonia di consegna del diploma di traduttori e interpreti, sono stato a tenere una lezione, mi hanno offerto un lungo elenco, con i nomi di alcuni esercizi commerciali della zona. Come vedrete, si tratta di un documento sconvolgente.

In passato avevo studiato le province di Udine e Bergamo, ma le scoperte delle ragazze di Lecce rappresentano un passo avanti nella storia linguistica della nazione. Perché una macelleria deve chiamarsi

«La Make»? Solo un lungo, affettuoso interrogatorio del titolare può rispondere alla domanda. Perché un negozio di alimentari di Carpignano decide di chiamarsi «Car Market»? Forse il proprietario è un ex pilota (taxista, meccanico)? O si tratta di un'abile mossa del ministero dell'Interno per scoraggiare gli albanesi che sbarcano sulla costa al ritmo di cento per notte? I clandestini vedono l'insegna, chiedono un'auto per andarsene al nord, si vedono offrire un pacchetto di Oro Saiwa, decidono che l'Italia è un posto troppo complicato e riprendono il mare.

Mettetevi nei loro panni. In Albania imparano faticosamente l'italiano, arrivano qui e scoprono che noi parliamo inglese. Dev'essere dura. Che inglese, poi. Perché quella cartoleria di Lecce si chiama «Sud Pen», quella pasticceria «Poker» e quel negozio di argenti «Starlet»? Quale mistero si nasconde dietro l'insegna «My E.» (un parrucchiere)?

Il gioiello che ha guadagnato alle ragazze di Lecce e del Salento questo Oscar Italiese è però la leggendaria ferramenta di Nardò, «Color Magazine» (in inglese vuol dire rivista illustrata). Se uno straniero entra, chiede una copia di «Time» e gli danno una pinza, esce con una serie di disturbi alla personalità. Peggio per lui. Cosa se ne fa di «Time», a Nardò, provincia di Lecce?

2001 Speciale Natale

PREMIO «INGREDIENTI SORPRENDENTI»

Su una busta di grissini in un ristorante di Torino: «Senza grassi» viene tradotto con «No grass» (si dice *No fat*. «No grass» significa «niente erba», una dichiarazione che solleva problemi non da poco). Segnalazione di Alessandra Paleologo, che cura l'oroscopo per «Sette». Io di solito non credo agli astrologhi, ma mi sento di fare un'eccezione.

PREMIO «PEGGIO DI COSÌ NON SI PUÒ»

Silvia Locatelli (silvia.locatelli@libero.it), non si capisce se orripilata o divertita, scrive: «Una società toscana mi ha inviato una lettera con scritto (testuale): "... with the present one, we authorize you to withdraw an i assign...."». Il sospetto di Silvia è che «assegno» (sostantivo, in inglese *cheque*) sia stato scambiato per la prima persona singolare del presente del verbo assegnare (io assegno, quindi *I assign*).

PREMIO «QUI LO DICO QUI LO NEGO»

«Expensive» (in italiano: costoso). Negozio di abbigliamento, via S. Prospero angolo via Dante, Milano. Segnalazione di un passante parsimonioso.

PREMIO «LATINGLESE»

Rosetta Montagnoli di Brescia (mcbain@tiscalinet.it) segnala «Mater Day», casa per anziani a Tignale del Garda. Divino, potremmo dire.

PREMIO «INGLESE IN ALTO MARE»

Fiera della Nautica di Genova. «Tessuto ad alta resistenza» tradotto con «Woven to tall resistance». Scrive Gianni Gabella (g.gabella@tiscalinet.it): «Ho parlato con chi mi ha dato quella nota informativa. Era un giovane educato che, quando mi sono avvicinato, si è alzato e mi ha chiesto in cosa potesse essermi utile. Come fare per aiutarlo senza offenderlo?». Non so, Gianni. E suggerirgli di dedicarsi all'equipaggiamento da montagna?

PREMIO «COSÌ FAN TUTTI»

«A Milano ho contato almeno diciotto grandi cartelloni che annunciano l'apertura di un negozio con la scritta "Next Opening" anziché *Opening Soon*», scrive Bruno Coen Sacerdoti (bridgebs@tin.it). «Mi auguro, caro Severgnini, che tu voglia richiamare all'ordine questi commercianti.» D'accordo, caro BCS, ma credi che serva?

2002 Le Primizie

PREMIO «UN GENIO A PALAZZO»

Segnalata nella rubrica «Italians» e su diversi quotidiani, non poteva mancare qui l'esilarante traduzione delle biografie dei ministri, apparsa nel sito ufficiale di Palazzo Chigi (www.palazzochigi.it), e ora rimossa. Sapete che uno si è laureato alla «University Mouthfuls of Milan» (Università Bocconi di Milano)? È chiaro che è stato usato un traduttore automatico. Poco importa: fucilate quello.

PREMIO «EXTRA N.1»

Scrive una caprese (lettrice, non insalata): «Andando a far spese nella macelleria "Da Michele Isola di Capri" ho trovato questo cartello: "Olio Ecxstra Vergine d'Oliva"». Niente di grave, secondo me. Basta che Michele scriva anche «burrrrrrro».

PREMIO «EXTRA N.2»

Eva Dossena Mai mi manda la fotocopia di una lettera dell'italianissima «Fargo International Meeting & Conventions Srl» dove leggo: «La quota non comprende extras personali». Si dà il caso che «extra» sia un vocabolo latino (fuori, inoltre, in più). Che bisogno c'è della «s» al plurale? Solo chi pronuncia «giunior» e «plas» per *junior* e *plus* commette peccati peggiori.

PREMIO «TRADIMENTO A FIN DI BENE»

Scrive Alessandro: «Caro Beppe, una chicca dal sito di un amico. Chiedo anonimato». Accordato. Italiano:

«Arredamenti XYZ fonda sulla sinergia col cliente il principio della propria evoluzione». Inglese (be', più o meno): «Arredamenti XYZ deep on the sinergy with the customer the beginning of the own evolution». Si dà il caso che *deep* sia un aggettivo (fonda, profonda), non la terza persona del verbo fondare.

PREMIO «DISINFESTAZIONE 2002»

Scrive Roberto Cuzzocrea (robertocuzzocrea@libero.it): «Nell'invito a un convegno scientifico in Aspromonte, leggo che si tratteranno *"topics"*. Ma non esistono i "temi" o gli "argomenti"?! Come reagire?». Semplice, Roberto. Se il convegno è pieno di *topics*, chiedi se puoi portare un paio di «gattics».

2002 Speciale «Angliano»

Spesso prendiamo in giro gli italiani per quello che fanno con l'inglese. Ma cosa combinano gli stranieri con l'italiano?

PREMIO «ALLEGRIA DIPLOMATICA»

Gabriele Altana, in partenza da Montreal, invia due squisiti esempi di angliano (o itanglese) colti nella corrispondenza d'ufficio:
1. Un giovane vuole regolarizzare la posizione di leva e segnala d'aver già avuto indicazioni dall'«italiano mensola di vizio», geniale traduzione di *Italian Vice Consul* (viceconsole).
2. Analoga istanza viene indirizzata «a colui di preoccupazione di maggio» (*to whom it may concern...*).

PREMIO «MUTAZIONI MECCANICHE»

Claudio Stacchi di Gorizia segnala una vendita antiquaria su Internet (sito Ebay). «Antiquarianseven» di

Milwaukee (Wisconsin) offre un vetro di Murano e lo descrive così: «*Exquisite Murano Vase decorated with Spring Flowers*». In italiano: «Squisito vaso di Murano decorato con fiori della molla». (Per chi non sa l'inglese: *spring* vuol dire anche molla. Ma in questo caso, ovviamente, significa primavera.)

PREMIO «NESSUNO È PERFETTO»

Giulia Candiago (famoca@tin.it) scrive: «All'azienda dove lavoro è arrivato il fax "perfetto" che allego. Proviene da una società londinese (?) chiamata "Perfect Information", e recita così: "La vostra ditta e stata scelta per apparire sul nostra web site. Tracentinaia di instituzioni basate in Europa. Percio e il nostro dovere a provvedere le migleiore informazioni possible. Ecco perche disideriamo la vostra gentile assistenza a fornirci con il vostro rapporto annuale. A tutti altri future pubblicatzioni riguardanti la vostra organizzazione. Sarei grato se aggiungerebbe mio nome ala vostra lista postale"». Una precisazione forse non indispensabile: l'azienda di Giulia ha deciso di rinunciare ai servizi della «Perfect Information».

PREMIO «LASSÙ SULLE MONTAGNE»

Franca Monticelli mi spedisce la fotografia di un cartello alle cascate Krimml vicino a Salisburgo, in Austria: «Il rivo del ghiacciaio, Krimmler Ache, consistendo di ghiaccio sciogliendo, neve sciroglienda e la pioggia estiva, regola la quantità dell'aqua diuna e annuale delle cascate». La leggenda narra di alcuni italiani che sono caduti nel fiume dal ridere.

2002 I Classici

PREMIO «SESSO PANORAMICO»

Kai Schwabacher da Bergamo osserva: «Brutti tabelloni con scritto "Sexy Shop" inquinano il panorama italico. Non si capisce, oltretutto, se quei negozi si rendano "sexy" con pozioni afrodisiache. O se sono solo dei "sex-shops" per la vendita di cose per far sesso?». La seconda che hai detto, Kai.

PREMIO «BANCHE VERSO IL FUTURO»

Scrive Claudia Dondi (cladondi@tin.it): «Una chicca bancaria. Oggi un altro istituto mi chiede gli "specimens" di firma di un funzionario. Si dà il caso, però, che "specimen" – "cartellino firme", in italiano – sia un vocabolo latino, e al plurale non prenda la "s"». Non solo, aggiunge Claudia: «La pronuncia bancaria è "spaceman" (uomo dello spazio?) o "spiceman" (uomo delle spezie?)».

PREMIO «ODISSEA LINGUISTICA»

Giusto Massarotto (ilmass@libero.it) scrive a Paolo Mieli e ricorda l'espressione di un collega (medico, immagino): «The ambulance arrived at explained mermaids». Voleva dire: «L'ambulanza arrivò a sirene spiegate». *Mermaids* sono però le sirene di Ulisse (le altre si chiamano *sirens*). Mentre *explained* (spiegate) sono, al massimo, le lezioni. «A sirene spiegate» si traduce *with sirens wailing*. Non male. Grazie Giusto, grazie Paolo.

PREMIO «IN VINO POCA VERITAS»

Un traduttore traumatizzato segnala il sito www.neol.it/collieuganei/inglese/evini.htm. Il rosso viene consigliato con «dry soups, boiled damp, roast of white meat and poultry...». Se, come temo, *boiled damp* traduce «bolliti umidi», un applauso.

PREMIO «SE CI METTIAMO PURE NOI...»

«Ordine dei Giornalisti. Le operatrici sono momentaneamente occupate. Ordine dei Giornalisti. The operators are momentarily busy.» Sbagliato: *momentarily*, quasi dovunque (di certo negli Usa), vuol dire «tra poco». Il che non è vero, perché sono SEMPRE occupate. Dieci tentativi di chiamare il mio ordine professionale, in sette giorni diversi, e ho ascoltato solo questo ritornello. In sottofondo, *What a Wonderful World* di Louis Armstrong. Come dire: il danno e la beffa.

Questo è tutto, alla prossima. Mi raccomando: denunciate!

Piccolo Dizionario
di Milanese Moderno

Dicono che il dialetto milanese stia morendo. Dopo aver frequentato conferenze e convegni, congressi e corsi, aziende e agenzie, ristoranti e sfilate, vi assicuro che non è vero: il milanese è vivo e vegeto. Sempre dialetto rimane, ma è mutato, come la verdura transgenica. Certo: se tornasse Carlo Porta, avrebbe un malore (anche perché qualcuno lo chiamerebbe Charles Door). Ecco, dunque, un piccolo vocabolario di Milanese Moderno. Ovvero: come parla la gente con una mission, un target – e una notevole faccia tosta.

Attachment	Allegato inutile.
Attention getting	Capacità di non annoiare, sconosciuta all'amministratore delegato. Lui però non se ne accorge. E chi glielo dice?
Back office	Chi fatica dietro le quinte, lasciando gloria e denaro a qualcun altro. Una volta si chiamava «retro» («Dov'è quel somaro di Gigi?» «Gigi chi? Il commesso? È sul retro»).
Benchmark	Se dico «parametro» non mi capiscono. Se dico *benchmark* non mi capiscono lo stesso, ma è più fine.

Board	In italiano sarebbe «consiglio» (di amministrazione). Ma avete mai visto un capo che vuole consigli?
Brand awareness	Se non sanno chi siamo, è un guaio.
Brand image	Se ci credono, è fatta.
Business plan	Questo è quello che vogliamo fare, più o meno.
Brainstorming	Riunione dalla quale persone con le idee vaghe escono con le idee confuse.
Charts	Arrivano ospiti. Tirate fuori le diapositive.
Chat	Chiacchierata inutile su argomenti futili tra gente labile.
Cutting edge	In italiano si dice «di punta». Ma in inglese, bisogna ammetterlo, è più tagliente.
Claim	Quello che voglio fare/dire/ vendere, e se non lo capite mi arrabbio veramente.
Competitor	Se chiamo così quell'impiastro del mio concorrente, in fondo faccio bella figura anch'io.
Consumer	Consumatore ipnotizzato.
Customizzazione	Personalizzazione. Una volta si customizzavano le Fiat 128 (doppio antinebbia, volante di pelle, teschio sulla leva del cambio). Oggi si customizzano progetti, corsi, viaggi, case, cucine. Che dire? Siamo degli scostumati.
Delivery	Consegna a gente con soldi da buttar via.
First mover	Accidenti, l'idea è venuta a loro.
Flop	Fallimento rapido, doloroso e spettacolare.

Full immersion	Studio intenso, caro e disperatissimo di qualcosa che si sarebbe dovuto imparare tempo fa.
Gossip	Malignità chic.
Image maker	Speriamo che ci faccia fare bella figura almeno lui.
Know-how	Insieme di conoscenze necessarie a dare l'impressione che sappiamo cosa fare dopo la pausa-pranzo.
Long term	Calma. Possiamo pensarci domani.
Medium term	Forse è meglio se ci pensiamo oggi pomeriggio.
Human resources	Siamo noi, ragazzi! Ci pagano poco, ma come ci chiamano bene.
Human resources (2)	Ripensandoci: se *noi* siamo le risorse umane, perché *loro* si fanno chiamare *Human resources*?
Mission	Africa nera? Agenti segreti? Film con De Niro? No. *Mission* vuol dire: ecco cosa dobbiamo fare in questa baracca, e adesso che l'abbiamo scritto qui vediamo di non dimenticarcelo. Chiaro?
Meeting	Riunione di lavoro (sovente inutile). Incontro (purtroppo inevitabile). Convegno (principalmente cattolico).
New economy	Certo: potevamo chiamarla «nuova economia», ma poi ci dicevano che non sapevamo l'inglese.
Office manager	Il capoufficio, lo stesso che si mette le dita nel naso quando pensa che non lo vediamo.
Outsourcing	Finalmente abbiamo trovato il modo di non pagare tutti quei contributi.

Players	Tutti quelli che hanno avuto la mia stessa idea, e non vogliono togliersi da piedi.
Policy	Consuetudine aziendale, troppo imbarazzante/irragionevole/illegale per essere messa per iscritto.
Product manager	Se va male, è colpa sua. Se va bene, è merito di tutti.
Revenue-mix	Non so esattamente dove guadagnerò e se guadagnerò. Cercherò i soldi qua e là, e il cielo me la mandi buona.
Showroom	Specchietto per le allodole, si diceva un tempo. Adesso gli specchi occupano tutta la parete, e le allodole sono diventate polli.
Sopportato	Appoggiato, sostenuto (milanesizzazione di *supported*). Espressione molto in voga: sopportiamola.
Stage	In inglese, palcoscenico. In francese, tirocinio. In Milanese Moderno, periodo di lavoro gratuito o malpagato, per il quale occorre anche ringraziare.
Start-up	Siamo pochi, ma tosti e bravissimi. Ragazzi, chi compra la carta igienica per il bagno?
Stressare	Sottolineare, evidenziare. Traduzione inesatta (e stressante) di *to stress*.
Style	Vuol dire «stile». E se sai cosa paghi quella «y», smetti subito di ridere.
System	Vuol dire «sistema». Per il resto, vedi sopra.
Target	Obiettivo, bersaglio. Termine con

cui, obiettivamente, ci bersagliano. Non se ne può più.

Teaser Annuncio pubblicitario destinato a creare interesse per un prodotto che non ne otterrà.

Top management Ci risiamo. Il dottore e l'ingegnere si sono montati la testa.

Trend La tendenza di chi tende a dimenticare l'italiano.

Upgrading Promuovere qualcuno o qualcosa da un livello incerto a un livello indeterminato.

Visual Visivo, relativo alla vista. Voi direte: perché non «visuale»? Che domanda: si risparmia una vocale. Dicendo *visual* cinque volte al giorno, tutti i giorni dell'anno (escluse le domeniche), si arriva a una totale di 1.565 vocali. Per pronunciarle occorrono circa 26 minuti. Sapete quante cose si possono fare in 26 minuti? Magari studiare una nuova «linea giovane», vero *darling*?

RINGRAZIAMENTI

Questo libro deve molto a tre persone. La prima è Ortensia, mia moglie, che ha messo a frutto la laurea in lingue straniere e gli anni passati a guardar film, con l'approvazione del padre ma senza il consenso del marito. La seconda persona si chiama George Giles Watson: l'incoraggiamento e la precisione di questo scozzese del Friuli mi sono stati di grande aiuto, nelle *Lezioni* originali come in questa nuova edizione. La terza persona è Edmondo Aroldi: mi sfidò, e fece bene.

Vorrei anche ringraziare amici e conoscenti che hanno collaborato in modi diversi, sopportando che un italiano facesse lo spiritoso sulla *loro* lingua. Qualche nome (in ordine alfabetico): Anne Applebaum, Timothy Blake, Stephanie Calman, Les Dangerfield, Melanie Davis, Julia Dawson (senza la quale il mio inglese non sarebbe sopravvissuto a Mosca), Nick Dawson, Daniel e Gaby Franklin, Laura Freedam Gordon, Peter Gregory-Jones, Peter Grimsdale, Gowen Hall, Leonarda e Duncan Ridler, Libby e Joanna Savill, Xan Smiley, William Ward, Bob Woodward. Infine John e Kerry Parker, che mi hanno introdotto al mitico *English as She is Spoke*.

Grazie anche ai consulenti e critici italiani: la professoressa Paola Severgnini per la salutare diffidenza, poi diventata appoggio fraterno (per forza: è mia sorella); Giampaolo Masia per l'indiscutibile fantasia; Franco e Paola Lotito per un caffè in Sardegna; Adriana Liverani, Elena Daniotti e la leggendaria Lucia Legnazzi del *British Council* di Milano per libri e suggerimenti. E poi Cesare Marchi, Giorgio Soavi, Fortunato Marazzi, Anna Ravano, Giovanni Iammartino, Armando Beati, Giordano Mosconi, Carla Molteni, Giancarla «Ticket» Rossetto.

Grazie, infine, a Indro Montanelli e ai miei giornali («il Giornale», «la Voce», il «Corriere della Sera», «The Economist»). Senza di loro non avrei abitato né a Londra né a Washington, e non avrei capito che l'inglese è una cosa divertente – proprio perché è una cosa seria.

INDICE

I LIBRI DI BEPPE SEVERGNINI

INGLESI

«Lo mandai a fare il corrispondente da Londra. Mi tirai addosso molte critiche, più che fondate: a fare il corrispondente, e specialmente da una capitale come Londra, ci vogliono giornalisti d'esperienza e Severgnini non ne aveva nessuna. Ma io avevo puntato sul suo naturale talento, e vinsi la scommessa. Prima ancora di averne imparato la lingua, il piccolo provinciale Severgnini aveva capito il Paese, le sue grandezze, le sue miserie, i suoi vezzi e i suoi vizi.»

Indro Montanelli (dalla prefazione a *Inglesi*)

«Il quadro della Gran Bretagna che ne deriva, agli occhi degli italiani, è quello di un paese alquanto strano. Avendo letto il libro, devo dire che Severgnini ha ragione. In ogni caso l'Italia non è, neanche lei, un paese normale. Comunque non vedo ciò come un difetto. Non possiamo essere tutti svizzeri o svedesi.»

Keith Morris, console generale britannico
(British Council di Milano, presentazione del libro)

«Il nostro sembra bravo e informato dovunque egli vada a vivere. Egli sa perché studia l'orografia e l'anamnesi di un Paese, ma soprattutto perché pretende di sapere: è veloce nell'inghiottire un panorama e poiché il suo amato mestiere gli impone di scrivere, ne racconta biologicamente i connotati.»

Giorgio Soavi, *il Giornale*

«Questo Severgnini è uno che non parla a vanvera e che se ne intende. E ha anche una sua scrittura. Ho letto certi pezzi dall'Est: sfugge sempre al gergo comune, e sa dove bisogna andare a cercare.»

Enzo Biagi, *Panorama*

«È con gioia che salutiamo la pubblicazione del libro di Beppe Severgnini sugli inglesi. E la soddisfazione è doppia perché si tratta di un libro scritto divertendosi (lo si capisce fin dalle prime pagine), e con l'intenzione di divertire il lettore.»

Mino Vignolo, *Corriere della Sera*

«Un lavoro puntiglioso di vivisezione della società britannica, classe per classe, dall'aristocrazia londinese di Belgravia ai sottoproletari della Liverpool postindustriale; eseguito secondo gli insegnamenti della scuola umoristica d'anatomia sociale di Evelyn Waugh, epperò da un discepolo che, quantunque acquisito alle maniere composte dei gentlemen rimaneva inconfondibilmente italiano.»

Carlo Cavicchioli, *Famiglia Cristiana*

«Beppe Severgnini ci ha osservato mentre mangiavamo, parlavamo, ci vestivamo e cadevamo ubriachi, e ha raccolto le sue scoperte in un libro che si chiama *Inglesi*. Tornando qui a lanciarlo – o a difenderlo – il signor Severgnini dimostra coraggio. Gli italiani hanno amato il libro. Però non era su di loro.»

Stephanie Calman, *The Times*

«Non so davvero cosa dire. Non so se darle un pugno in bocca o stringerle la mano.»

Terry Wogan, *BBC 1*

«Non capita spesso di vedere nella classifica dei best-seller in Inghilterra il libro di un giornalista straniero che illustra "le vite, gli amori, le eccentricità dei britannici" (...) È capitato a un libro critico, fresco e acuto al tempo stesso, in cui l'autore gioca con gli strumenti cari agli inglesi, lo humour e l'ironia.»

Aridea Fezzi Price, *il Giornale*

L'INGLESE

«Beppe Severgnini ha colpito giusto con il suo libro, *L'inglese*. Ha intravisto una nicchia di mercato che è destinata ad allargarsi: il malinteso culturale. E il problema non è solo quello – trattato con raffinatezza e divertimento nel libro di Severgnini – della lingua imparata male e usata sbadatamente. (...) È anche quello di un mondo piccolo e senza frontiere, che ci sbatte tutti insieme. (...) Mi sembra che Severgnini abbia aperto la strada. Ora bisogna fare il passo successivo.»

Furio Colombo, *La Stampa/Tuttolibri*

«Divertente, semiserio, efficacissimo, sicuramente più di una grammatica o di un ponderoso saggio.»

Giuseppe Pederiali, *Il Giorno*

«Il rapporto tra italiani e lingua inglese è paradossale, fatto di episodi grotteschi. E questo paradosso ha affascinato un giornalista esperto di inglesità come Beppe Severgnini.»

Giampiero Mughini, *Panorama*

«Severgnini è riuscito perfettamente nel suo scopo: quello di sdrammatizzare una lingua, raccontandola come se fosse una storia divertente.»

Lauretta Colonnelli, *Amica*

«Questo libro è quanto di più ameno si possa immaginare in materia di didattica umoristica.»

Romana Rutelli, *Corriere del Ticino*

«Severgnini non solo parla inglese meglio di molti inglesi, ma ne scrive anche con tale autorità che il suo secondo libro, *L'inglese,* è diventato uno strepitoso bestseller in Italia.»

William Ward, *The European*

«È da leggere per tre buone ragioni. Perché un altro libro così in giro non si trova. Perché è scritto con ironia. Perché l'inglese oggi lo parla un miliardo di persone, e quindi anche a chi fa vita ritirata può capitare di trovarcisi in mezzo.»

Marco Innocenti, *Il Sole 24 Ore*

ITALIANI CON VALIGIA

«Uno dei libri più divertenti che mi sia capitato di leggere (...) non è un trattatello spocchioso (...) Severgnini è coinvolto in prima persona nelle disavventure, negli equivoci, nei tranelli che racconta.»

Giulio Nascimbeni, *Corriere della Sera*

«Lo spirito è quello giusto per uno scrittore di costume: molta ironia e qualche salutare scampolo autoironico. Il ritmo è quello dell'inviato, lo humour è inglese, la molla è la curiosità. Il risultato è un libro di viaggio per italiani, una guida intelligente e spiritosa, una informale lezione di comportamento e di geografia.»

Marco Innocenti, *Il Sole 24 Ore*

«Il libro riserva alla nostra gente all'incirca lo stesso trattamento che *Inglesi* inflisse ai sudditi d'Elisabetta... Se Severgnini ha potuto anatomizzare allo stesso modo, senza complessi e col bisturi dell'ironia, prima gli inglesi e poi i propri concittadini, è perché appartiene a una leva di nuovi europei, cresciuti in una cultura cosmopolita.»

Carlo Cavicchioli, *Famiglia Cristiana*

«Per l'italiano che voglia comunque avventurarsi all'estero è consigliabile, prima di salpare, la lettura propedeutica e ironica del volume di Beppe Severgnini.»

Massimo Dini, *L'Europeo*

«Stile inconfondibile, acuto nelle osservazioni e bonariamente umoristico. Con *Italiani con valigia* Beppe Severgnini ha fatto di nuovo centro (...) Consigliamo di leggere questo ritratto divertito e divertente del bel paese in viaggio: ridere di se stessi è un ottimo esercizio di igiene mentale.»

Annalisa Bianchi, *Qui Touring*

«Beppe Severgnini, signori, è un sadico. Proprio così. Prima c'erano stati gli inglesi, poi l'inglese, a confondere le acque. E noi, ingenui, a sorridere. Ora tocca a noi, cari connazionali. Noi con le nostre valigie, piene di leggerezze, di smargiassate, di shopping fatui, di piccole bugie e grossi bluff.»

Lorenzo Vigna, *Gazzetta di Parma*

UN ITALIANO IN AMERICA

«Dedicando agli americani la sua attenzione costante, guardandoli con un filo di diffidenza (dovuta ai troppi anni passati in Inghilterra), Severgnini li scopre benissimo, perché solo osservando questo Paese pragmatico, libero, intrattabile e bellissimo senza preconcetti lo si può afferrare. Altrimenti lo si perde. Severgnini dice di aver preso a modello Barzini, Prezzolini e Soldati. In realtà il suo italiano richiama quello, magnifico, dello *Zibaldino* di

Guareschi. C'è in Severgnini una semplicità, un'intimità con il lettore che, nella sua generazione, nessun altro ha e che richiama proprio Guareschi. Pensare chiaro, scrivere chiaro, sguardo al dettaglio.»

Gianni Riotta, *Corriere della Sera*

«Racconta come funziona l'America quotidiana, nelle sue abitudini, nei suoi tic, nel costume, nelle stravaganze. Nei vizi e nei vezzi. *Un italiano in America* è un libro intelligente, divertente e rassicurante (...) un piccolo capolavoro di ironia e di garbato intrattenimento, un'autentica lezione di umorismo... Beppe Severgnini è il più brillante scrittore italiano di costume.»

Marco Innocenti, *Il Sole 24 Ore*

«Severgnini ci delizia con la voluttà dei particolari, che sono quelli che fanno grande una storia. Con l'umorismo di un Guareschi ci racconta il suo diario di vita familiare, sempre venato da un'irresistibile ironia. Oggetto: l'aria condizionata, le macchine, i supermarket, la posta, i telefoni. Piccole cose senza importanza. Anzi, piccole cose di grande importanza. Se avete intenzione di trasferirvi negli Usa, portatevi dietro questo piccolo libro. Meglio di un manuale di prima sopravvivenza.»

Piero degli Antoni, *Il Giorno*

«Di fronte a tanti avvenimenti che lo sconcertano, l'ironia è forse l'unica arma rimasta a un rappresentante della vecchia Europa paracadutato da queste parti. Provocatorio e tenace, Severgnini insiste, non molla, forte soprattutto delle ragioni del suo buonsenso.»

Giancarlo Meloni, *il Giornale*

«La dolce Georgetown. Un bestseller italiano provoca un boom turistico intorno a un'insospettabile casa della 34esima strada. (...) I Jenkins, i nuovi proprietari, pensano di mettere una piccola targa d'ottone sulla facciata, in modo che gli italiani in visita la trovino più facilmente quando arrivano. La targa dirà semplicemente: "Un italiano in America".»

Daniela Dean, *The Washington Post*

ITALIANI SI DIVENTA

«Questa non è un'autobiografia. È la ricostruzione con tocchi rapidi e leggeri di un'epoca che, sebbene a noi vicinissima nel tempo, ci sembra lontana come il regno di Saturno, tanto quella attuale è cambiata, e non certamente in meglio... Sotto il pennello di un inglese come Severgnini, (il libro) è diventato una "esquisse" brillante e trillante come una tela di De Pisis. Grazie all'humour inglese, che non ha nulla a che fare con l'umorismo italiano.»

Indro Montanelli, *Corriere della Sera*

«La più tenera, divertente, intima, graffiante, godibile, malinconica, ironica autobiografia che io ricordi.»

Marco Innocenti, *Il Sole 24 Ore*

«Ricordi come tanti, fatti di niente. Ricordi di Severgnini Beppe, nato in una clinica di Crema il 26 dicembre 1956, dopo una corsa in Topolino, alle due di notte, con molti peli sulle braccia. Ricordi, si sente, conservati con cura, tenuti ben piegati in fondo al cassetto della memoria (...). *Italiani si diventa* è qualcosa di più di una semplice autobiografia: una manciata di immagini, suoni, riti sospesi tra l'autoritratto e lo schizzo di una generazione.»

Nicoletta Melone, *il Giornale*

«L'autore, che è vissuto tanto in Inghilterra, sa come si traduce l'antica parola "umore" in quella lingua. E l'umorismo serpeggia dappertutto, rompe la facile crosta del racconto autobiografico per diventare – grazie a Severgnini – la vera sostanza del libro.»

Giorgio Calcagno, *La Stampa/Tuttolibri*

«Dalle pagine di Severgnini esce anche il gusto per la trasgressione: per carità, una trasgressione garbata, lontana da gesti eclatanti, da gesti drammatici di rottura. Una trasgressione vissuta prima di tutto dentro di sé, sulla base della consapevolezza di ciò che può rendere eccitante un'esperienza.»

Sergio Giulio Vicini, *Mondo Padano*

«Per essere italiani basta avere cittadinanza e passaporto. Ma diventare italiani è invece un processo più complicato fatto di pappe, foto di gruppo e di famiglia in posa, di gite in montagna con i compagni di classe, di famiglie in partenza per il mare con la macchina stracarica alle prime luci dell'alba.»

Fabio Bonaccorso, *il Cittadino* (Lodi)

«Sono aneddoti, ma non solo. È il tentativo di una storia minima d'Italia. Dove, cammin facendo, si sorride e magari ci si commuove. Una storia dove anche un plaid di lana a quadrettoni multiuso (...) potrebbe diventare la bandiera d'Italia.»

Laura Frugoni, *Gazzetta di Parma*

«Una lingua chiara e uno stile incisivo quelli di Beppe Severgnini, giornalista e scrittore arguto che resta nell'orbita delle sue capacità di grande osservatore del costume.»

Mariella Radaelli, *Corriere del Ticino*

«Lo sguardo e la parola: queste le due coordinate lungo le quali Beppe Severgnini sta costruendo il suo successo. Uno sguardo limpido, profondo, disincantato, capace di arrivare all'essenza senza farsi distrarre da banali luccichii. Una parola secca, mai fuori posto, tagliente e comica, capace di suscitare il riso, ma non quello vuoto e grasso, piuttosto saggio, ruvido, sì anche amaro, ma sensato.»

Paolo Pugni, *Studi Cattolici*

«Storia dei primi 25 anni di una vita personale, quella dell'autore, una delle penne più brillanti del giornalismo italiano, che si trasforma, con stile leggero ma efficace, in una storia nazionale. Una storia vista da Crema, dalla provincia della Bassa. A Milano ci si perde come in un labirinto futuribile.»

Claudio Baroni, *Giornale di Brescia*

MANUALE DELL'IMPERFETTO VIAGGIATORE

«Beppe Severgnini è un bel tipo – direbbe Zavattini, che di umoristi se ne intendeva, essendone un maestro – uno di quelli che giocano con la penna, divertita e divertente, cogliendo al volo tipi, caratteri e situazioni.»

Alberto Bevilacqua, *Grazia*

«Classe 1956, un metro e ottanta di anglofilia e spirito d'osservazione, un passato da corrispondente per *il Giornale* e *la Voce*, un presente da inviato per il *Corriere della Sera* (e di rubrichista per *Io donna*), primo italiano ammesso alla corte dell'*Economist*, Severgnini ha ripreso la lente d'ingrandimento con cui da sempre mette a fuoco le sue "piccole storie di grande importanza".»

Paola Piacenza, *Io donna*

«Il viaggio diventa una lente di ingrandimento perché in viaggio, come in amore, la gente abbassa le difese e si mostra per quello che è. Per sua disgrazia e per la gioia di Severgnini, superbo sfottitore del prossimo.»

Marco Innocenti, *Il Sole 24 Ore*

«Mettono in valigia scarpe in abbondanza, soprattutto quelle che scivolano, si bagnano, si sfilano e non servono a niente. (...) Considerano eccentrico allacciare le cinture di sicurezza in auto, privati del caffè espresso entrano in crisi d'astinenza pochi metri dopo la frontiera (...). Sono, in altre parole, la tribù degli italiani in vacanza, descritti con benigna ironia da Beppe Severgnini.»

Enrico Franceschini, *la Repubblica*

«C'era un tempo in cui partire era un po' morire. Poi, però, (...) da popolo di santi, poeti e navigatori siamo diventati un popolo di viaggiatori. Allegri, spensierati, un po' incoscienti, ma soprattutto imperfetti.»

Raffaele Lorusso, *La Gazzetta del Mezzogiorno*

«Il cellulare attaccato all'orecchio appena varcano il confine di un paese a misura di roaming, i vestiti firmati ma sempre sbagliati, i commenti fuori luogo al cospetto di tutto quanto risulta diverso dalla pasta al pomodoro della mamma (...). Italiani in vacanza, tanto provinciali da far tenerezza, a volte incredibilmente ingenui, a volte sorprendentemente furbacchioni.»

Cristiana Grasso, *Il Tirreno*

«Il libro di Severgnini è un grande specchio davanti al quale sfiliamo vedendoci, sorridendo di noi, indicando amici e conoscenti, insieme allo stesso autore che giustamente non si sente escluso dalla sua analisi.»

Giulio Nascimbeni, *Corriere della Sera*

«Il libro, utile, forse addirittura indispensabile alle differenti specie di *viaggiatore*, è colmo di consigli, avvertenze e notizie che forniscono in maniera dettagliata una serie infinita di situazioni che si verificano prima, durante e dopo un viaggio.»

Giovanna La Vecchia, *Italia sera*

«Ne approfitta, al solito, il più noto Guardatore di Italiani (e inglesi, e americani) che ci sia tra noi, Beppe Severgnini (...). Come altri italiani ben più loschi, Severgnini si nasconde dietro varie attività di copertura: è editorialista del *Corriere*, scrive di cose italiane sull'*Economist*, è tenutario di varie rubriche a stampa e online. Ma la sua vera occupazione è individuare e raccontare magagne e occasionali splendori di connazionali e altri bipedi. Preferibilmente, bipedi in movimento.»

Maria Laura Rodotà, *La Stampa*

BUR
Periodico settimanale: 26 gennaio 2005
Direttore responsabile: Rosaria Carpinelli
Registr. Trib. di Milano n. 68 del 1°-3-74
Spedizione in abbonamento postale TR edit.
Aut. N. 51804 del 30-7-46 della Direzione PP.TT. di Milano
Finito di stampare nel gennaio 2005 presso
il Nuovo Istituto d'Arti grafiche - Bergamo
Printed in Italy

ISBN 88-17-11871-0